Alexandra Senfft

Fremder Feind, so nah

Alexandra Senfft

Fremder Feind, so nah

Begegnungen mit Palästinensern und Israelis

mit Fotografien von Judah Passow

edition Körber-Stiftung

Bibliografische Information der Deutschen Nationalbibliothek

Die Deutsche Nationalbibliothek verzeichnet diese Publikation in der Deutschen Nationalbibliografie; detaillierte bibliografische Daten sind im Internet unter http://dnb.d-nb.de abrufbar.

Umschlagfoto: Judah Passow
Fotos: Judah Passow
Foto S. 265: Natasha Mozgovaya
Umschlag: Groothuis, Lohfert, Consorten | glcons.de
Herstellung: Das Herstellungsbüro, Hamburg | www.buch-herstellungsbuero.de
Druck und Bindung: CPI – Clausen & Bosse, Leck
Printed in Germany

ISBN 978-3-89684-075-2

www.edition-koerber-stiftung.de

Inhalt

Im Andenken an
Dan Bar-On und Haidar Abdel-Shafi

Reise durch die Mauer

Meine Begegnungen mit Palästinensern und Israelis

»Genug geredet. Es ist Zeit, zu handeln«, schrieb Gideon Levy im September 2008. »Nach 15 Jahren Verhandlungen und endlosen Friedensplänen ist nichts ungesagt oder undiskutiert geblieben«, so der israelische Journalist. Zu viel wertvolle Zeit sei von Israel und der Palästinensischen Autonomiebehörde (PA) verschwendet worden: »Die Besatzung und der palästinensische Terror sind unterdessen immer gnadenloser und brutaler geworden.« Levy forderte seine Regierung auf, sich rasch auf die Grenzen von 1967 zurückzuziehen und die Flüchtlingsfrage im Austausch für Frieden zu lösen. Im Nahen Osten sei nichts gefährlicher als eine weitere Runde gescheiterter Verhandlungen – nun seien Taten gefragt.

Genau drei Monate nach Levys Appell erfolgten Taten: Die israelische Luftwaffe führte eine Großoffensive gegen die islamistische Bewegung Hamas im Gazastreifen, um sich gegen die fortgesetzten Raketenangriffe auf Süd-Israel zu wehren. Letztendlich traf sie dabei aber vor allem die Zivilbevölkerung. Rund 1400 Palästinenser kamen ums Leben, 5000 wurden verletzt und über 3000 Gebäude zerbombt. Die materiellen Zerstörungen sind bis zum heutigen Tag nicht beseitigt, von den psychologischen Folgen ganz zu schweigen.

Die Israelis zogen aus der Gesamtentwicklung und ihrem Mangel an Vertrauen in die Gegenseite ihre Konsequenzen und wählten am 10. Februar 2009 eine stark rechtsgerichtete Regierung, die gegenüber den Palästinensern, auch im eigenen Land, äußerste Härte demonstriert. Die palästinensische Führung ist derweil tief gespalten und scheint die jahrelange israelische Behauptung, es gebe keinen palästinensischen Verhandlungspartner, allmählich in eine sich selbsterfüllende Prophezeiung zu verwandeln. Bleiben, nachdem alles gesagt und ausgehandelt ist, am Ende nur Raketen und Bomben? Ist der Frieden zwischen Palästinensern und Israelis eine Utopie?

Urteilt man anhand der Nachrichten und Bilder, die die Medien um die Welt schicken, wirkt es tatsächlich so, als ginge es jetzt nur noch um physische Gewalt. »Können die denn überhaupt miteinander reden?«, fragte mich ein Bekannter mit einem sarkastischen Unterton, als er hörte, dass ich über Dialoge zwischen den »Feinden« schreibe. »Sie können, und sie tun es!«, antwortete ich mit Nachdruck. »Sowohl auf der hohen politischen Ebene als auch an der Basis.« Ungeachtet aller Rückschläge arbeiten viele Menschen weiter daran, eine gemeinsame Zukunft in der Region zu gestalten. Neben allen Schwierigkeiten, einen dauerhaften Frieden zu schaffen, haben sich vor allem die beiden parallel verlaufenden Dialogebenen bislang nicht miteinander verbunden, ja, sie laufen mitunter gar entgegengesetzt.

Von einigen der zahlreichen Dialoge zwischen Palästinensern und Israelis außerhalb der parlamentarischen Politik handelt dieses Buch. Die Idee dazu entstand während eines dreijährigen internationalen Trainingsseminars mit dem israelischen Psychologen Dan Bar-On, seiner Kollegin Tal Litvak-Hirsch und der Frankfurter Soziologin Lena Inowlocki von 2006 bis 2008 in der Hamburger Körber-Stiftung. Bei »Storytelling in Conflict« ging es darum, durch das Erzählen der eigenen Lebensgeschichte und durch einen eigenen inneren Dialog einen Dialog mit der verfeindeten Gegenseite zu beginnen. Ich habe von Dan Bar-On viel gelernt: über die Vielschichtigkeit von Identitäten, über Kommunikation, über die Dynamik von aktuellen Konflikten und Post-Konflikt-Situationen sowie über Konfliktmanagement. Er starb knapp 70-jährig am 4. September 2008 in Tel Aviv an seinem Krebsleiden. Den Gazakrieg, der all seinen Vorstellungen zuwiderlief, hat er nicht mehr erleben müssen.

Das erste Mal war ich Dan während einer anderen schweren Krise im Nahen und Mittleren Osten begegnet: kurz nach dem Golfkrieg 1991. An einem lichtdurchfluteten Morgen, die tschilpenden Vögel kündigten den Frühling an, klopfte es an meiner Tür im Pressebüro des Hilfswerks der Vereinten Nationen für Palästinaflüchtlinge, kurz UNRWA genannt, das ich seinerzeit leitete. Plötzlich stand Dan Bar-On, dessen Name mir damals noch kein Begriff war, vor mir. Er hatte wohl gehört, dass eine Deutsche die Medienarbeit der UNO im Gazastreifen leitete, was seine Neugier geweckt hatte. Auch ich war sehr überrascht über den israelischen Besucher. Denn angesichts der prekären Sicherheitslage nach dem Golfkrieg, während dessen die Palästinenser sechs Wochen fast durchgehend unter einer Ausgangssperre gelitten hatten, war es mutig von ihm, nach Gaza zu kommen, schließlich waren viele der Bewohner zornig auf »den Feind«, voller Frustration und aufgestauter Aggressionen. Dan hatte in Gaza palästinensische Kollegen getroffen, um über eine gemeinsame Dialogarbeit zu sprechen. Vermutlich war er der erste Israeli, der sich nach dem Golfkrieg wieder hierher gewagt hatte – nicht als uniformierter Besatzer, sondern als ziviler (und zivilisierter) Gesprächspartner. Zu seinem eigenen Bedauern hat Dan nie den »großen alten Mann von Gaza«, Haidar Abdel Shafi, kennengelernt. Abdel Shafi (1919–2007) leitete in der Anfangszeit die palästinensische Delegation bei den Osloer Friedensverhandlungen, bis er aus Protest über den fortgesetzten Bau jüdischer Siedlungen, am Friedenswillen der Israelis zweifelnd, sein Amt niederlegte. Er blieb auch nur eine begrenzte Zeit Abgeordneter des palästinensischen Parlaments, weil er sich nicht zum Vasallen von Palästinenserpräsident Yassir Arafat machen wollte, dessen undemokratisches Verhalten er stets kritisierte. Wie kaum ein anderer konnte Abdel Shafi zwischen den verfeindeten Fraktionen im Gazastreifen vermitteln. Unbestechlich, aufrichtig und unabhängig, wie er war, genoss er aller Respekt, auch den seiner politischen Feinde. Abdel Shafis Haus war tolerant und weltoffen. Oft erzählte Haidar mir Anekdoten aus seiner Kinder- und Jugendzeit, als seine Familie noch herzliche nachbarschaftliche Beziehungen zu ihren jüdischen Nachbarn pflegte. Unter vielen anderen, mich selbst eingeschlossen, fühlten sich die jüdisch-amerikanische Gazaspezialistin Sarah Roy und die israelische Journalistin Amira Hass im Kreis seiner Familie willkommen und geborgen. Als ich Gaza im Spätsommer 1991 verließ, pflanzte ich meinen jungen Olivenbaum in ihren Garten. Mittlerweile hat er eine stattliche Größe erreicht.

Ich erinnere mich, wie ich Dan nach unserer ersten Begegnung in meinem weißen Renault mit den blauen UN-Lettern an die Grenze nach Israel zurückfuhr. Wir sprachen über die Interviews, die er in den 1980ern mit den Kindern von Holocaust-Opfern in Israel und anschließend mit den Kindern von Nazi-Tätern in Deutschland geführt hatte. Zwei Jahre zuvor hatte er sein Buch »Legacy of Silence« veröffentlicht, das später als »Die Last des Schweigens« auf Deutsch erschien. Dan war seinerzeit im Begriff, die Nachkommen der Opfer und der Täter in einer Gesprächsgruppe zusammenzubringen – ein heikles Unterfangen angesichts der Ängste, Schuldgefühle, Vorurteile und Ressentiments, die Juden und Deutsche hatten. Doch das Wagnis lohnte sich und wurde zu einer erfolgreichen Begegnung, die auf andere Konfliktherde ausgeweitet wurde und bis 2007 andauerte.

Ich erzählte Dan damals, dass ich nach meinem Studium der Islamwissenschaft als Nahostreferentin im Bundestag gearbeitet hatte und wie ich von Hamburg, der Heimatstadt seiner Eltern, bevor sie 1938 nach Palästina flüchteten, in die palästinensischen Gebiete gekommen war. Ich erzählte ihm auch von meinem Großvater, der bis zum Ende des Zweiten Weltkriegs Hitlers Gesandter in der Slowakei gewesen und dort 1947 als Kriegsverbrecher hingerichtet worden war. Erst Jahre später habe ich mich gefragt, was er wohl von dieser Deutschen, die in Gaza lebte und arbeitete, gedacht haben mag? Obwohl ich schon damals gezielt enge Kontakte zu Menschen beider Seiten des Konflikts pflegte und jedes Wochenende zu israelischen Freunden fuhr, war mir in jenen Tagen noch nicht bewusst, dass Dan und ich im Gazastreifen ein Spannungsdreieck bildeten: ein Israeli und eine Deutsche unter Palästinensern. Amira Hass nennt es in diesem Buch »das tragische Dreieck«.

Ich erwähne diese Zusammenhänge, um meinen Standort als Autorin zu benennen. Deshalb habe ich auch die »Ich-Form« gewählt, anstatt in einem distanzierten und scheinbar neutralen Stil zu schreiben, der den Eindruck erwecken könnte, ich legte hier empirisch erforschte »Wahrheiten« nieder. Ich will damit zugleich die Grenzen der in diesem Buch dargelegten Sichtweisen und Interpretationen deutlich machen. Die israelische Gesellschaft besteht aus vielen verschiedenen, oft nicht miteinander korrespondierenden Strömungen: europäisch und westlich geprägten Juden, Juden aus arabischen und muslimischen Ländern, Juden aus Osteuropa, Russen, Äthiopier, säkulare, orthodoxe oder ultra-orthodoxe Juden und andere. Auch unter den Palästinensern gibt es die unterschiedlichsten Prägungen: Christen und Muslime, gläubige, säkulare, »fundamentalistische«, moderne und traditionelle Menschen im Gazastreifen, in der Westbank, in Israel und im Exil. Sie alle leben mit unterschiedlichen Erfahrungen, Werten und Normen. Jede ihrer Lebensgeschichten verwebt die Vergangenheit mit der Gegenwart und die persönlichen Erfahrungen mit den kollektiven.

Das gilt auch für die in diesem Buch porträtierten, sehr verschiedenen Persönlichkeiten. Sie spiegeln freilich nur einen Bruchteil der sehr komplexen und partikularisierten Gesellschaften auf beiden Seiten des Konflikts wider. Ich habe sie ausgewählt, weil sie an verschiedenen Orten, in Projekten, Organisationen, Initiativen oder privat Wege für sich gefunden haben, für Verständigung zu arbeiten. Ihre Dialoge überwinden verschiedene Grenzen: die persönlichen, die, die innerhalb ihrer eigenen Gesellschaften bestehen, und die Waffenstillstandslinie von 1949, die »Grüne Linie« zwischen Israel und Palästina. Der palästinensische Philosoph Sari Nusseibeh sagt: »Vernünftige Menschen finden immer leicht einen Kompromiss, wenn ihnen die wichtigsten Anliegen der anderen Seite bewusst sind.« Wichtig war mir zudem ein Blick aus der Diaspora oder dem Exil, weshalb ich auch engagierte Menschen in London vorstelle. Zugleich habe ich noch eine weitere Dialogebene einbezogen: die zwischen mir und meinen Protagonisten. Das Buch endet in Berlin mit dem Theaterstück »Dritte Generation«, was einer weiteren Standortbestimmung gleichkommt.

Dialoge und Dialogprojekte zwischen Israelis und Palästinensern gibt es zwar zahlreiche, doch die wirklich konstruktiven und dauerhaften finden paritätisch, ohne Gönnerhaftigkeit, auf Augenhöhe statt. »Frieden ist nur möglich, wenn zwischen uns, den Israelis, und den Palästinensern Gleichberechtigung besteht«, sagte Dan Bar-On, kurz vor seinem Tod über seine Dialogerfahrungen befragt. »Wir haben eine dominante Haltung gegenüber den Palästinensern, die Machtverhältnisse sind asymmetrisch. Zugleich haben wir aber auch Angst, dass die Palästinenser die Nachfolger derer sein könnten, die uns in Europa verfolgt haben. Es bestehen zwei gegensätzliche Ungleichheiten: das physische Ungleichgewicht am Ort, unsere Kontrolle über die Palästinenser; und das zweite Ungleichgewicht, unsere Angst vor ihnen. Wenn man diese beiden Missverhältnisse nicht begreift, kann man auch nicht verstehen, warum dieser Konflikt kein Ende nimmt.«

Der Konflikt im Nahen und Mittleren Osten ist kompliziert, weil verschiedene historische und politische Entwicklungen sowie religiöse und ethnische Strömungen gegeneinander zu arbeiten scheinen. Der Holocaust, die Naqba (die Vertreibung der Palästinenser), der Zionismus und der palästinensische Nationalismus, die muslimischen Staaten und westliche Interessen, Öl und Erdgas, Religionen, Traditionen, ethnische, soziale und kulturelle Unterschiede, Antisemitismus, Islamphobie, Rassismus, muslimischer und jüdischer Extremismus und Terrorismus, der Kampf um Ressourcen und Land, hegemoniale Ansprüche und viele andere Faktoren spielen eine Rolle. Diese Situation schafft die unterschiedlichsten Dialogebenen, Allianzen und Feindschaften. Weil auch die deutsche und europäische Vergangenheit und Gegenwart mit dieser umkämpften Region eng verknüpft ist, beschäftigt uns der Nahostkonflikt mehr als die meisten anderen Konflikte in der

Welt, obwohl es weitaus grausamere Auseinandersetzungen als die zwischen Palästinensern und Israelis gibt.

Je mehr man von der Komplexität begreift, umso verwirrender kann die Beschäftigung mit diesem Thema sein. Es verleitet dazu, nach Eindeutigkeit zu suchen und zu polarisieren. Diese leider nicht seltene Haltung ist jedoch kontraproduktiv und selbst Teil des Problems. Erst, wenn wir erkennen, dass es keine einfachen Lösungen und nicht auf jede Frage Antworten gibt, wenn wir lernen, die Ambivalenzen und Spannungen zuzulassen und auszuhalten, können wir dem Nahostkonflikt und den in ihm gefangenen Menschen angemessen begegnen und ihnen gerecht werden.

Storytelling

Hanan Ohana will jüdische Siedler und Palästinenser ins Gespräch bringen

Es ist drückend heiß im Wagen, und nun klettert auch noch dreist eine Fliege über meine Hand. Hanan Ohana, mein israelischer Begleiter, hat alle Fenster geöffnet, doch bei diesen Temperaturen kann kein erfrischender Durchzug entstehen – Hochsommer im Nahen Osten. Wir befinden uns in der Westbank und parken nahe einem Checkpoint am Rande der Zone C, die das israelische Militär kontrolliert. Die Zone C macht 60 Prozent der ganzen Westbank aus. Den Rest, die Zonen A und B, also 40 Prozent der Westbank, verwalten die Palästinenser entweder allein oder in Zusammenarbeit mit den Besatzungsbehörden. In der gesamten Westbank leben rund 2,5 Millionen Palästinenser. Wir warten auf unseren Kontaktmann, der uns geleiten wird. Hanan ruft ihn von seinem Mobiltelefon aus an, um sicherzustellen, dass wir am richtigen Treffpunkt warten. Zu unserer Linken ragen Bruchstücke des ominösen Betongebildes, das die Israelis Sicherheitszaun oder Schutzwall und die Palästinenser »Apartheidmauer« nennen, in den makellos blauen Himmel. Riesige Stacheldrahtrollen sichern den Kontrollpunkt an der Straße. Heute überprüft an diesem Übergang zur Westbank kein israelischer Soldat die Papiere, offenbar stehen zurzeit andere Checkpoints zwischen den verfeindeten Nachbarn im Mittelpunkt der israelischen Sicherheitsvorkehrungen. In der Ferne sehe ich einen Militärjeep und bewaffnete Soldaten mit Helmen. Eine staubige, unbefestigte Straße liegt vor uns, gesäumt von verlassen wirkenden Häusern, von Schutthaufen und einem überbordenden Müllcontainer, auf dem ausgehungerte wilde Katzen turnen.

Die Anspannung wächst. Hanan wirkt dennoch ruhig, wir unterhalten uns über Belanglosigkeiten. Wir haben uns 2006 auf dem Trainingsseminar »Storytelling in Conflict« kennengelernt, das der israelische Psychologe Dan Bar-On entwickelt und geleitet hat. Die Teilnehmer dieses Seminars der Körber-Stiftung kamen aus verschiedenen Regionen der Welt, um den Ansatz des biografischen Interviews zu studieren und mit diesem Instrument Dialogarbeit zwischen verfeindeten Gruppen zu leisten. Mithilfe dieser Fortbildung hoffte Hanan, später selbst zwischen Israelis und Palästinensern zu vermitteln. Ein wesentlicher Teil des Seminars bestand darin, dass jeder Teilnehmer seine eigene Lebensgeschichte erzählte. Bei jeder unserer zweijährlichen Begegnungen in Hamburg – über insgesamt drei Jahre hinweg – bekamen die Teilnehmer den Raum, sich den anderen mitzuteilen. Keine politischen oder historischen Diskurse: Die Erzählerin oder der Erzähler konstruierten stattdessen eine Geschichte (Narrative), die sich über lange Lebensphasen erstreckte oder nur zeitliche Ausschnitte und Themen beleuchtete, die für sie gegenwärtig besonders wichtig waren. Die Zuhörer durften während der Erzählung, die maximal eine halbe Stunde dauerte, nicht unterbrechen. Fragen waren erst im Anschluss erwünscht.

Dieser Ansatz erlaubt es dem Erzähler, seine Geschichte in Ruhe, ohne Beeinflussung, zu entwickeln, und fördert bei den Zuhörern zugleich die Fähigkeit, konzentriert zu folgen und den

Anderen intensiv wahrzunehmen. »Storytelling« erhöht die Bereitschaft, Anteile des eigenen Ich im Anderen zu erkennen, also auch im Feind, der daraufhin gar nicht mehr so fremd erscheint. Erzähler und Zuhörer machen miteinander einen Prozess durch, während dessen sie sich verändern und neue Einsichten gewinnen. Bar-On sagte immer: »Einem Dialog muss ein Monolog vorausgehen« – das Zwiegespräch mit sich selbst, die Auseinandersetzung mit den verschiedenen Facetten unserer Identität, und dann der Austausch mit »dem Anderen«. Es war während des Seminars erstaunlich zu beobachten, wie Menschen mit so unterschiedlichem Hintergrund – kulturell, politisch, historisch, ethnisch, religiös –, die in Konfliktregionen leben, in einen Dialog miteinander traten. Hatten die bosnische Teilnehmerin und der serbische Teilnehmer sich anfangs misstrauisch beäugt und Kontakt gemieden, so gingen sie schon nach wenigen Tagen offen aufeinander zu. Das lag wohl daran, dass ihre Erzählungen über ihre Kindheit und ihre Familien Ähnlichkeiten aufdeckten und daraus allmählich Vertrauen entstehen konnte. Sei es die afroamerikanische Tochter eines Vietnam-Veteranen, eine Neuseeländerin europäischer Abstammung, eine West- oder eine Ostdeutsche, der Palästinenser oder Israeli: Szenen aus ihren Geschichten verbanden sich miteinander, brachten »Parallelen und Paradoxien« hervor (so hatten Daniel Barenboim und der palästinensische Intellektuelle Edward Said ihren Dialog genannt) und überwanden dabei physische und psychische Grenzen. Das Ergebnis waren nicht nur diverse Dialogprojekte in den jeweiligen Ländern, sondern auch ein globales Netzwerk von Profis, die gelernt hatten, mithilfe von Bar-Ons Ansatz verfeindete Gruppen in einen Dialog miteinander zu bringen.

Auf diese Weise lernte ich auch Hanans Geschichte kennen. Hanan ist zart gebaut und hat ein feines Gesicht. Der Glanz seiner dichten schwarzen Locken wird von den strahlend einfarbigen Pullovern, die er gerne trägt, noch betont. Sein treffsicherer Stil und seine Designerkleidung verleihen ihm ein ausgesprochen europäisches Aussehen. Auch seine höfliche und liebenswert hilfsbereite Art erinnern eher an einen englischen Gentleman als an einen Sabre, einen in Israel geborenen Juden, unter dem die Gründerväter Israels sich ein kernig-heldenhaftes Mannsbild vorstellten.

Zwischen der Hansestadt im Norden Deutschlands und Hanans Heimatort liegt nicht nur geografisch eine weite Strecke. Hanans Eltern stammen aus Marokko: Sie kamen mit der jüdischen Einwanderungswelle in den 1950er- und 1960er-Jahren aus den arabischen und islamischen Staaten 1963 nach Israel. Rund 690 000 Juden, überwiegend aus Marokko und dem Irak, wechselten damals ihren Lebensmittelpunkt – und ihre Identität. Die Mizrahim, auch sephardische Juden genannt, waren mittellos und mit den Sitten der tonangebenden europäischen Elite des Landes, den Ashkenazim, nicht vertraut. Die Gesellschaft, die sie empfing, betrachtete sie als primitive »Generation aus der Wüste«. Diese Juden »sahen nicht aus wie die europäischen Juden; sie kleideten sich und sprachen auch nicht europäisch, sondern wie Araber«, beschreibt Barbara Swirski, Direktorin von »Adva«, dem Informationszentrum für Gleichheit und soziale Gerechtigkeit in Tel Aviv, die damalige Sichtweise der europäischen Juden. Außerdem hatten sie »mehr Kinder und lebten eher in Groß- als in Kleinfamilien«. Den Mizrahim erschienen die Ashkenazim nicht weniger befremdlich, weil deren Kinder gegenüber den Älteren »wenig Respekt zeigten, deren Frauen sich eher wie Männer kleideten und verhielten, und Religion im Allgemeinen verachtet wurde«, erklärt die Soziologin.

Hanan Ohana

Das israelische Ideal vom »Schmelztiegel der Diaspora« gebot es, kulturelle, traditionelle oder religiöse Eigenheiten abzulegen und die Identität des zionistischen »Neuen Juden« anzunehmen. »Das ›Selbst‹ in der zionistischen Identität musste sich zunächst separieren, indem es alle Identitäten negierte, die als zur Diaspora gehörig definiert wurden«, so Bar-On. Er nannte diese Zeit die »monolithische Phase« im Verlauf der Geschichte des modernen Israel. »Es sollte unser Ziel sein«, forderte der frühere Außenminister Abba Eban 1969, den Neueinwanderern »einen okzidentalen Geist einzuflößen und ihnen nicht zu erlauben, uns in einen unnatürlichen Orientalismus zu ziehen«. Die meisten Mizrahim passten sich an und verleugneten ihre Kultur, die ja jene des arabischen »Feindes« war. Sie vermieden es, vor Nachbarn und Fremden Arabisch zu sprechen, schalteten arabische Radiosender, wenn überhaupt, nur zu Hause und möglichst leise ein und grenzten sich von den Palästinensern übermäßig ab, um ja nicht in den Verdacht zu geraten, etwas mit ihnen gemein zu haben. Wenn man es in Israel zu etwas bringen wollte, galt es, sich den Gepflogenheiten der westlich geprägten Zionisten zu beugen. Bei diesem Integrationsprozess spielte auch der Holocaust eine Rolle: »Die Juden aus dem Mittleren Osten identifizieren sich mit den Lebensgeschichten der Überlebenden. Die Shoah machte uns alle gleich«, sagt Avraham Burg, einst Knesset-Abgeordneter der Arbeitspartei und Vorsitzender der Jewish Agency und der Zionistischen Weltorganisation.

Allein im Religionssystem wurden Besonderheiten geduldet, sodass sich »die Revitalisierung der kulturellen Tradition der Mizrahim vornehmlich in religiösen Formen artikulierte«, sagt der Politikwissenschaftler Felix Gregor Neugart. Der Staat sorgte für ein Dach über dem Kopf und für Nahrungsmittel. Meistens aber fanden die Mizrahim nur in den Randbezirken großer Städte und vor allem in abgelegenen Provinzorten und im Sozialwohnungsbau Unterkunft. Den Kindern wurde eine schulische Ausbildung ermöglicht, wobei der Standard in ihren Schulen keineswegs so hoch wie in denen der ashkenazischen Bildungseinrichtungen war.

Hanans Eltern waren Teenager, als sie mit ihren Familien ins Gelobte Land einwanderten. Zunächst waren sie in Zelten untergebracht, später konnten sie in Kibbuzim leben. Dank ihrer Jugend fiel es ihnen leichter als Hanans Großeltern, sich mit den Gegebenheiten am Ort zu arrangieren. Das Paar zog nach der Heirat 1971 in die Stadt Ramla, 25 Autominuten südlich von Tel Aviv. Ramla ist eine gemischte Gemeinde, in der Juden und Araber leben. Der Lebensstandard ist dort, wie in allen arabischen Orten in Israel, sehr viel niedriger als in anderen Gemeinden. Hanans Vater arbeitete in der Raumfahrtindustrie nahe dem Flughafen Lod, zwei Schichten am Tag, seine Mutter zunächst in einer Computerfirma und dann als Lehrerin. 1973 kam Hanan zur Welt, vier Jahre später sein Bruder. Als Kind liebte Hanan die Düfte, das arabische Essen und die Musik bei seinen Großeltern. Seine aus Marrakesch stammende Großmutter sprach kaum Hebräisch, so war ihm Arabisch vertraut. In besonderer Erinnerung hat er die heiteren und warmen Familienzusammenkünfte an Feiertagen und bei Feierlichkeiten. Die Religion – der Besuch der Synagoge – und die Mahlzeiten standen im Zentrum dieser Gemeinsamkeiten. Am Shabbat war er angehalten, bei seinem Großvater vorzusprechen, ihn zu küssen und seinen Segen zu erbitten. Das empfand er als beklemmend, jedenfalls war ihm diese Ehrerbietung, die er unabhängig von seiner Stimmung zu erbringen hatte, eher unangenehm. In Hanans nostalgische Gefühle über seine Herkunft mischt sich eine gewisse Abwehr, denn für ihn bedeuteten die Familientreffen zugleich eine Form von Zwang. Seine Mutter übrigens lehnte die arabische Kultur und ihre Herkunftssprache strikt ab: »Ich bin zwar in Marokko geboren, aber in Israel aufgewachsen«, pflegte sie zu sagen. Dass Hanan öfter arabische Radiosender hörte, irritierte sie, und sie versuchte, diesen unerwünschten Einfluss durch den Äther einzuschränken. Sie schämte sich, mit ihren Eltern Arabisch sprechen zu müssen. Es muss sie viel Kraft gekostet haben, diese Ambivalenzen und Spannungen in sich zu vereinbaren.

Ohne dass es je ausgesprochen wurde, war es für Hanan von früh an selbstverständlich, dass er nicht mit den Kindern der Mizrahim, sondern mit denen der Ashkenazim spielen sollte – weil die als gebildeter galten. Naiv war seine Mutter allerdings auch nicht. Eines Tages kam sie aus der Grundschule in Holon zurück, in der sie unterrichtete: »Ich saß im Lehrerzimmer und beobachtete, wie meine Kollegen die Liste ihrer Schüler für das nächste Schuljahr prüften. Als ich sie fragte, warum, sagten sie mir, je mehr Kinder mit arabisch-jüdischem Hintergrund sie in der Klasse hätten, umso lauter und unruhiger werde die Arbeitsatmosphäre.«

Mizrahim machen mittlerweile mehr als die Hälfte der jüdischen Bevölkerung Israels aus. Politiker haben hohe Ämter im Parlament besetzt: Shaul Mofaz zum Beispiel, Jude iranischer Herkunft, war bei den Wahlen am 10. Februar 2009 einer der Kandidaten zum Amt des Ministerpräsidenten und ist heute stellvertretender Ministerpräsident und Transportminister in der 17. Knesset. Mit der religiösen Schas-Partei haben die Mizrahim eine Interessenvertretung in der Knesset, die so stark ist, dass sie bei Regierungsbildungen das Zünglein an der Waage spielt. In der jetzigen Knesset ist Schas mit elf Sitzen vertreten, nur zwei weniger als die immer weiter schrumpfende Arbeitspartei. Wer in

Israel in der Politik Karriere machen will, sollte sich auch beim Militär bewährt haben – Mizrahim sind auch dort aufgestiegen, besagter Mofaz etwa war Generalstabschef der Israelischen Verteidigungskräfte, »Tsahal« (Tsava Haganah Leisrael), auf Englisch kurz IDF (Israel Defence Forces) genannt.

Gleichwohl sind die Mizrahim trotz einiger Emanzipierungsprozesse in den 1990er-Jahren bis heute Bürger zweiter Klasse geblieben. Das weiß auch Hanan, aber er spricht nicht direkt darüber und würde auch nie eine Anklage daraus formulieren oder gar dem Klassensystem eine Kampfansage machen. Im Hamburger Seminar mit Bar-On dauerte es lange, bis er seinen arabisch-jüdischen Hintergrund überhaupt erwähnte oder thematisierte. Seine Eltern haben ihn mit viel Liebe und Wärme erzogen, das betont er wiederholt. Seine Mutter sagte ihm und seinem Bruder stets, sie könnten alles, was sie wollten, erreichen, gleichgültig, welcher gesellschaftlichen Schicht sie angehörten. Diese Einschätzung hat Hanan zu seinem Credo erhoben – und wenn ich ihn hier neben mir im Wagen so betrachte, hat seine Mutter recht behalten.

Eben hat er wieder das Handy aus der Tasche gezogen, um seinen palästinensischen Partner anzurufen. »Er wird gleich da sein«, sagt er. »Gleich« kann in dieser Region alles bedeuten: Eine ad hoc errichtete militärische Straßensperre, Zusammenstöße zwischen Palästinensern und israelischen Soldaten oder jüdischen Siedlern, zusammengebrochene Wagen und ähnliche Vorkommnisse bringen die Organisation eines Tages oft genug zu Fall. Tatsächlich wird es auch noch eine ganze Weile dauern, bis unser Kontaktmann auftaucht. Jetzt fährt tosend und scheppernd ein Pick-up an uns vorbei; er hat seine offene Ladefläche mit Hühnerkäfigen vollgestapelt, die mit Bändern fixiert sind. Das arme Federvieh, vermutlich auf dem Weg zum Markt, sieht arg zerzaust aus, und die Käfig scheinen lange nicht gereinigt worden zu sein. Die israelischen Soldaten in der Ferne unterhalten sich und rauchen, vermutlich vertreiben sie sich die Zeit. Alles wirkt friedlich, und doch geht von diesem provisorischen Grenzübergang und seiner Atmosphäre etwas Bedrohliches aus.

Als Hanan noch Schüler im Gymnasium war, machte sein Geschichtslehrer großen Eindruck auf ihn. Er erzählte seinen Schülern mehr von Politik, als das Curriculum es vorsah; der palästinensisch-israelische Konflikt war eines seiner Hauptthemen. Der Lehrer betonte, der Niedergang der israelischen Linken führe dazu, dass die Palästinafrage ignoriert werde. Er befürchtete, dass der Staat bald von Religiösen dominiert und seinen demokratischen Charakter verlieren werde. All das weckte das Interesse des 17-jährigen Hanan. Anstatt wie seine Mitschüler nach dem Abitur sofort zum Militär zu gehen, beschloss er 1991, zunächst zu studieren. Während seiner Zeit an der Universität nahm er an Friedensdemonstrationen teil und suchte die aktive Erfahrung von Politik durch studentische Gruppen: »Ich war damals noch sehr naiv bezüglich des Konflikts und seiner Lösung. Ich dachte, es genüge, Arabisch sprechen zu können und die andere Seite zu kennen.«

Mit 21 Jahren ging Hanan 1994 schließlich zum Militär und ließ sich zum Offizier ausbilden. Aus dieser Lebensphase, die für männliche Israelis normalerweise drei Jahre dauert, wurden bei ihm sechs Jahre. Als Offizier, der 120 Soldaten befehligte, fühlte er sich gut: »Mein Vorgesetzter hat mir so viel Verantwortung und Macht übertragen, dass ich regelrecht berauscht war. Ich war sehr hart.« Als Hanan das sagt, verändert sich sein Gesichtsausdruck, sein Blick wird fast ein wenig starr, und ich kann mir plötzlich vorstellen, dass in diesem feinfühligen Mann auch schon andere Seiten zum Tragen gekommen sind. Damals habe er noch nicht die Fähigkeit gehabt, zu reflektieren und sich selbst von außen zu betrachten, räumt Hanan ein. Meiner Hypothese, dass seine Rolle in der Armee für ihn als Mizrahi eine gesellschaftliche Aufwertung bedeutet haben könnte, folgt er nicht. Während wir warten, mit unserer inneren Anspannung kämpfen und die Fliege uns weiter belästigt, frage ich Hanan, ob er als Offizier auch in den palästinensischen Gebieten gedient habe. Nur einmal sei er einen Monat als Logistikoffizier in der Westbank stationiert gewesen, sagt er. Sein Vorgesetzter habe ihn im Jeep in ein palästinensisches Haus mitgenommen, damit er aus dem Arabischen übersetze. Er sei aber so zaghaft und sanft gewesen, dass man ihn anschließend gleich wieder ins Hauptquartier zurückversetzt habe. Ich wage nicht, ihn zu fragen, ob es sich um ein Verhör gehandelt habe.

Die Israelischen Verteidigungskräfte haben für die meisten Schulabgänger nicht mehr denselben Stellenwert wie früher, wenngleich weiterhin kein Weg an ihnen vorbei führt – die gesamte Gesellschaft und ihre Strukturen sind mit dem Militär verstrickt. »Moshe Dayan, Yitzhak Rabin, Ehud Barak und Shaul Mofaz besetzten hohe Armeeposten, bevor sie direkt in ein Ministerium oder in das Amt des Ministerpräsidenten berufen wurden. Beim Militär werden Israels Führer gemacht«, so Avraham Burg.

Wehrdienstverweigerung gilt als schweres Delikt, das nicht selten mit Gefängnis bestraft und dennoch von einer ganzen Reihe junger Menschen in Kauf genommen wird. Die sogenannten »Shministim« verweigern oft nur partiell, sie lehnen es ab, in den palästinensischen Gebieten Dienst zu leisten, stehen ansonsten aber für den Militärdienst bereit. Andere verweigern total, weil sie Pazifisten sind. Die Mehrheit der Verweigerer tut dies nicht offen, sondern indirekt. Für ihre Karriere hat das in vielen Fällen weitreichende Konsequenzen, weil auch das Studium und spätere Anstellungen mit dem Militärdienst verbunden sind.

Im Jahr 2001, die zweite Intifada war bereits in vollem Gange, begab sich Hanan – wie so viele junge Israelis nach dem Militärdienst – auf eine lange Reise ins Ausland. Gleich darauf erhielt er das Angebot, für die deutsche Delegation des Verteidigungsministeriums in der israelischen Botschaft in Berlin zu arbeiten: Ankauf von Equipment für die israelische Marine. »Ich war damals noch davon überzeugt, dass politischer Wandel nur durch Diplomaten und Entscheidungsträger herbeigeführt werden könnte«, sagt Hanan. Dass Politik auch an der Basis gemacht wird und die parlamentarische Ebene beeinflussen kann, war ihm noch ein fremder Gedanke, ebenso wie der, dass das Private politisch ist. Die deutsche Hauptstadt eröffnete ihm völlig neue Perspektiven. Plötzlich waren es nicht mehr nur die israelischen Medien, die ihm eine provinzielle, oft einseitige Sicht auf den israelisch-palästinensischen Konflikt vermittelten, sondern viele andere internationale Medien mit einer großen Meinungsvielfalt. In Berlin war es auch möglich, »den Feind« persönlich kennenzulernen: Viel saß Hanan mit Deutschen, Israelis, Syrern und Palästinensern zusammen und diskutierte mit ihnen über Politik. Im Kontakt mit diesen Anderen, wovon er die meisten in seiner Heimat wegen der Feindschaften nie hätte treffen können, entdeckte er neue Interpretationen seiner Wertvorstellungen, wie etwa von Individualismus, Patriotismus oder dem Konzept Familie.

Eines Tages saß Hanan nach einem Kinobesuch auf einer Bank und wartete auf seine U-Bahn, als er mit einer Frau ins Gespräch kam, die gerade den selben Film gesehen hatte: Es war Susanne, eine Bewegungslehrerin. Sie wurde bald zur Liebe seines Lebens. Susanne erzählte ihm von ihren Erfahrungen mit politischer Basisarbeit, und obwohl Hanan anfangs noch skeptisch war, berührte ihn, wie enthusiastisch und authentisch sie darüber sprach: »Ich sog jedes Wort in mich auf, ohne zu ahnen, dass ich bald selbst Dialoge leiten würde.« Je länger Hanan in Berlin blieb, umso größer wurde der Druck seitens seiner Familie und Freunde – sie fürchteten, er verleugne seine jüdisch-israelische Identität und assimiliere sich in Deutschland. In Berlin und in der Beziehung mit einer Nichtjüdin war Hanan mehr denn je mit seinem Judentum konfrontiert. Die Auseinandersetzung mit seinen verschiedenen Identitätsanteilen, die sich oft im Widerstreit befanden, bescherte ihm so manche schlaflose Nacht.

2004 begann er ein Studium am Hamburger Institut für Friedensforschung und Sicherheitspolitik. Er sprach viel mit anderen Studenten über diverse Konfliktzonen in der Welt und begann, über den Nahostkonflikt sehr viel globaler nachzudenken. Zwei Jahre später erfuhr Hanan von dem Trainingsseminar mit Bar-On in der Hansestadt und bewarb sich um die Teilnahme. Das erste biografische Interview, das er im Rahmen seiner Hausaufgaben führte, war ein besonderes Erlebnis: Er bat einen palästinensischen Bekannten, der ebenfalls in Berlin studierte, um seine Lebensgeschichte. Es sei nicht einfach für ihn gewesen, über die Erfahrungen seines Gesprächspartners während der Intifada zu hören, sagt Hanan. »Mir fiel auf, dass ich während des Interviews zu sehr mit meinen eigenen Interpretationen und Vermutungen beschäftigt war, anstatt meinem Gegenüber sorgfältig zuzuhören.« Der Prozess insgesamt hatte eine große Wirkung auf ihn: »Ich begriff meine Ignoranz in Bezug auf die palästinensische Gesellschaft. Obwohl ich mich schon viele Jahre mit dem Nahostkonflikt beschäftigt hatte, war ich nie auf Augenhöhe, auf derselben Ebene mit einem Palästinenser konfrontiert gewesen«, so Hanan. Bei diesem Interview habe er erstmals im persönlichen Kontakt die Gedanken der »anderen Seite« über die Ereignisse in der Region gehört. Außerdem habe er auch Gemeinsamkeiten entdeckt – etwa ähnliche Strukturen in ihren arabisch geprägten Herkunftsfamilien sowie ähnliche Erfahrungen durch den Aufenthalt in Deutschland.

Für Hanan war das Seminar mit Bar-On ein weiterer Baustein in seiner Persönlichkeitsentwicklung: »Nachdem ich 32 Jahre quasi von der Wiege an auf die Stärkung des israelischen Staates ausgerichtet war, beschloss ich, mich auf die praktische Friedensarbeit zu konzentrieren«, sagt Hanan, dieses Mal auf Deutsch, das er sehr passabel spricht. Ein breites Lächeln huscht über sein Gesicht, und seine Augen strahlen. Parallel machte Hanan in Vukovar, Kroatien, mit einer Dialoggruppe von Serben und Kroaten Erfahrungen im Konfliktmanagement.

2007 zog er mit seiner jungen Familie nach Israel zurück. Sie beschlossen, ihren gemeinsamen Sohn Mattan, mittlerweile fast fünf, weder im jüdischen noch im christlichen Sinne zu erziehen, sondern ihm Einblicke in beide Religionen zu geben. Für Hanans Vater war die Heiratszeremonie ohne jüdische Symbole und Rituale schwer zu verkraften. Hanan sagt, sein Vater sei kein Mensch, der Gefühle zeige, er sei über diese informelle Art zu heiraten nicht glücklich gewesen, habe das aber nur indirekt ausgedrückt. Die kleine Familie zog in einen Kibbuz im Norden. Wenig später nahm Hanan an einem Dialogkurs für jüdische und palästinensische Israelis in »Neve Shalom – Wahat al-Salam«, der Oase des Friedens, teil. Das ist eine 1972 gegründete Dorfkooperative bei Latroun, nahe der Autobahn zwischen Tel Aviv und Jerusalem, in der palästinensische und jüdische Israelis gemeinsam leben, um sich für Gleichberechtigung und Verständigung einzusetzen.

Im Kindergarten und in der Schule werden die Kinder in beiden Sprachen unterrichtet. Kürzlich entschieden die Bewohner wegen der subtilen sprachlichen Feinheiten und asymmetrischen Machtverhältnisse, die Friedensoase umzubenennen und das Arabisch im Titel dem Hebräischen voranzustellen: »Wahat al-Salam – Neve Shalom«. Hanan erinnert sich an den Kurs: »Es war belastend, von den Leiden und der Frustration der Palästinenser über die Naqba, ihre Flucht und Vertreibung 1948, und deren Auswirkungen bis heute zu erfahren.« Er hatte unterdessen gelernt, sehr genau zuzuhören, die Geschichte hinter der Geschichte und die Zwischentöne zu erfassen: Was genau will der Erzähler vermitteln? Drückt er sich argumentativ oder beschreibend aus? Wo sind Lücken in seinem Erzählstrang, wo lacht, stottert oder schweigt er, und wo springt er von einem Kontext abrupt in einen anderen? Welche Hypothesen lassen sich aus seiner Geschichte entwickeln? Was also gilt es nach Beendigung der Erzählung nachzufragen, unter Umständen auch, um den Erzähler auf Inkongruenzen und Auslassungen hinzuweisen, um das Verschwiegene hörbar zu machen?

Hanan, der ehemalige Offizier, hat durch seine Erfahrungen genügend Ehrgeiz und Selbstvertrauen entwickelt, um einen Dialogprozess nun selbst zu leiten. Deshalb sitzen wir beide hier im Auto und warten. Sein Partner lässt sich noch immer nicht blicken. Hanan hat sich auf ein ambitioniertes und hoch sensibles Unterfangen in Jerusalem eingelassen: Er will Bewohner einer großen jüdischen Siedlung mit Bewohnern einer unmittelbar daneben situierten palästinensischen Kleinstadt und eines angrenzenden Beduinendorfs ins Gespräch miteinander bringen. Das ist gewagt, denn Jerusalem gehört neben der Frage der Flüchtlinge und den Siedlungen zu den schwierigsten Themen bei jeglichen

Verhandlungen zwischen Israelis und Palästinensern. Das Projekt ist so »heiß«, dass es an dieser Stelle nicht einmal geboten ist, die Orte zu nennen. Die palästinensische Seite könnte dadurch erhebliche Probleme bekommen – wohlgemerkt, durch die eigenen Behörden oder durch jene Palästinenser, die strikt gegen eine »Normalisierung« der Beziehungen zu den Israelis sind.

Das Beduinendorf liegt nicht weit entfernt, südöstlich von Jerusalem in der Westbank – und in Zone C, die von den Israelis kontrolliert wird. Seine Einwohner sind Beduinen, die in den 1950er-Jahren vom israelischen Militär aus der Negevwüste vertrieben wurden und von der UNO als Flüchtlinge registriert sind. Der Lebensraum der Beduinen wurde über die Jahre zunehmend eingeschränkt, weil das Militär sich mit verschiedenen Begründungen – meist sind es sogenannte Sicherheitsgründe – immer weiter ausbreitet und die Bewohner durch die Zerstörung ihrer Behausungen zum Umzug zwingt. Viele von ihnen leben in Zelten oder Verschlägen aus Wellblech, die Armut ist groß. Die palästinensische Kleinstadt liegt gleich daneben am Rande Jerusalems. Dort leben fast 20 000 Menschen wegen mangelnder Stadtplanung und Finanzen in sehr beengten Verhältnissen. Und dann ist da als dritte Achse dieses Dreiecks die jüdische Siedlung, die seit bald 20 Jahren offiziellen Stadtstatus besitzt und tatsächlich alle Eigenschaften einer Stadt aufweist. Gegründet in den 1970er-Jahren, beherbergt sie knapp 35 000 Siedler und erstreckt sich über ebenso viele Quadratkilometer. Aus Sicht der Palästinenser – und das internationale Recht stimmt ihnen zu – ist diese Siedlung wie alle anderen illegal, denn sie wurde auf besetztem palästinensischen Land gebaut. Die Palästinenser befürchten, dass diese Siedlung, die für Israel von großem strategischen Wert ist, sie langfristig ganz von Ost-Jerusalem abtrennen und ihr Gebiet weiter in Kan-

Hanan Ohana vor seinem Büro in Jerusalem

tone oder ähnlich wie in Südafrika in Bantustans zerlegen wird. Sowohl die Bewohner der palästinensischen Kleinstadt als auch die Beduinen sind durch die Siedlung in ihrer Existenz täglich stark eingeschränkt.

Die Asymmetrie zwischen den Vertretern der drei Orte lässt sich kaum auflösen, und das ist keine gute Voraussetzung für eine Dialoggruppe. Hanan ist trotzdem entschlossen, dieses Projekt voranzutreiben und die kolossalen Hindernisse zu überwinden. In der Siedlung hat er bereits eine jüdische Gruppe zusammengestellt, die sich bis jetzt achtmal getroffen hat. Nach dem Ansatz Bar-Ons finden Begegnungen zunächst in der eigenen Gruppe statt, um sich über das Erzählen der Lebensgeschichten kennenzulernen. Erst später tauschen sich dann die gegnerischen Seiten in der binationalen Gruppe aus.

Bevor Hanan und ich zum Checkpoint in die Westbank gefahren sind, haben wir diese Siedlung besucht. Während wir noch in der brütenden Sonne warten, lasse ich diesen Besuch Revue passieren. Wie die meisten Siedlungen liegt sie strategisch günstig auf einem Hügel, mit Blick über das weite Land. Als wir auf das große eiserne Eingangstor zufahren, warten auf der Rasenfläche am Rand Palästinenser. Es gehört zu den Ambivalenzen und Spannungen dieses Konflikts, dass diese Männer händeringend nach Arbeit suchen, und das ausgerechnet in der Siedlung – in der Not frisst der Teufel Fliegen, die Kinder müssen ernährt werden. Der Weiterbau der Mauer könnte dazu führen, dass die Bewohner des Beduinendorfes die Siedlung bald nicht mehr erreichen können und von ihrer einzigen gelegentlichen Einkommensquelle abgeschnitten sind. Das Tor in der Umzäunung um die Siedlung, das die Siedler vor palästinensischen Angriffen schützen soll, bildet eine weitere Absperrung innerhalb des von der Mauer eingeschlossenen Gebiets. Es öffnet sich, und wir fahren hinein. Hier steht Haus an Haus, Villa an Villa, gebaut aus massivem hellen Sandstein, dazwischen gepflegte Rasenflächen, Palmen und ein Springbrunnen. Es ist sehr ruhig, ja so friedlich; ohne Vorwissen käme niemand auf die Idee, dass dieser Ort ein solches Politikum ist. Wir parken vor dem Kindergarten des Gemeindezentrums und gehen in die Verwaltung. Hier arbeiten verschiedene Damen, das Haupt bedeckt mit gehäkelten Käppis. Eine füllige Frau im Kleid führt uns ins Nebenzimmer, einen kleinen engen Raum, wo ein Schreibtisch, ein Regal, ein Wasserspender und zwei Besucherstühle gerade eben Platz finden. Hier erwartet uns Yudit, Hanans Kontaktfrau in der Siedlung. Sie leitet das Kinderprogramm der Gemeinde. Lächelnd bittet sie uns herein. Yudit hat rötliche Haare und eine freundliche Ausstrahlung. Sie entspricht so gar nicht dem Klischee einer jüdischen Siedlerin. Sogleich erklärt sie, sie gehöre keineswegs zur politischen Mitte dieses Ortes – hier wählten fast alle den rechtsgerichteten Likud, die Partei Benjamin Netanjahus. Sie hingegen neige mehr zur Arbeitspartei. Mit entwaffnender Offenheit und amerikanischem Akzent sagt sie, sie verabscheue es, in Kategorien gepresst zu werden. Mit ihren Ansichten sei sie in der Gemeinde eine Einzelgängerin. Aber das nehme sie nicht schwer: »Man kann auch im eigenen Haus Außenseiterin sein.« Allerdings unterstützt sogar der stellvertretende Bürgermeister des Ortes Hanans Dialogprojekt. Yudit bietet uns Kaffee und Wasser an, was wir dankend annehmen. Sie rückt den Bürostuhl zurecht, schiebt einige Papiere auf ihrem Schreibtisch beiseite und wartet ab. Als ich sie frage, wie sie auf dieses Dialogprojekt gestoßen sei, sagt sie, der Anruf von Hanan habe sie überzeugt: »Überall gibt es Familien, die Frieden wollen, aber keine Wahl haben, weil äußere Kräfte Einfluss auf ihr Leben nehmen.« Yudit spielt auf die Extremisten im Konflikt an, auf jene, die sorgsame und mühsame Verhandlungsarbeit durch einen Terroranschlag im Handumdrehen zunichte machen. Von der Gewalt profitierten allein die politischen Führer beider Seiten, fügt sie hinzu. Sie glaube an die Menschen und wolle Beziehungen mit der anderen Seite aufbauen; und sie wolle zugleich das Richtige für sich selbst tun.

Ich vermisse bei ihr eine kritische Reflexion der Siedlungspolitik oder vielleicht auch ein Stück Selbstreflexion. Denn die Siedlungspolitik war immer schon eine Barriere für jegliche Einigung mit den Palästinensern. Unabhängig von der Parteipolitik haben alle israelischen Parteien die Siedlungen ausgebaut und den Ausbau während des Osloer Friedensprozesses sogar verstärkt. Nach Angaben der Friedensbewegung »Peace Now« kosten die 121 Siedlungen in der Westbank den Staat jährlich 556 Millionen US-Dollar. In diesen Siedlungen leben 250 000 jüdische Israelis, weitere 190 000 in Ost-Jerusalem. Außerdem gibt es zurzeit 102 nicht genehmigte Siedlungsaußenposten. Immer wieder kommt es zu Auseinandersetzungen zwischen Siedlern und Palästinensern. In diversen Zwischenfällen haben Siedler die Olivenhaine von Palästinensern zerstört oder sie gewaltsam von der Olivenernte abgehalten. Der von einem radikalen jungen israelischen Siedler 1994 ermordete Ministerpräsident Yizhak Rabin hatte die Siedlerbewegung »ein Krebsgeschwür im Körper der israelischen Demokratie« genannt – und war dennoch nicht stark genug gewesen, ihre Macht einzuschränken. Politik, Medien, Militär und Justiz sind seit Jahrzehnten darin verstrickt, das Siedlungsprojekt voranzutreiben. Mittlerweile sind die Eliteeinheiten der Israelischen Verteidigungskräfte schon lange nicht mehr säkular, sondern von den nationalreligiösen Siedlern »unterwandert«. 1995 stellten sie bereits 30 Prozent der Soldaten in Kampfeinheiten und ein Drittel aller Absolventen aus Offizierslehrgängen, so berichten die israelischen Historiker Idith Zertal und Akiva Eldar.

Die sieben Teilnehmer, die Hanan für die Gruppe gefunden hat, haben alle einen ähnlichen Bildungsstand, sagt Yudit. Unter den fünf Frauen seien auch zwei Arbeitskolleginnen, das sei schwierig, weil sich zu viel Privates mit dem Beruflichen vermische. In der Gruppe gebe es viele Gemeinsamkeiten, aber auch viele Unterschiede. Sie verträten nicht dieselben politischen Positionen, eine Teilnehmerin habe sogar radikal andere Ansichten. Diese Person mache ihr Sorgen – die könnte später in den binationalen Treffen mit den Palästinensern verletzend, vielleicht sogar ausfallend werden und den Prozess massiv stören. Sie glaube jedoch fest an dieses Unternehmen: »Wir machen das nicht, um neue Backrezepte zu erfinden, sondern um die Welt etwas zu verbessern.« Sie gehe grundsätzlich zunächst von den Gemeinsamkeiten und nicht von den Unterschieden aus.

Ein professioneller Dialogpartner hätte ihr in diesem Moment vielleicht erwidert, dass es noch wichtiger sei, die Unterschiede wahrzunehmen und zu integrieren, als sich auf die Gemeinsamkeiten zu berufen. In einem Dialog geht es zwar darum, Brücken zu bauen, aber das heißt nicht, dass die eine oder andere Seite ihre Ansichten aufgeben muss. Ich frage mich, was Yudit wirklich dazu bewegt, das Wagnis einzugehen, von ihren Nachbarn angefeindet zu werden, weil sie mit Palästinensern spricht. Nicht wenige Radikale in Israel vertreten die Meinung, den Arabern gebühre der Tod. So wie viele Islamisten dem Staat Israel das Ende wünschen.

Yudit ist Mutter von fünf Kindern. In ihrer Familie gibt es Spannungen wegen dieses Projekts. Vor allem ihr 25-jähriger Sohn,

Offizier in der Armee, ist damit nicht einverstanden. Er frage sich, auf wessen Seite sie stehe – wie könne sie mit denen reden? Yudit wirkt authentisch, wenn sie sagt, das sei ein Dilemma für sie. Sie respektiere, dass ihr Sohn seine Pflicht tue und Israel beschützen wolle. Man müsse aber auch sensibel sein und dürfe nicht hassen. Die Gegenseite habe sich nicht ausgesucht, Teil des Dramas zu sein. »Wir sollten mit ihnen leben, anstatt sie zu ignorieren.« Es entsteht eine Pause. Durch ihre Brille sieht Yudit mich an. Die Situation sei eben so durch den Holocaust, sagt sie ohne weitere Ausführungen. »Wir leben hier, wohin sonst sollten wir gehen?«

Ich frage sie, was sie von der Gegenseite erwarte – ich hätte den Eindruck, die Palästinenser akzeptierten nicht, dass sie auf ihrem Land lebe, und an dieser Ansicht werde sich auch durch einen Dialog nichts ändern. Nun verhärtet sich ihr Gesichtsausdruck: »Wenn die Palästinenser nicht akzeptieren, dass wir hier leben, dann müssen wir auch über die Araber in Haifa und Akko sprechen« – womit sie die Palästinenser meint, die israelische Staatsbürger sind. Also plädiere sie für die Einstaatenlösung, gebe ich etwas provokativ zurück. Das wischt Yudit sofort vom Tisch – natürlich nicht, sie sei für die Zweistaatenlösung. Mit dieser Position zählt sie zu einer kleinen Minderheit unter den jüdischen Siedlern, die das Land in der Regel mit den Palästinensern nicht teilen wollen. Sie leben aus ideologisch-religiösen Gründen auf palästinensischem Gebiet, doch viele wohnen auch nur dort, weil sie billigen Wohnraum und sonstige Vergünstigungen zur Verfügung gestellt bekommen haben. Eine andere Bewohnerin der Siedlung formulierte gegenüber der BBC: »Ob … (Name der Siedlung entfernt, AS) einen palästinensischen Staat behindert? Das hoffe ich. Es sollte einen palästinensischen Staat verhindern. Es wird keinen Frieden durch Land geben. Nur Frieden für Frieden. Leute, die an den Austausch von Land gegen Frieden glauben, träumen.«

Als wir Yudits Büro verlassen, gibt sie sich weiter optimistisch: »Wir in der Gruppe sind nicht nur anders, sondern wir wollen auch einen Unterschied machen.« Bei aller Aufrichtigkeit – es ist ihre Religion, die sie ans Gute im Menschen glauben lässt – frage ich mich, wie dieses Verständigungsprojekt funktionieren soll. Die Ausgangspositionen der Kontrahenten sind extrem verschieden – politisch und ökonomisch, folglich auch gesellschaftlich und psychologisch, außerdem ist bislang kein gemeinsames Ziel definiert. Für die Palästinenser gilt es, die israelische Besatzung abzuschütteln, und Siedlungen sind für sie ein Teil der Besatzung. Will Yudit sie vom Gegenteil überzeugen? Ich fühle Unruhe in mir aufwallen: Endet dieses Dialogprojekt vielleicht im Desaster, weil beide Seiten im Streit auseinandergehen und ihre Vorurteile lediglich bestätigt sehen werden?

Hanan und ich verabschieden uns von Yudit und touren noch eine Weile durch diese Stadt, die wie eine Festung auf dem Berg thront. Alles ist makellos sauber, fast idyllisch, an den Gärten und der Größe der Häuser erkennt man den Mittelstand. Hanan bringt mich zum Stadtrand, wir blicken über die Hügel und Ebenen unter uns. Er zeigt mir von dort aus die nahe gelegene Kleinstadt, mit dessen Bewohnern er den Dialog anregen will. Als wir die Siedlung schließlich durch das Eisentor verlassen, sitzen die palästinensischen Tagelöhner noch immer auf dem Rasen und warten auf Arbeitgeber. Für heute wird es vermutlich vergeblich gewesen sein, und sie werden bei Sonnenuntergang mit leeren Händen zu ihren Familien zurückkehren.

Auf Augenhöhe

Die israelische Journalistin Amira Hass lebt und arbeitet in den palästinensischen Gebieten

Am Ende der Straße taucht ein weißer Pkw auf und fährt direkt auf uns zu. Einige Hundert Meter vor der Straßensperre stoppt er. Der Fahrer wendet und winkt uns zu. Hanan lässt den Motor an und versichert sich über das Mobiltelefon, dass das Handzeichen uns gilt. Wir sprechen nicht viel, während er dem Wagen folgt – entlang der Mauer, diesem grauen Monstrum, das einem das Gefühl vermittelt, sich auf dem Ausgangsgelände eines Gefängnisses zu bewegen; durch enge Schottergassen, Hügel hinauf und hinunter. Unser Führer nutzt die Nebenstraßen jenseits der Hauptader in den Norden der Westbank, um Hanan sicher ins Büro zu geleiten. Monate später wird er mir gestehen, wie aufgeregt er war, denn es war sein erster Besuch bei seinem palästinensischen Gesprächspartner; und hundertprozentig sicher ist es nicht, mit einem israelischen Nummernschild ins »Feindesland« zu fahren. Noch eine Anhöhe hinauf, und nun fährt der Geleitwagen auf den kleinen Vorplatz eines zweistöckigen Hauses und hält. Ein gut aussehender Mann mittleren Alters in einem weißen Hemd steigt aus und bedeutet Hanan, neben seinem Wagen einzuparken. Der Mann kommt auf mich zu – »Hallo, ich bin Khaled« – und bittet uns dann zum Eingang.

Khaled Abu Awwad ist Direktor von »Al-Tariq« (Arabisch für »Der Weg«), einer Institution, die sich für Entwicklung und Demokratie in der palästinensischen Gesellschaft einsetzt. Es ist nicht das einzige Institut dieser Art, schon während der ersten Intifada entstanden »Muwatin – The Palestinian Institute for the Study of Democracy« und »Miftah – The Palestinian Initiative for the Promotion of Global Dialogue and Democracy«. Khaled führt uns die Treppen hinauf, und oben erwartet uns eine Frau mit dunkelblonden Haaren in schwarzer Kleidung. Es ist Lotty Camerman, die bei »Al-Tariq« die internationalen Kontakte pflegt. Lotty ist Israelin und spricht fließend Deutsch, weil sie als Kind acht Jahre und zum Studieren nochmals fünf Jahre in Deutschland gelebt hat. Als Jüdin hat sie in Israel die übliche Sozialisierung und den Militärdienst durchlaufen. Später arbeitete sie in der Tourismusbranche, bis diese durch den Nahostkonflikt zum Erliegen kam. 2006 war sie dabei, als Khaled die Institution »Al-Tariq« gründete. Sie selbst will eine Vermittlerin zwischen den verfeindeten Seiten sein, ein diskretes Bindeglied; ihre israelischen Freunde, darunter Berufssoldaten, haben sich mittlerweile damit abgefunden, dass sie in der Westbank lebt und arbeitet. Früher, vor der Ersten Intifada, kauften Israelis noch regelmäßig zum Wochenende in den besetzten palästinensischen Gebieten ein. Nahrungsmittel waren billig, und man konnte für wenig Geld seinen Wagen reparieren lassen. Doch die Intifada, der Aufstand der Palästinenser gegen die israelischen Besatzer, veränderte die Kontakte zwischen den Nachbarn. Die Palästinenser wollten von den Israelis nicht mehr wie Menschen aus der »Dritten Welt« behandelt werden – und waren doch ökonomisch vollkommen abhängig von ihnen. Nach der Ersten Intifada und dem Golfkrieg 1991 schienen alltägliche, rein wirtschaftlich motivierte Begegnungen nicht mehr möglich zu sein: Diejenigen Israelis, die sich noch in die palästinensischen

Gebiete wagten, waren entweder Soldaten, Friedensaktivisten oder Anwälte, die Palästinenser vor israelischen Gerichten vertraten. Paradoxerweise verschärften die Vereinbarungen des Osloer Friedensprozesses die Trennung der beiden Bevölkerungsgruppen. Die Parzellierung der Westbank in Zonen separierte sogar die Palästinenser untereinander. Diese Politik geht unter anderem auf Yitzhak Rabin zurück, der Anfang der 1990er-Jahre beschloss, die einzige Lösung für den Nahostkonflikt – parallel zu einem Friedensprozess – sei die konsequente Abgrenzung der Israelis von den Palästinensern. Das wirkte sich zunächst besonders auf den wirtschaftlichen Sektor aus, nur noch wenige palästinensische Tagelöhner durften in Israel arbeiten, ihre Stellen nahmen stattdessen osteuropäische oder asiatische Gastarbeiter ein, darunter viele illegal. Dadurch schnellte die Arbeitslosenrate unter Palästinensern weiter in die Höhe. Rabins späterer Nachfolger, Ministerpräsident Ariel Sharon, setzte diesen Akt der Sprachlosigkeit schließlich in Stacheldraht und Beton um: Seit 2002 wird die Mauer entlang der sogenannten »Nahtstelle« zwischen dem Kernland Israel und den besetzten Gebieten in der Westbank gebaut, für Deutsche ein Anachronismus.

Nachdem 2006 die islamistische Hamas-Bewegung im Gazastreifen an die Macht kam, ist dieses kleine Stück Land zwischen Ägypten und Israel vollkommen von der Westbank und sogar dem Rest der Welt abgeschnitten: Die israelischen Behörden erlauben noch nicht einmal mehr Journalisten den Zugang. Somit sind die Palästinenser in Gaza und Westbank voneinander getrennt, innerhalb der Westbank sind sie zudem durch Verwaltungszonen, Siedlungen, Siedler- und Militärstraßen separiert und in ihrer Bewegungsfreiheit massiv eingeschränkt. Lottys Existenz unter Palästinensern ist folglich nicht selbstverständlich – und doch nicht so ungewöhnlich, wie meist angenommen.

Sie und Khaled wollen durch ihre gemeinsame Arbeit mit palästinensischen und israelischen Kindern und Jugendlichen in Sommerlagern erreichen, dass beide Seiten sich besser kennenlernen und die Klischees, mit denen sie aufgewachsen sind, abbauen.

Wir trinken starken arabischen Kaffee und setzen uns auf die Veranda – größere arabische Häuser in den Ortschaften (nicht den Flüchtlingslagern) verfügen des heißen Wetters wegen fast alle über Veranden oder Wintergärten. Khaled spricht derweil nebenan am Handy und wirkt geschäftig. Zu uns gesellt sich ein freundlicher Herr namens Rashad, der ebenfalls bei »Al-Tariq« arbeitet. Rashad erzählt, dass sie in der palästinensischen Ortschaft direkt neben der jüdischen Siedlung bereits eine Gruppe von sechs Personen zusammengestellt hätten – Menschen, die in ihrer Gemeinde eine Rolle spielten, die beiden Frauen beispielsweise seien Lehrerinnen. Die Gruppenmitglieder hätten sich bis dato mehrfach insgeheim getroffen und sich ihre Lebensgeschichten erzählt. Sie seien auch über die Entwicklung und Ideologie der Siedlungen aufgeklärt worden, ebenso wie über einige Prinzipien des Dialogs, was vor allem Zuhören, Vertraulichkeit und Vertrauen bedeutet.

Unterdessen hat Khaled sich zu uns gesetzt und zieht angespannt an seiner Zigarette. Nach Rashad ergreift er das Wort – laut und schnell, es klingt wie ein politisches Plädoyer. »Die Existenz der Anderen stellt uns vor Probleme, und wir haben uns gegenseitig schon so viel angetan. Doch können wir diesen Konflikt mit Waffen lösen? Nein, wir können uns nicht gegenseitig töten oder vertreiben«, sagt er, und drückt seine Zigarette energisch im Aschenbecher aus. »Der einzige Weg ist der Dialog«, fährt der Palästinenser fort. »Wir müssen unsere Ziele definieren und überlegen, wie wir uns gegenseitig zu einem besseren Leben verhelfen können. Wir müssen alle flexibel sein und Lösungsmöglichkeiten offen diskutieren.« Hanan und ich hören aufmerksam zu. Ich merke, dass Hanan noch damit beschäftigt ist, einen Zugang zu seinem künftigen Projektpartner zu finden. Khaled geht das vermutlich ähnlich, denn in diesem Dschungel des Konflikts braucht es seine Zeit, bis man weiß, auf wen man sich verlassen kann – politisch und persönlich. »Es bedarf vieler Menschen, um Frieden zu schaffen, aber eine einzige Person allein kann durch Gewalt die Vereinbarungen zwischen politischen Führern im Nu zunichte machen«, sagt Khaled jetzt. Es sei wichtig, gewaltfreie Ansätze zur Lösung des Konflikts zu entwickeln. Kleine Schritte an der Basis machten den Anfang: »Das ist wie ein Samen, der aufgeht. Denkt zum Beispiel an die erste Frau, die in einem traditionellen Dorf plötzlich Hosen trug! In der dritten Generation ist das gesellschaftlich akzeptabel geworden.« Allmählich scheint Khaled ruhiger zu werden, und er sagt, fast wie an sich selbst gerichtet: »Wir müssen unsere Wut kontrollieren, in Ruhe nachdenken und miteinander sprechen.«

Es entsteht eine kleine Diskussion zwischen ihm und Rashad über die Rolle von Hamas – müssten die Islamisten nicht in den nationalen Konsens eingebunden werden? Khaled vertritt die Ansicht, dass Hamas eine ähnliche Entwicklung wie seinerzeit die PLO durchmache; über kurz oder lang werde auch sie realpolitisch agieren und die Politik mitgestalten wollen. »Ein innergesellschaftlicher Dialog ist ebenso wichtig wie der mit der anderen Seite, diese beiden Prozesse sind unabhängig voneinander, gehören aber zusammen«, sagt Khaled. Er zündet eine neue Zigarette an und wirkt jetzt nach seinen Erklärungen, mit denen er gewissermaßen die Grundlagen der Zusammenarbeit definiert hat, ganz entspannt und aufgeschlossen. Man merkt, dass Khaled nicht nur Visionen, sondern auch Führungsqualitäten hat. Die Geschichte seines Lebens werde ich aber erst bei meinem nächsten Besuch hören.

Unsere Gastgeber betonen, wie wichtig es sei, dieses Dialogprojekt einstweilen vollkommen anonym und im Verborgenen durchzuführen. Ihnen ist bewusst, dass die Bewohner der palästinensischen Ortschaft die Gespräche mit den Siedlern überwiegend ablehnen, weil sie diese Kontakte als Normalisierung der Beziehungen zum Besatzer betrachten. Es gelte, die Gruppenteilnehmer zu schützen. Lotty weiß um die Asymmetrie zwischen den beiden Seiten – sie und Khaled haben über dieses Thema immer wieder Meinungsverschiedenheiten. Khaled erkennt zwar, dass die Palästinenser in einer sehr viel schwächeren Ausgangsposition sind, doch er glaubt, dass die Dynamik des Prozesses daran mit der Zeit etwas ändern könnte. Transparenz, fügt er hinzu, sei ein wichtiges langfristiges Ziel. »Die Vereinbarungen zwischen den politischen Verhandlungsführern werden für die Öffentlichkeit nie sichtbar gemacht, doch genau das ist eine Voraussetzung, um Politik an der Basis greifbar zu machen und umzusetzen.«

Die Sonne sinkt bereits, und ich werde unruhig, weil ich noch weiter nach Ramallah reisen will. Hanan und Khaled brauchen außerdem noch ein paar Stunden allein miteinander: Sie wollen sich gegenseitig ihre Lebensgeschichten erzählen – eine Voraussetzung für ihre gemeinsame Dialogarbeit. Hanan wird mir später erzählen, dass die beiden sich gut verstanden haben und eine konstruktive Storytelling-Sitzung miteinander hatten, es aber noch weiterer Treffen bedarf. Lotty steht auf, um erfrischende Getränke zu organisieren. Unterdessen versichert Hanan sich zweimal, ob ich jetzt ohne ihn zurechtkomme, ihm ist offensichtlich nicht ganz geheuer dabei, dass ich mich allein aufmache. Da ich früher, während der Ersten Intifada, als UN-Beobachterin am Ort tätig gewesen bin und auch hinterher viele Male wieder in der

Westbank war, traue ich mir die Weiterreise zu. Durch die vielen Aufenthalte und mein Studium der Islamwissenschaft ist mir die arabische Kultur vertraut, und ich fühle mich nicht völlig fremd hier. Gleichwohl hat sich seit meiner Zeit als UN-Mitarbeiterin durch die gescheiterten Friedensverhandlungen, durch ideologische Verbohrtheiten und politische Fehlentscheidungen, durch Korruption und irrationale Handlungen – auf beiden Seiten – vieles zum Schlechten gewendet. Verzweiflung, Ausweglosigkeit und Arbeitslosigkeit haben viele junge Leute gewalttätig oder gar kriminell werden lassen. Ich mache mir Gedanken, ob Hanan selbst denn sicher ist – schließlich wird es bald dunkel, und er muss ja noch die weite Reise durch die Westbank nach Hause in den Norden Israels machen. Ich verabschiede mich von allen und verspreche, den Kontakt zu halten. Khaled ist so freundlich, mich vom Büro zur Hauptstraße zu geleiten: »Als Frau alleine ist es mitunter nicht mehr ganz so angenehm«, sagt Lotty. Probleme als Frau alleine in der arabischen Welt hatte ich fast noch nie, und auch dieses Mal bleibe ich völlig unbehelligt. Vielmehr stelle ich aufs Neue fest, wie freundlich und zuvorkommend die Palästinenser in der Regel sind – und wie dankbar, wenn man sich für ihre Situation interessiert.

Ein Sammeltaxi – Modell Minibus – kommt uns entgegen, und Khaled winkt es an den Rand. »Ja, ich fahre ins Zentrum von Ramallah«, sagt der Fahrer. Khaled und ich schütteln uns die Hand, und schon sitze ich im Bus. Fünf israelische Shekel kostet die Fahrt, das ist etwa ein Euro – ich reiche das Geld mithilfe der anderen Fahrgäste zum Fahrer vorne durch. Während ich aus dem Fenster sehe, geht mir Hanans Dialogprojekt noch einmal durch den Kopf, und ich zweifele zunehmend an seiner Durchführbarkeit. Was kann das gemeinsame Ziel dieser Gesprächsgruppe sein?

Es ist gewiss nicht die Einsicht der jüdischen Siedler zu erwarten, dass ihr Wohnort doch nicht rechtens ist, weil er den Palästinensern den Lebensraum und die Ressourcen nimmt. Ebenso wenig ist anzunehmen, die Palästinenser könnten die Rechtmäßigkeit der Siedlung akzeptieren und somit gerade jene Nachbarn, die ihnen aus ihrer Sicht das Land geraubt haben und für ihre geminderte Lebensqualität verantwortlich sind. Die Siedlerin Yudit glaubt zwar an die Zweistaatenlösung, aber ist sie bereit, einen Preis zu zahlen, um dieser Vision näher zu kommen? Schon die eklatant unterschiedlichen Grundvoraussetzungen der Gesprächspartner sprechen gegen einen Erfolg. Ja, die Asymmetrie beginnt bereits damit, dass Khaled von den israelischen Behörden keine Erlaubnis hat, nach Jerusalem zu reisen, während Hanan sich frei bewegen kann. Khaled muss zudem bei den eingeschränkten Möglichkeiten unter einer Besatzung seine Familie ernähren, weshalb er sich eine ehrenamtliche Arbeit für »Al-Tariq« trotz seiner Überzeugung für Frieden und Versöhnung kaum leisten kann.

Manche Kritiker sprechen von der »Friedensindustrie«, die sich seit Oslo in der Region etabliert habe – jeder versuche, Dialogprojekte zu machen, um an die Geldtöpfe der internationalen Gemeinschaft zu gelangen: Wenn es ums blanke Überleben geht, bleibt für Ideale oft kein Raum mehr. Auch in dieser Hinsicht ist Hanan in einer besseren Position als Khaled – und die Siedlerin Yudit mit ihrer Festanstellung in der Gemeinde und ihrem Lebensstandard allemal.

Der Minibus hält viele Male an. Menschen steigen aus, neue kommen hinzu. Neben mir sitzt ein alter Herr, das Haupt mit einem weißen Schal bedeckt, und vor mir ein Vater mit seinem kleinen Sohn; der Junge dreht sich immer wieder neugierig zu mir herum und blinzelt mich über die Lehne seines Sitzes an. Weiter vorne sitzen zwei Frauen mittleren Alters, die Handtaschen auf dem Schoß, und unterhalten sich leise. Nach ungefähr zwanzig Minuten kommen wir im Herzen Ramallahs, in der Hauptgeschäftsstraße, an. Ich bin der vorletzte Fahrgast, und der Fahrer drückt mir freundlich die Tür auf. »Hier müssen Sie aussteigen«, sagt er.

Die Erinnerung kommt zurück, und ich wandere die mir noch bekannte, betriebsame Straße hinauf – überall die kleinen Geschäfte, Gewürz- und Nussstände, Gemüsehändler, Werkstätten für Reparaturen, Uhrmacher, Schuster und Imbissläden. Ich bleibe nahe dem Kreisverkehr stehen und rufe meine Freundin an – eine weitere jüdische Israelin, die unter Palästinensern lebt. Es ist die Journalistin Amira Hass, die für die liberale israelische Tageszeitung »Ha'aretz« schreibt. Als sie 1991 nach dem Golfkrieg als einzige Jüdin nach Gaza zog, um von dort aus zu berichten, wohnte sie die ersten Tage bei mir. Ich hatte zu jenem Zeitpunkt bereits ein Jahr als Pressesprecherin der UN im Gazastreifen gearbeitet. Amira hat ein Standardwerk über ihre Zeit in Gaza und andere Bücher geschrieben.

Unermüdlich berichtet sie detailgenau über die Folgen der Besatzung, über Repressionen und die militärischen Absperrungen, aber auch über Machtmissbrauch und Korruption auf palästinensischer Seite und über die Zusammenarbeit zwischen den israelischen und palästinensischen Behörden, die sich oft doppelt belastend auf die Bevölkerung auswirkt. »Ich beobachte aus nächster Nähe die Politik von Besatzung und Kolonisierung und wie sich diese sui generis in ein System von Apartheid entwickelt hat«, beschreibt die Journalistin ihre Arbeit. Für viele Israelis ist sie »zu ideologisch« und zu unbequem, denn sie schreibt über Dinge, die man lieber verdrängt.

Kurz darauf holt Amira mich mit dem Wagen ab. Vorne hinter der Windschutzscheibe steckt ein Presseschild mit englischer und arabischer Aufschrift: »Press« und »Sahafa«. Ich kämpfe mich durch die vielen Menschen, die einkaufen, essen oder miteinander reden, und durch die hupenden Autokolonnen zu ihr vor und nehme rasch auf dem Beifahrersitz Platz. Wir lächeln uns an – es ist einige Jahre her, seit wir uns zuletzt trafen –, und schon treibt Amira ihren Pkw zurück in den Verkehrsstrom der Rushhour. Ich betrachte sie von der Seite, sie hat sich nicht verändert. Wie meist wirkt sie ernst und konzentriert. Sie trägt einen bunten Schal und ihre schwarzen Haare sind etwas kürzer als früher. Vorsichtig fragt Amira, ob ich Interesse hätte, mir mit ihr die Situation am Ort anzusehen, solange wir noch ein bisschen Tageslicht hätten – es sei wichtig für sie, dass ich verstünde, was hier geschehe. Ich bin sehr froh über das Angebot und habe nur nicht darum zu bitten gewagt, weil ich weiß, wie beschäftigt meine Freundin immer ist.

Wir verlassen den zentralen Bereich Ramallahs, das geschäftige Treiben liegt hinter uns. Einige Straßenzüge wirken wie ausgestorben – nur hier oder dort ein gebückter Greis mit Kuffieh, der arabischen Kopfbedeckung, ein paar Kinder auf rostigen Fahrrädern und wilde Hunde auf Futtersuche. Die Absperrungen und »Sicherheitsstraßen« des israelischen Militärs haben dazu geführt, dass viele Bewohner in Sackgassen leben, weil ihre Straßen blockiert wurden und abrupt an einem Hindernis enden. Um von Punkt A nach Punkt B zu gelangen, die mitunter direkt nebeneinander liegen, müssen sie kilometerlange Umwege fahren, manchmal Stunden. Es ist nicht nur die Menschenleere, die auffällt, sondern auch die resignierte Stimmung. Amira bezeichnet Ramallah als »Fünf-Sterne-Gefängnis«, weil sich in dieser Stadt das gesamte politische, ökonomische, kulturelle und gesellschaftliche Leben

Ein palästinensisches Mädchen zwängt sich durch eine Lücke in der von Israel errichteten Mauer, deren Verlauf das Dorf Abu Dis am Rande Jerusalems in zwei Hälften zerschneidet.

der Westbank ballt. Es gibt Restaurants, Konzerthallen, Galerien und viele kulturelle Angebote. Die meisten Bewohner können sich jedoch nicht frei bewegen: Immerzu ist da dieses Gefühl, von Kontrollpunkten, militärischen Sicherheitsstraßen und Siedlungen umzingelt zu sein. Der Weg nach Jerusalem ist vollkommen gesperrt und nur für jene mit speziellen Genehmigungen passierbar.

Wir fahren bis zu einer weiteren militärischen Absperrung am Stadtrand, umgeben von einer Ödnis aus Sand. »Diesen Grenzübergang überqueren Lastwagen mit Nahrungsmitteln; früher pendelten hier die hohen Funktionäre der Palästinensischen Autonomiebehörde zwischen der Westbank und Gaza«, erklärt Amira. Auf der israelischen Seite steht ein Kontrollhäuschen, vor dem Soldaten Wache halten. Das schwere eiserne Tor ist geschlossen. Nicht weit von uns entfernt ist ein großer Platz, der wie eine Landebahn für Flugzeuge aussieht, die nie fertig gebaut wurde. Darauf vertreiben sich Jugendliche die Zeit, sie spielen mit – vermutlich gestohlenen – Autos Rallye. Mit schrill quietschenden Reifen rasen sie im Slalom um übereinandergestapelte Autoreifen herum und zurück. Am Ende ihrer Runde schleudert eine Vollbremsung den Wagen herum, der nächste Fahrer ist an der Reihe. Sie haben ganz offensichtlich einen Heidenspaß – und keine Arbeit. Der Lärm ist ohrenbetäubend, und mir ist bange um die Kinder, die neben ihren Fahrrädern am Rande stehen und den Großen begeistert zusehen. Auch die israelischen Soldaten hinter der Absperrung beobachten das Spektakel. Hinter uns sitzen drei Frauen mit Kopftüchern unter einer Überdachung, neben ihnen steht ein junger Mann. Amira spricht ihn auf Arabisch an – ob sie auf einen entlassenen Häftling warteten? Der Mann nickt und lächelt freundlich. Ja, ein Verwandter, der acht Monate eingesessen habe, dürfe heute nach Hause, doch der Militärjeep, der ihn bringen solle, sei noch nicht eingetroffen. Die Frauen im Hintergrund hören uns neugierig zu. Eine von ihnen steht auf und bietet uns aus einer großen Schachtel Süßigkeiten an. Wir bedienen uns dankend und verabschieden uns. Die Fahrt geht weiter, Amira will mir jetzt zeigen, welche Auswirkungen der Sperrzaun hat.

Rattengrau frisst die »Trennmauer« sich durch das hügelige Westjordanland. Sie halbiert oder viertelt Gemeinden und parzelliert kostbare landwirtschaftliche Flächen, die die Bauern deshalb oft nicht mehr nutzen können. Die nackte Betonfront, stellenweise bis zu acht Meter hoch, und elektronische Stacheldrahtzäune sollen die Palästinenser daran hindern, nach Israel einzudringen. 420 Kilometer der Mauer hat die israelische Regierung bereits fertigstellen lassen, und das sind nur knapp 60 Prozent der geplanten Gesamtlänge. Diese Absurdität des nicht enden wollenden Nahostkonflikts zerstört die Schönheit der Landschaft, die Orte und die sozialen Strukturen. Wir halten mit dem Wagen an einem Mauerstück – mich fröstelt angesichts der Kälte, die von ihr ausgeht: düster, bedrückend, undurchdringbar. Es wirkt grotesk, dass die Europäische Union just an dieser Stelle Gelder zum Ausbau der Infrastruktur in die Wasserkanalisation investiert – erhöhter Lebensstandard am Fuße der Mauer. Für die Palästinenser ist der deprimierende Koloss eine »Apartheidmauer«. Aus israelischer Sicht soll der »Sicherheitszaun« Selbstmordattentäter fernhalten. Kritiker indes sprechen von einer Ghettoisierung beider Gesellschaften, und nur die Optimisten sehen in der Mauer die künftige Grenze zwischen beiden Staaten.

»Dialog ist für mich ein leeres Wort«, sagt Amira mit der für sie typischen Entschlossenheit: »›Dialog‹, ebenso wie ›Frieden‹ oder ›Versöhnung‹.« Diese Begriffe seien in den vergangenen 15 Jahren inflationär und sinnentleert gebraucht worden – politische

Schlagworte. Und trotzdem habe sich nichts zum Guten gewendet, ganz im Gegenteil. »Ein Dialog ist es nur, wenn es Grundlage und Ziel des Gesprächs ist, die Besatzung zu beenden«, betont Amira. Mittlerweile ist die Sonne blutorangenrot gesunken und die Dunkelheit über uns hereingebrochen. In Palästina ist heute ein Trauertrag, denn sein berühmtester Dichter, Mahmoud Darwish, ist gestorben. Darwish wurde 1942 in der Küstenstadt Akko geboren, die bis zur Gründung Israels zum britischen Mandatsgebiet gehörte. Mit den Gedichten über seine Heimat erlangte er Weltruhm, er war aber auch bekannt dafür, sich für die Koexistenz von Arabern und Juden einzusetzen. Amira hat erfahren, wo Darwish mit allen Ehren begraben werden soll. Wir fahren auf den Hügel, der für diesen Staatsakt vorgesehen ist. Trotz Dunkelheit arbeiten die Bulldozerfahrer fieberhaft im Scheinwerferlicht, um einen Begräbnisplatz zu schaffen; Palmen werden gepflanzt und die Flächen begrünt. Weiter geht es in ein Viertel von Ramallah, wo viele Politiker und Mitarbeiter der Palästinensischen Autonomiebehörde leben. Ihre Villen bieten einen eindrucksvollen Blick über die Berge der Westbank. Auch westliche Nichtregierungsorganisationen haben hier ihre Büros. Amira parkt am »Khalil Sakakini Kulturzentrum« – einem im alten arabischen Stil gebauten Gebäude aus dem schönen Sandstein, der sich organisch in die Landschaft einfügt. Sakakini war ein arabisch-christlicher palästinensischer Intellektueller, über den auch der israelische Historiker Tom Segev in seinem Buch »Es war einmal ein Palästina« geschrieben hat – Sakakini versteckte 1917 den jüdischen Versicherungsagenten Alter Levine auf der Flucht vor der türkischen Polizei, weshalb beide in Damaskus ins Gefängnis kamen, wo sie sich anfreundeten.

Das Kulturzentrum gedenkt des palästinensischen Nationaldichters Darwish, der im Exil lebte. Amira und ich werden am

Eingang von einer hübschen jüngeren Frau im Kostüm in Empfang genommen. Im Garten, der das Haus umgibt, auf den Mauern und den Treppenstufen schaffen Hunderte flackernder Kerzen eine feierliche Atmosphäre. Über Lautsprecher erklingt die Stimme von Darwish beim Rezitieren von Gedichten. Amira und ich gehen in das erste Stockwerk und dürfen das Arbeitszimmer des Poeten ansehen, der dort geschrieben hat, wenn er zu Besuch in Palästina war. Auch einen Blick auf seine Bücher im Regal können wir werfen. Die Verantwortlichen legen Wert darauf, dass Amira eine Widmung ins Trauerbuch schreibt, doch ihr ist nicht danach. Wir verlassen das Kulturzentrum und die Trauernden und fahren ins Zentrum von Ramallah zurück. Amira führt mich in ein Restaurant aus, das wie eine riesige Strandbar in Thailand wirkt. Der Wirt begrüßt seinen oft gesehenen Gast mit ausgesuchter Höflichkeit. Natürlich sprechen die beiden wie üblich über »die Situation«. Wir bekommen einen schönen Tisch am Fenster und bestellen zwei Krüge Bier, die wir zünftig, fast wie auf dem Münchner Oktoberfest, zwischen uns stellen, und unterhalten uns intensiv. Immer wieder kommen neue Gäste, die meisten kennen und grüßen Amira. Auch ein Fatah-Mann aus Gaza schaut mit seiner Frau an unserem Tisch vorbei: Er gehörte zu jenen, die die Führung von Hamas nach der Machtübernahme in die Westbank auswies. Amira spricht eine Weile mit ihm, um Neuigkeiten aus Gaza zu erfahren. Ich versuche, dem Gespräch zu folgen, und beobachte die Szene. Später begrüßt uns ein Mann mit amerikanischem Akzent: ein weiterer Jude, wie es sich herausstellt, der in den palästinensischen Gebieten lebt und als Fotograf und freier Journalist arbeitet.

Nach dem Essen brechen Amira und ich auf. In der Dunkelheit folgt uns plötzlich ein Mann – er will meine Freundin unbedingt kurz sprechen. Als sie ihn mir vorstellt, antwortet er in fließendem Deutsch, denn er hat in Deutschland studiert. »Er ist eine dieser vielen Exil-Existenzen, die wieder daheim gelandet sind und nicht mehr Fuß fassen, weil sie entwurzelt sind, aber auch nicht mehr zurück ins Ausland können«, kommentiert Amira anschließend. Endlich erreichen wir ihre Wohnung in einem hohen Neubau, von dem aus man über die Berge und Täler blicken kann. Vom Fenster aus sehe ich die Lichter der Stadt funkeln, sie bilden eine Kette, die sich über die Hügel legt. Der Mond scheint hell, und trotz der späten Stunde ist es noch ziemlich heiß. »Habe ich dir eigentlich je das Buch meiner Mutter gegeben?«, fragt Amira mich plötzlich. Ich verneine, erinnere mich dann aber, dass Hanna Lévy-Hass während ihrer Gefangenschaft im KZ von Bergen-Belsen Tagebuch geschrieben hat. Sie hat das KZ überlebt und starb vor einigen Jahren in Jerusalem. Amiras Mutter war bis an ihr Lebensende eine sehr politische Frau. In diesem Buch sagt sie in einem 1978 aufgezeichneten Gespräch mit dem Publizisten Eike Geisel, in ihrem Bewusstsein sei etwas, »das vielleicht ein wenig naiv erscheinen mag. Aber es ist etwas wie ein Glaube oder besser eine Idee, ein sehr tiefer Gedanke, der mich dazu bringt, trotzdem eine Vision zu sehen – die Vision einer humaneren Zukunft der Menschheit. Und selbst, wenn ich sage, dass die heutige Gesellschaft die tragische Folge, das tragische Resultat der Nazi-Epoche ist – und ich glaube, dass es viele Dinge gibt, die heute Spiegelbilder und Rückwirkungen der Nazi-Epoche darstellen, denn es ist die Vergangenheit, die Vergangenheit von 1940 bis 1945, die der gegenwärtigen Gesellschaft jenen Ton und jene Farbe von Tragödie und Unglück gegeben hat –, glaube ich trotzdem, dass der Weg der Gesellschaft und die Möglichkeiten der menschlichen Natur, das positive Potential groß genug sind. Ich glaube, dass man sich die Vision einer Zukunft vorstellen kann. Obwohl wir wissen, was heute passiert und noch passieren kann, finde ich dennoch, dass die positiven Dinge mächtig genug sind, um der Zukunft der Welt eine menschliche Richtung geben zu können.« Sie hielt es bezüglich ihrer Überlegungen zur jüdischen Identität mit dem britischen Journalisten, Historiker und Aktivisten Isaac Deutscher: »Nur wenn die Suche nach seiner Identität dem jüdischen Intellektuellen bei seinem Kampf um eine bessere Zukunft für alle Menschen hilft, dann, und nur dann, ist die Suche in meinen Augen gerechtfertigt.« Für Hanna Lévy-Hass hieß das: »Man findet seine Identität im Kampf um eine bessere Zukunft für alle Menschen.«

Ihr einziges Kind Amira könnte ein bequemes Leben mit allem modernen Komfort führen, den Konflikt und die Probleme der Palästinenser wie die Mehrheit der Israelis weitgehend ignorierend. Doch sie hat sich dafür entschieden, im Kampf um eine bessere Zukunft für die Menschen im Nahen Osten unter Palästinensern zu leben – als Jüdin und als Israelin. Sie tut dies im vollen Bewusstsein ihrer jüdischen Identität. Amira bewegt sich in beiden Kulturen und hat einen scharfsinnigen Blick für die Gemeinsamkeiten, Unterschiede und Eigentümlichkeiten beider Seiten entwickelt. Sie entspricht für mich dem, was die amerikanischen Soziologen Robert E. Park und Everett Q. Stonequist als »marginal man« bzw. »marginal woman« bezeichnet haben – Menschen, die vom Rand her Kontakte mit den Anderen entwickeln. Das ist eine schwierige und oft auch einsame Position, die jedoch starke vermittelnde Funktionen haben kann. Amira führt täglich Dialoge mit Palästinensern, und zwar auf Augenhöhe, nicht mit einer bevormundenden Haltung. Doch sie wird unter ihnen trotz allem Respekt für ihre Arbeit und ihr Engagement in Palästina vermutlich immer eine Fremde und für viele »die Jüdin« bleiben. Und für die meisten Israelis ist sie »zu palästinenserfreundlich«, »zu parteilich«, »antiisraelisch«, fast schon eine Verräterin. Wegen ihrer detaillierten, kritischen Berichterstattung hat sie keinen einfachen Stand, doch diesen Preis ist sie bereit zu zahlen, faule Kompromisse geht diese geradlinige Frau nicht ein. Als der portugiesische Nobelpreisträger José Saramago während eines Besuches von Schriftstellern 2002 in der Westbank die Lage in Ramallah mit Auschwitz verglich, erwiderte ihm die mitreisende Amira zornig: »Wenn das so ist, wo, bitte schön, befinden sich dann die Gaskammern?« Vergleiche dieser Art lässt sie nicht unwidersprochen, und subtile Antisemitismen spürt sie sofort. »Seine Klischees über ›Auschwitz‹ und seine plakativen Urteile erschüttern nicht auf eine Weise, die den Menschen die Augen öffnet. Vielmehr bestätigen sie nur die Auffassung der gegenüber der Realität so widerspenstigen Israelis, sie seien diejenigen, die verfolgt würden, die Kritiker der kolonialistischen israelischen Besatzung dagegen seien Antisemiten«, so die Journalistin. Die Redakteure ihrer Zeitung strichen in ihrer Berichterstattung über den Besuch der Mitglieder des »Internationalen Parlaments der Schriftsteller« den letzten Satz: »Heute werden die Mitglieder der Delegation im Gaza-Streifen herumreisen, wo die Zeichen der Zerstörung und Belagerung viel klarer zu erkennen sind als in Ramallah. Die Frage lautet: Welche Metapher und welches Vergleichsobjekt wird Saramago heute verwenden?«

Viele Israelis interessiere »die nazideutsche Mordindustrie« nicht mehr, sagt Amira, zugleich werde der Holocaust allzu oft von den Politikern propagandistisch missbraucht. Für sie indes sei er eine tägliche Realität. Sie erzählt mir, wie ein Mizrahi (ein israelischer Jude aus einem arabisch-islamischen Land) ihren Vater auf einer Demonstration gegen die israelische Besatzung einst anpöbelte: So einen wie ihn hätte man in Auschwitz vernichten sollen! Amira schenkt mir das Buch ihrer Mutter, das 1982 unter dem Titel

»Vielleicht war das alles erst der Anfang« auf Deutsch erschienen ist, und schreibt hinein: »Für Alex – das tragische Dreieck bringt auch schöne Freundschaften hervor«. Dann beziehen wir gemeinsam mein Bett, und ich gehe schlafen. Morgen müssen wir in aller Frühe nach Jerusalem aufbrechen, wo Amira zu tun hat und ich weiter nach Haifa reise. Es war ein langer Tag voller Eindrücke: die Checkpoints, die Mauer, die Sackgassen (auch die im übertragenen Sinn), die vielen Bekanntschaften und Gespräche, die Kinder und Jugendlichen beim Autorennen, Amira und zuletzt ihre Mutter.

Die Hitze ist unangenehm und mich attackierende Mücken verschärfen meine Unruhe. Draußen heulen und bellen die wilden Hunde der Schäfer. Stundenlang kann ich nicht einschlafen, überwältigt von den vielen Begegnungen. Irgendwann höre ich von der Moschee den Ruf des Muezzin. Sein Sprechgesang schwebt über die Hügel und vermischt sich mit dem Geheul der Hunde. Bald wird die Sonne aufgehen und die bedrückenden Gedanken und Gefühle der Nacht vertreiben.

Trauer verbindet

Der Palästinenser Khaled Abu Awwad und der Israeli Rami Elhanan wurden Freunde im Verein verwaister Eltern

Vier Monate später besuche ich Khaled Abu Awwad von »Al-Tariq« aufs Neue. Dieses Mal reise ich alleine in die Westbank und nehme den Minibus ab Ost-Jerusalem, der auch vor dem legendären American Colony Hotel hält. Amerikaner bezogen diesen ehemaligen Palast, der ursprünglich für einen Pascha und seine vier Frauen gedacht war, im 19. Jahrhundert. Der Großvater des verstorbenen Schauspielers Peter Ustinov sorgte 1902 dafür, dass das Gebäude zu einem eleganten Hotel umgebaut wurde. Das Colony ist heute eine beliebte Unterkunft für Journalisten, Politiker und Diplomaten – viele politische Begegnungen, darunter heimliche Friedensverhandlungen, haben hier stattgefunden. Der Minibus ist voll, ein junger Palästinenser steht indes sofort auf und bietet mir seinen Platz an. Es geht ohne Umwege direkt in den Norden. Die Reise in die Westbank hinein ist für Palästinenser meist kein Problem, nur das Hinaus ist oft unmöglich (wenn man keine Genehmigung der Israelis hat) oder es dauert stundenlang (wegen der Checkpoints). Ich habe unterdessen erfahren, dass Hanan Ohanas und Khaleds Dialogprojekt nicht vorankommt: Es gab eine undichte Stelle, jemand hat über die Gesprächsabsichten zwischen Siedlern und Palästinensern geplaudert. Ein Bekannter hat mir ferner das Gerücht erzählt, die Büroräume von »Al-Tariq« seien vom palästinensischen Sicherheitsdienst durchsucht worden. In der Bevölkerung gibt es starken Widerstand gegen Kontakte zu den »Zionisten« oder »al-Yahud« (arabisch für Jude). Khaled hat deshalb beschlossen, das Projekt nicht weiter zu verfolgen, um niemanden zu gefährden. Hanan ist darüber enttäuscht, aber er hofft weiter, dass sich sein Vorhaben noch umsetzen lassen wird.

Mein Mobiltelefon schaltet jetzt vom israelischen auf einen palästinensischen Anbieter um. »Marhaba. Smell the jasmine and taste the olives. Jawwal welcomes you to Palestine«, begrüßt mich bei der Überfahrt in die Westbank eine vielversprechende SMS. Duftender Jasmin und fruchtige Oliven? Nun ja, Sinnlichkeit lässt sich auch in einem besetzten Land finden. Der palästinensische Dichter Ghassan Kanafani nannte es »Das Land der traurigen Orangen«. Al-Ram ist eine palästinensische Stadt, die am südlichen Rand Ramallahs liegt, aber noch zu Jerusalem gehört und durch die Mauer geteilt ist. Die eine Hälfte heißt jetzt Atarot und befindet sich auf der israelischen Seite. Al-Ram liegt – nach den Vereinbarungen von Oslo – in der Zone C und somit im Zuständigkeitsbereich der Israelis. Ich steige am Ende der Marktstraße aus und laufe zu Fuß zu »Al-Tariq«. Lotty nimmt mich in Empfang, Khaled ist noch unterwegs. Sie erzählt mir von ihrer Arbeit und von den langwierigen Prozessen, Vertrauen aufzubauen. Die Palästinenser seien es nicht gewohnt, dass man ihnen zuhöre, sagt Lotty. Junge Leute hätten deshalb nicht gelernt, sich zu äußern. Sie verweist darauf, dass sich Palästinenser im Kontakt mit Israelis oft als Projektionsfläche missbraucht fühlten – man meine nicht sie persönlich, sondern sehe sie als Stellvertreter für das palästinensische Kollektiv. Das passiere nicht zuletzt auch in der israelischen Friedensbewegung, weshalb eine Zusammenarbeit oft zum Scheitern verurteilt sei. Während wir einen Kaffee trinken, taucht Khaled auf. Er trägt einen schwarzen Mantel – es ist Dezember – und wirkt wieder sehr beschäftigt. Nach einer Weile setzt er sich zu uns. Wenn Israelis und Palästinenser Frieden erreichen wollten, sagt er, müssten sie sich auf zwei Ebenen begegnen – auf der individuellen und auf der kollektiven. Bei einem Dialog gelte es, sich zunächst persönlich wahrzunehmen, nicht als »der Israeli« oder »der Palästinenser«. Jeder habe Klischees und denke in Stereotypen: Wenn man auf die Gegenseite treffe, vergleiche man das innere Bild, das man sich vom Anderen gemacht habe, und beginne erst allmählich, dieses Bild der Realität anzupassen. Von der menschlichen Ebene könne man anschließend auf die politische übergehen. »Der Friedensprozess von Oslo hat nicht funktioniert, weil man sich um die öffentliche Meinung nicht geschert hat«, sagt Khaled und bestellt uns einen weiteren arabischen Kaffee. »Die Öffentlichkeit lässt sich von der Politik nichts vorschreiben, deshalb müssen Veränderungen hin zum Frieden gleichzeitig an der Basis vorbereitet werden.«

Eine Mitarbeiterin bringt uns die Getränke und bespricht mit Lotty und Khaled rasch Geschäftliches. Als sie wieder hinausgeht, erläutere ich Khaled meine Vorstellungen von Koexistenz, damit er mich besser kennenlernt. Ich frage ihn, ob er bereit sei, mir sein Leben zu erzählen. Denn Khaled interessiert mich noch in einem anderen Kontext: Er ist der Vorsitzende der palästinensischen Gruppe vom »Elternzirkel – Familienforum«, dem israelisch-palästinensischen Forum für trauernde Eltern. Diese Initiative hat 1995 der Geschäftsmann Yitzhak Frankenthal gegründet, nachdem sein 19-jähriger Sohn von Hamas-Terroristen ermordet worden war. (2001 stellte die Initiative auf dem Rabin Square in Tel Aviv über 1000 mit Tüchern bedeckte Särge auf – symbolisch für die Toten des Konflikts – eine Ausstellung, die anschließend nach New York vor das Gebäude der Vereinten Nationen wanderte.) Khaled willigt ein und bittet mich in einen anderen Raum: »Ja, aber nicht in dieser Büroatmosphäre hier.« Eine der Voraussetzungen für einen wirklichen Dialog ist es, den richtigen Rahmen zu wählen und eine Atmosphäre zu schaffen, in welcher der oder die Teilnehmer sich sicher fühlen. Wir gehen zurück in das große Zimmer, in dem Hanan und ich schon einmal empfangen wurden: hier die typisch arabische Sitzreihe mit Kaffeetisch, dort ein Fernseher und ein Gaskocher sowie an der Wand ein riesiges Poster von einem palästinensischen Märtyrer in kitschigen Farben, heldenhaft abgebildet. Lotty hat sich diskret zurückgezogen, sodass wir ungestört reden können.

Wie ich es von Dan Bar-On, dem israelischen Psychologen, gelernt habe, lasse ich Khaled erzählen, ohne ihn zu unterbrechen oder durch Fragen unbeabsichtigt in irgendeine Richtung zu lenken. Durch diese Vorgehensweise entsteht eine »Narrative«, eine Erzähldarstellung oder, wie der Soziologe Fritz Schütze sagt: »eine Stegreiferzählung«. Lena Inowlocki, Soziologin in Frankfurt, definiert mir die Stegreiferzählung als eine »nicht vorbereitete Narrative, die an Ort und Stelle ›hervorgelockt‹ wird. Das ist wichtig, weil sich gerade durch die Erinnerung und Erzählung, deren Struktur nicht vorgegeben wird oder geplant ist, im Ablauf eine ›Gestalt‹ herausbildet, die dem Erzählenden – möglicherweise neue – Erkenntnisse über die eigene Lebensgeschichte ermöglicht.« Khaled hat seine Geschichte zwar schon viele Male erzählt, weil sie Teil seiner politischen Friedensarbeit ist. Aus eigener Erfahrung weiß ich jedoch, dass sich beim Erzählen je nach Rahmen, Atmosphäre und Gegenüber immer wieder neue Schwerpunkte und Sichtweisen sowie Gefühle entwickeln.

Dieses ist die schwierige und zugleich Hoffnung stiftende Geschichte von Khaled Abu Awwad:

»Ich bin 1965 geboren und der Sohn von Flüchtlingen aus dem Dorf Qubeibeh, das zwischen Hebron und Gaza liegt und 1948 von den Israelis besetzt wurde. Meine Eltern zogen über dreißig Jahre von Ort zu Ort, bis sie 1978 in Beit Ummar Land kauften und ein Haus bauten. Meine Familie ist mein Schutzsystem. Ich lernte im Laufe der Zeit, mit den Regeln der Besatzung umzugehen. Nachdem ich die Schule beendet hatte, ging ich nach Amman (Jordanien), aber ich wollte dort nicht bleiben, sondern an einer europäischen Universität studieren. Wir sind keine reiche Familie, mein Vater konnte mir ein Studium im Ausland nicht bezahlen, deshalb bin ich schon nach einem Monat wieder nach Hause zurückgekehrt. Ich habe dann Mathematik und Informatik studiert und mit einem Magister abgeschlossen. Danach habe ich mich in vergleichenden Lehrmethoden ausbilden lassen und habe in Yatta, im Süden Hebrons, eine Stelle als Lehrer bekommen. Die Schule lag 15 Kilometer außerhalb des Ortes in einer Beduinensiedlung. Täglich bin ich den Weg zur Schule und zurück gelaufen, denn es gab keine öffentlichen Verkehrsmittel. Es ging mir gut, ich war verheiratet. Gleichzeitig war da jedoch das Gefühl: Wir sollten so wie alle anderen Menschen leben können und die Besatzung nicht akzeptieren.

Meine Mutter war in der Fatah-Bewegung aktiv und eine der führenden Frauen in unserer Region. Die israelischen Sicherheitsleute kamen fast wöchentlich in unser Haus, um nach Flaggen, Flugblättern oder anderen Dingen zu suchen, die man zum Organisieren von Demonstrationen braucht. Sie tauchten oft mitten in der Nacht auf, weckten, schlugen und zwangen uns, mit erhobenen Händen dazustehen. Einmal haben die Soldaten meinen Vater beleidigt. Ich habe sie angeschrieen: ›Wie könnt ihr mit einem alten Mann so umgehen, habt ihr keinen Respekt?!‹ Darauf haben sie mir das Gewehr an die Schläfe gehalten und sich auf mich gestürzt, als wäre ich ein wildes Tier.« [Khaled schweigt und blickt starr auf den Fernseher, in dem ohne Ton die Nachrichten laufen. Unangenehme Erinnerungen kommen zurück.]

»Einmal saß ich auf dem Rückweg von Jerusalem in mein Dorf im Bus, als Soldaten uns stoppten und hereinkamen, um unsere Papiere zu prüfen. Ich war 15 Jahre alt, einen Ausweis bekommt man aber erst mit 16. Der Soldat glaubte nicht, dass ich noch nicht 16 war, und schubste mich aus dem Bus. Ich fühlte mich elend, weil ich doch die Wahrheit gesagt hatte. Dann haben sie dem Busfahrer befohlen, abzufahren, und mir gesagt, ich solle heimlaufen. Es war zwar nicht weit bis nach Hause, nur zehn Kilometer, aber dass ich ohne Grund bestraft wurde, hat mich gedemütigt.

Meine Brüder und ich halfen unserer Mutter bei der politischen Arbeit. Ende 1988, die Erste Intifada war im Gang, wurde ich zum ersten Mal verhaftet. Ich verbrachte sechs Monate in Administrativhaft (Anm.: eine Haftstrafe ohne Anklage und Urteil). Am Tag nach meiner Entlassung ging ich zu meiner Schule zurück, um wieder zu arbeiten.« [Khaled schweigt.] »Als ich nach Dienstschluss nach Hause wollte, bat mich der Direktor zu einem Gespräch. Er teilte mir mit, dass er aufgrund der israelischen Verordnungen gezwungen sei, mich zu entlassen, weil ich im Gefängnis gewesen war. Er sagte, es täte ihm sehr leid, und wünschte mir alles Gute. Der Weg nach Hause war einer der schwersten meines Lebens.« [Seufzer.] »Mir liefen die Tränen herunter, weil ich meinen Job, 16 Jahre gelernt und ausgeübt, verloren hatte. Ich war doch verheiratet und hatte Kinder! Für uns als Flüchtlinge ist das Leben nicht wie für die Alteingesessenen. Ich besaß kein Land, rein gar nichts.

Wir haben weiter den Aufstand organisiert. Die Soldaten verhafteten mich oft, und kaum dass sie mich aufgriffen und meinen Ausweis prüften, hieß es ›Bingo‹, denn ich stand auf ihrer Liste: Ab ins Gefängnis! Als die Oslo-Vereinbarungen kamen, waren meine Familie und ich glücklich. Wir sorgten dafür, dass die Jugendlichen die Soldaten nicht mehr mit Steinen bewarfen. Ich habe dann einen neuen Berufsweg eingeschlagen und bin Förster geworden. Nach israelischem Recht dürfen wir Palästinenser Israel nicht ohne Erlaubnis betreten. Ich wollte aber dort arbeiten. Mithilfe unseres Bürgermeisters bekam ich für drei Tage eine Genehmigung.« [Khaleds Augen strahlen.] »Doch als ich durch den Grenzposten wollte, behauptete der Soldat am Checkpoint, ich lüge, diese Papiere seien nicht gültig. Der Mann, mit dem ich im Auto gekommen war, und ich wurden auf der Stelle inhaftiert. Ich blieb ruhig, denn ich war es gewohnt, bestraft zu werden, selbst wenn ich nichts getan hatte. Der Fahrer allerdings war das erste Mal im Gefängnis, er aß nichts, weinte und bedauerte, mich mitgenommen zu haben. ›Was willst du?‹, habe ich zu ihm gesagt. ›Hier hast du Essen und kannst dich wie in den Ferien fühlen!‹«

1996 war ich bereits ein erfolgreicher Förster. Ich habe zwei Jahre lang in der Westbank für die Bauern die Bäume ausgeschnitten. Ein israelischer Unternehmer, der mich schätzte, hat mir einen Passierschein besorgt, sodass ich für ihn arbeiten konnte, das war gut. Aber im Alltag, wenn ich zum Beispiel samstags zu meiner Frau und meinen acht Kindern nach Hebron reisen will, stehen Hunderte von Wagen in Kolonne, die durch den Checkpoint wollen. Und das nach Oslo, wo wir doch dachten, etwas ändere sich! Stattdessen leben wir noch immer unter einer Besatzung. Als in Camp David 2000 die Friedensgespräche zusammenbrachen, verloren die Palästinenser alle Hoffnung. Einen Monat nach Beginn der Zweiten Intifada verließ mein Bruder Ali wegen verschiedener Erledigungen die Stadt Hebron. Nach einer Weile hielt er seinen Wagen an, weil er dachte, sein Reifen sei platt. Er öffnete die Wagentür und lehnte sich hinaus, um nachzusehen. Da schoss ihm aus heiterem Himmel ein jüdischer Siedler ins Bein. Ali kam ins Krankenhaus, doch sie haben ihn falsch operiert. Präsident Arafat, der meine Mutter wegen ihrer politischen Aktivitäten gut kannte, sorgte dafür, dass Ali schließlich nach Saudi-Arabien kam, wo man ihn abermals operierte. Währenddessen arbeitete ich weiter in Israel und unterstützte damit meine gesamte Familie. Mein anderer Bruder Youssif, der keine Arbeitserlaubnis hatte, half mir, indem er mich täglich mit dem Wagen an den Checkpoint fuhr und auch wieder abholte. Einen Monat nach dem Zwischenfall mit Ali kam ich spät abends von der Arbeit zurück und rief Youssif an. Es antwortete aber ein Freund. Er sagte, er werde mich abholen, weil Youssif im Krankenhaus sei, ebenfalls angeschossen.« [Khaled hält inne, macht eine lange Pause, dann spricht er sehr langsam weiter.] »Als der Freund kam, sah ich, dass die hinteren Sitze blutverschmiert waren. Das sei von Youssifs Beinverletzung, erklärte der Freund. Als ich endlich im Krankenhaus eintraf, war schon meine ganze Familie anwesend, und mein Onkel sagte: ›Sei jetzt stark.‹ Ich fragte nach Youssif, und er antwortete, er sei tot.« [Khaled weint. Ich weiß nicht, wie ich reagieren soll, will ihn aber auch nicht in seiner Erzählung unterbrechen und warte still.]

»Ich wollte Youssifs Leichnam sehen, die Ärzte haben mir jedoch abgeraten – er sei in einem schlimmen Zustand. Sie brauchten zwei weitere Stunden, um meinen Bruder herzurichten: Ihm war in den Kopf geschossen worden. Unzählige Menschen kamen, um zu kondolieren. Wir hatten Angst, die israelische Armee würde den Leichnam abholen, deshalb haben wir einige Leute vorausgeschickt, einen Weg für uns ausfindig zu machen. Über die Berge haben wir Youssif an den Checkpoints vorbei dann nach Hause holen können. In unserer Kultur ist eine Autopsie nicht akzeptabel, aber ich wollte wissen, wie er gestorben war. Die Untersuchung erwies, dass er regelrecht hingerichtet worden war, eine Kugel durchbohrte seine Stirn. Kaltblütig ermordet.« [Khaled steckt sich eine Zigarette an und schweigt, die Gefühle überwältigen ihn abermals.] »Unsere Mutter konnte zur Beisetzung ihres Sohnes nicht rechtzeitig kommen, sie war noch in Saudi-Arabien. Der Koran gebietet uns, einen Toten sofort zu begraben, wir konnten nicht warten.

Kurz darauf begann ich nachzuforschen. Ich ging zum Tatort, nahe der Straße nach Jerusalem, die für die jüdischen Siedler gebaut wurde. Ich erfuhr, dass Youssif als Erster im Wagen am Checkpoint gewartet hatte, um passieren zu dürfen. Jugendliche warfen Steine in Richtung der israelischen Wachposten. Ein Soldat herrschte meinen Bruder an, den Motor auszustellen. Youssif war ein stiller Mann, er ist nicht ...« [Khaled bricht ab und schweigt.] »Youssifs Auto bekam einen Stein ab. Daraufhin ist er ausgestiegen und hat den Jugendlichen mit einem Handzeichen bedeutet, aufzuhören. Die Jungs hatten viel Respekt vor ihm, sie stellten die Steinwürfe sofort ein. Der Soldat indes muss wohl beleidigt gewesen sein, weil er selbst es nicht fertiggebracht hatte, die Jugendlichen zu bremsen. Er fing nun seinerseits an, Youssifs Pkw mit Steinen zu bewerfen, und schrie ihn an, er solle in den Wagen zurückgehen. Youssif wollte sich nicht so behandeln lassen und hat sich geweigert. Der Soldat drohte damit, ihn zu erschießen. Das hat er dann auch tatsächlich getan!« [Wieder langes Schweigen. In der »New York Times« vom 17.01.2001 lese ich einige Wochen später: »Es wird auch der tödliche Schuss auf Youssif Abu Awwad in dem Westbank-Dorf Beit Ummar vom 16. November 2000 untersucht. Augenzeugen sagten, ein Soldat habe den Mann nach einer Auseinandersetzung am Checkpoint aus geringer Entfernung in den Kopf geschossen, und sei dann von einem wütenden Offizier gerügt und anschließend schnell weggebracht worden. Ein Armeesprecher sagte seinerzeit, der Soldat habe in Selbstverteidigung geschossen, als der Palästinenser versucht habe, sein Gewehr zu schnappen.« Es dauert eine Weile, bis Khaled sich wieder gefangen hat.] »Die israelische Menschenrechtsorganisation ›B'Tselem‹ hat den Fall aufgegriffen, doch es war zwecklos. Es gab keine Verurteilung, denn die Militäruntersuchung kam zu dem Schluss, es habe nicht genügend Zeugen gegeben. Dabei waren viele Leute aus dem Dorf in der Nähe, als es passierte, und haben alles beobachtet! Youssif hat seine Frau und zwei Kinder hinterlassen.« [Langes Nachdenken.] »Unsere Mutter ist vor Kummer krank geworden und zwei Jahre später gestorben, mein Vater ist ein gebrochener Mann.« [Abermals hat Khaled Tränen in den Augen, er schweigt und starrt auf die stummen Bilder im Fernseher. Sein Mobiltelefon klingelt, er antwortet, legt aber schnell wieder auf.] »Immerzu hat man es mit Toten zu tun, die Medien sind voll davon. Und plötzlich ist man selbst betroffen! Aber wir müssen mit dem Alltag weitermachen. Bleibt man zu Hause und verriegelt die Tür, ist man trotzdem nicht sicher, diese Situation erreicht dich überall. Wie diesen Mann, der im Bett lag, als eine Bombe auf sein Haus fiel und ihn im Schlaf umbrachte. Man hat keine Wahl, ob schuldig oder nicht, ob aktiv oder passiv, man ist beteiligt. Ich bin aktiv geblieben, weil wir jeden Tag, jeden Moment nutzen müssen, um die Dinge zu verändern.« [Tiefes Durchatmen.]

»Ich bin zum ›Elternzirkel‹ gekommen, weil ich das Recht der Anderen auf ihren Staat akzeptiere. Wir müssen verhandeln mit der Absicht, eine Lösung zu erreichen, anstatt sie immer wieder hinauszuschieben. Schau –« [er zeigt auf die Nachrichten im Fernseher] »– jetzt haben sie aufs Neue die Entscheidung, palästinensische Gefangene freizulassen, verschoben. Das ist wegen der Unruhen in Hebron.« [Anfang Dezember 2008 sind jüdische Siedler in Hebron auf Palästinenser losgegangen und haben große Zerstörungen angerichtet. Einige Beobachter sprachen von einer »jüdischen Intifada« oder von regelrechten Pogromen.] »Das machen sie, weil sie die Siedler ruhig halten und ihnen das Gefühl vermitteln wollen, etwas erreicht zu haben, damit sie ihren Aufstand einstellen. Aber wir sind diejenigen, die den Preis zahlen! Nach Youssifs Tod habe ich alle Kontakte abgebrochen. Es gab Israelis, die meinen Schmerz mit mir teilen wollten und mich anriefen, aber ich wollte nicht. Meine Mutter sagte: ›Diese Menschen wollen Frieden, lass sie uns treffen und hören, was sie zu sagen haben.‹ Ich habe letztendlich zugestimmt, und eine Gruppe Israelis ist zu uns nach Hause gekommen, darunter Rami Elhanan. Rami hat seine Tochter durch ein Selbstmordattentat verloren. Er sagte, dass es die Besatzung war, die seine Tochter getötet habe. Rami und seine Frau Nurit kamen zu uns und sprachen sich gegen die Besatzung aus, sie sprachen aus Herz und Seele. Ich hatte den Eindruck, dass diese Familie kam, um uns zu unterstützen und nicht, um uns zu besetzen. Das hat mich überzeugt, dem ›Elternzirkel‹ beizutreten. In der Gruppe war auch eine Journalistin von der israelischen Tageszeitung ›Yedioth Ahronoth‹. Sie hatte Angst. Ich habe zu ihr gesagt: ›Glauben Sie ernsthaft, dass wir unsere Gäste töten? Sie sind in unserem Haus willkommen und können uns jede Frage stellen und ihre Leser in Israel wissen lassen, was wir zu sagen haben.‹

2005 habe ich mich dem ›Elternzirkel‹ angeschlossen, und ein Jahr später habe ich die palästinensische Gruppe gegründet. Auch mein Bruder Ali ist dabei. Die politische Atmosphäre stellt einen unterdessen immer wieder auf die Probe – kann man unter solchen Bedingungen noch Friedensaktivist bleiben? Es war November, als ich mit meinem israelischen Partner in einer Schule im Süden Israels einen Vortrag hielt. Da kam plötzlich der Direktor in den Unterricht, und man teilte mir mit, dass mein Bruder Ali angerufen habe – mein Sohn sei angeschossen worden. Die gleiche Geschichte wie bei Youssif. Ich habe übers Telefon mit meinem Kind sprechen können: ›Baba‹, hat er gesagt, ›ich bin in Ordnung.‹ Den Schülern habe ich zum Abschied zugerufen, wir seien mit Hoffnung hergekommen, und wenn wir die Hoffnung verlören, verlören wir alles. Ich bin sofort zu meinem Kind gefahren, eine lange Reise mit viel Kummer und Angst. Mein Sohn hatte viel Blut verloren.« [Tränen.] »Wir hatten dann wegen der Checkpoints ein Problem, ihn ins Krankenhaus zu befördern. Eine Israelin aus der Friedensbewegung half uns und bürgte für die Kosten. Mein Sohn ist im Hadassah-Krankenhaus in Jerusalem neun Stunden operiert worden, die Kugel war in die Leiste und den Bauch gedrungen. Der Arzt sagte, wenn wir eine Stunde später gekommen wären, wäre er gestorben. Er ist seither gehbehindert und hat viele andere Probleme.« [Tränen.] »Ich hoffe, dass Gott meinem Sohn, der jetzt 20 ist, meiner Frau und mir hilft, damit fertigzuwerden.

2006 habe ich ›Al-Tariq‹ gegründet. Ich wollte aus dem Teufelskreis der Gewalt heraus. Es geht nicht darum, wer recht hat und wer nicht, sondern darum, eine Lösung zu finden!« [Khaled zündet sich eine Zigarette an und denkt nach. Dann sieht er mich direkt an.] »So, jetzt hast du einen Teil meiner Geschichte gehört.«

Ich bin ganz benommen von dieser dichten Erzählung und berührt von der Tatsache, dass Khaled trotz allen Leids noch immer in der Lage ist, konstruktiv zu denken und dem »Gegner« die Hand zu reichen. Ich spüre, dass wir uns über seine Geschichte

Rami Elhanan

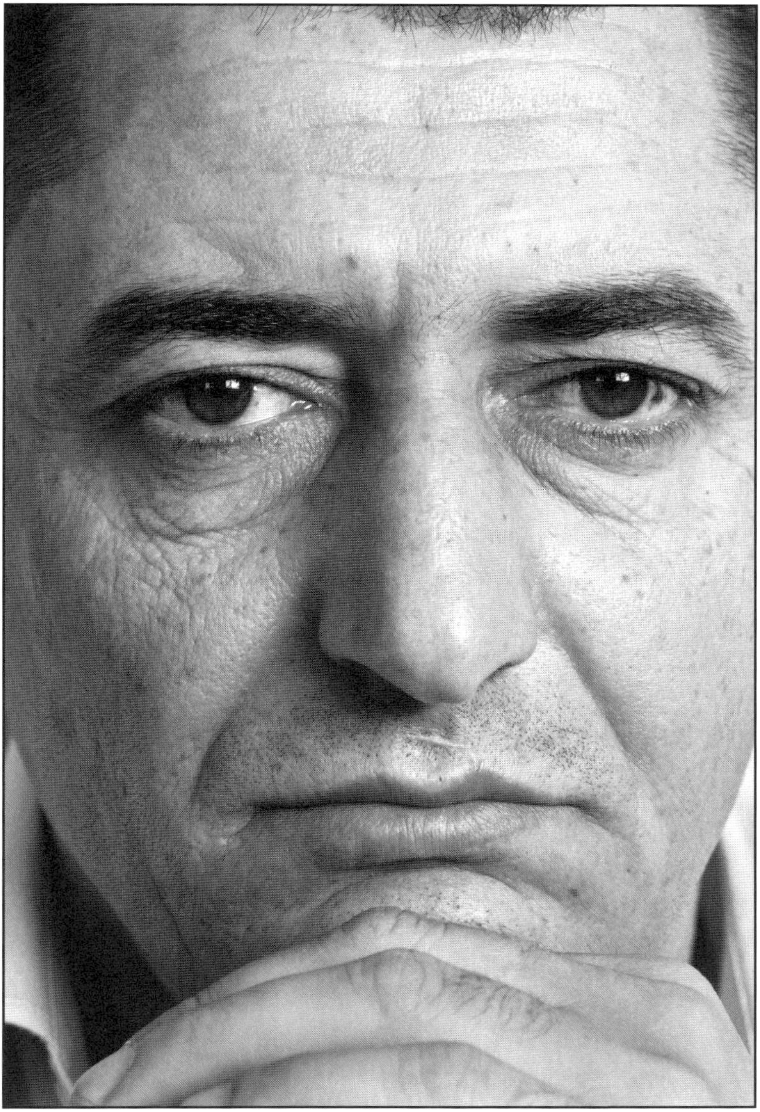

Khaled Abu Awwad

etwas nähergekommen sind. Abermals klingelt das Telefon: Lotty ist dran und fragt, wo wir bleiben – sie erwarte uns schon seit einer Dreiviertelstunde. Wir haben nicht gespürt, wie die Zeit verflogen ist! Unsere Fahrt führt uns nach Ramallah zum neuen Gebäude des Roten Halbmonds, dem arabischen Gegenstück zum Roten Kreuz. Lotty erwartet uns in der großzügigen, hochmodernen Lobby. Mit dem Aufzug fahren wir ins neunte Stockwerk. »Al-Tariq« veranstaltet hier ein Seminar über Gewaltprävention. In einem Konferenzraum sitzen rund 25 junge Leute, Frauen und Männer. Sie hören zwei amerikanischen Trainern zu, die vorne an der Tafel referieren. Auf einem Chart ist die Zusammensetzung der israelischen Gesellschaft grob skizziert, aufgeteilt in Friedenslager und Hardliner und all die Schichten dazwischen. Ich setze mich eine Weile dazu, aber dann ist auch schon Kaffeepause. In der Zwischenzeit habe ich Aisha Aktam kennengelernt. Aisha stammt aus der nordpalästinensischen Stadt Nablus. Die 40-Jährige hat ihre Haare mit einem knallroten Schal bedeckt, das Tuch ist gemäß der islamischen Vorschrift eng gebunden und zeigt nur ihr wohlgeformtes Gesicht. Ansonsten trägt sie, ganz westlich, Jeans. Aisha ist eine attraktive Frau mit einer herzlichen Ausstrahlung. Die Mutter von sechs Kindern hat Psychologie studiert und arbeitet als Lehrerin. Auch sie ist beim »Elternzirkel«. 1999 ist ihr Bruder mit 27 Jahren gestorben. Er war während der Ersten Intifada durch eine Kugel ins Herz verletzt worden und hat noch zehn Jahre mit dieser Behinderung gelebt. »Eine Freundin hat mich angesprochen, zu einem Treffen des ›Elternzirkels‹ nach Bethlehem mitzukommen«, erzählt Aisha. »Ich wollte erst nicht. Israelis kannte ich bislang nur in Soldatenuniform. Aber dann habe ich mich doch breitschlagen lassen«, sagt sie und lächelt. »Ich fand es sehr schwierig zu sehen, dass Khaled und meine Freundin bei dieser Begegnung die Israelis umarmten: Das sind doch unsere

Feinde! Aber dann sagte ich mir, gib dir einen Ruck, vielleicht sind diese Menschen gar nicht so, wie du denkst. Khaleds Bruder Ali hat mich ermutigt, offen zu bleiben.«

Aisha und ich werden durch die Fragen einiger Seminarteilnehmer unterbrochen. Dann fährt sie fort: »Ich habe die Israelin Tamara kennengelernt. Sie hat ihren Sohn als Soldat im Dienst verloren. Als sie über diesen Verlust sprach und ich die Trauer in ihren Augen sah, wurde mir bewusst, dass wir Leid teilen – auch ich bin Mutter und habe einen geliebten Menschen verloren. Daraufhin habe ich mich dem ›Elternzirkel‹ angeschlossen.« Aisha sagt, es sei wichtig für sie gewesen, die Gefühle der Anderen zu spüren. Sie treffe sich jetzt regelmäßig mit einer Gruppe israelischer Frauen. Ihre Familie sei zunächst wütend auf sie gewesen, weil sie zu ihrem verstorbenen Bruder eine enge Beziehung gehabt hatte. »Ich habe oft mit meinen Kindern gesprochen, und als mein Sohn bei der Intifada mitmachen wollte, habe ich ihm vom Kummer dieser Israelis erzählt, um ihn davon abzuhalten.« Ihre älteren Kinder hätten sich nun auch dem »Elternzirkel« angeschlossen, sagt Aisha. Ein bisschen könnte man mit solchen Begegnungen die Politik beeinflussen.

Die Pause ist um. Ich muss mich nun auf den Rückweg nach Jerusalem machen und verabschiede mich von Aisha und Khaled. Lotty bringt mich freundlicherweise an den Checkpoint. Dieses Mal lässt sie mich am größten Übergang Qalandiya heraus. Er ist wie eine feste Grenze, markiert durch die Betonmauer und Stacheldraht. Auf den hohen Türmen beobachten israelische Scharfschützen im Flutlicht die Umgebung. Lotty und ich sagen uns Auf Wiedersehen. Es ist mittlerweile schon sehr dunkel, und mir ist nicht geheuer, als ich auf den »Terminal«, wie es im Jargon der IDF heißt, zugehe. Es ist Freitagabend, bei den Israelis hat der Shabbat angefangen. Am kommenden Morgen gibt es für palästinensische

Tagelöhner, die Erlaubnis haben, in Israel tätig zu sein, wegen des Ruhetags keine Arbeit. Deshalb sind hier heute auch keine endlosen Schlangen wartender Menschen. Als Ausländerin kann ich ohnehin direkt ins Gebäude hineingehen. Es geht durch eine der von Gittern umrahmten Schleusen hindurch, durch Drehkreuztüren und lange Gänge. Dann ein Kontrollpunkt hinter Glas zum Überprüfen der Papiere. Eine gelangweilt wirkende Soldatin sieht meinen Pass an. Meine Handtasche läuft durch den Scanner, und ich darf weitergehen. Meine Schritte hallen gespenstisch durch die Containergänge des »Terminals«. Fast verirre ich mich in diesem Labyrinth, doch hinter mir kommt jetzt ein Mann näher, er überholt mich eilig und biegt um die nächste Ecke. Ich folge ihm. Nun entdecke ich einen Ausgang, bewacht von zwei Soldaten, die sich für mich nicht sonderlich interessieren. Endlich stehe ich wieder im Freien unter Flutlicht. Ich fühle mich wie befreit und bin froh, dass hier bereits ein Sammeltaxi wartet, das mich nach Jerusalem zurückbringen wird.

Am nächsten Morgen zwitschern die Vögel mit einer Geschäftigkeit, als sei es Frühling, dabei produziert die Sonne bereits ein graustichiges Gelb, das den Winter ankündigt. Ich tanke die Wärme, wohl wissend, dass ich in einigen Tagen wieder in die Vorweihnachtszeit und den Regen in Deutschland zurückreisen werde. Bamba, die Hündin meines Freundes Yizhar Be'er, auf den ich später noch zu sprechen kommen werde, steht schwanzwedelnd neben mir und fordert Streicheleinheiten. Während ich meinen Kaffee austrinke, kraule ich sie hinter den Ohren. Heute, am Shabbat, ist es auf den Straßen sehr ruhig. Nur die Hühner, die Yizhar in einem Gehege in seinem Garten hält, gackern friedlich vor sich hin. Ich verabschiede mich von meinem Gastgeber und gehe zu Fuß zu meinem nächsten Termin in Katamon. Der

Jerusalemer Stadtteil Katamon mit seinen wunderschönen sandfarbenen Häusern aus hellem Jerusalemer Stein und idyllischen Gärten wurde vor dem Ersten Weltkrieg errichtet. Es dauert eine Weile, bis ich das Büro für Grafikdesign von Rami Elhanan finde. Rami ist Khaleds Partner im »Elternzirkel – Familienforum« – und sein Freund. Ein freundlich wirkender Mann mittleren Alters mit dunklen Haaren und grünen Augen öffnet mir die Tür. Rami bittet mich herein und bereitet mir in der Büroküche sogleich einen Instantkaffee zu. Dafür, dass sich ihm »die Haare aufstellen, wenn er Deutsch hört«, wie er mir später gesteht, empfängt er mich sehr aufgeschlossen. Ramis Vater, ein gebürtiger Ungar, hat Auschwitz überlebt, aber seine gesamte Familie verloren. Als Kind hatte Rami seinen Vater mehrfach verwundert gefragt, warum seine Großeltern kein Ungarisch sprechen. Die Wahrheit erfuhr er erst mit zwölf Jahren: Es waren nicht seine leiblichen Großeltern, das Ehepaar hatte seinen verwaisten Vater seinerzeit adoptiert.

Die Familiengeschichte der Elhanans blieb belastet. Für Rami ist Jom Kippur, der jüdische Versöhnungstag, ein Datum voller Vorzeichen und trauriger Erinnerungen. Im Oktober 1973 musste er in den Jom-Kippur-Krieg gegen die Ägypter ziehen und verlor im Sinai einige seiner besten Freunde: »Ich kam aus diesem Krieg als geschlagener junger Mann zurück – wütend, verbittert, zynisch. Ich wollte mich von allem verabschieden, sei es politisch oder sozial.« Zehn Jahre später kam zu Jom Kippur sein viertes Kind zur Welt, eine Tochter. »Wir nannten sie Smadar, ein Name, der aus der Bibel stammt und Weinrebe bedeutet. Sie war ein lebhaftes, fröhliches Mädchen. Meine Frau Nurit, meine drei Söhne und unsere Prinzessin lebten in einer Luftblase.« Am 4. September 1997 ging die 14-Jährige mit ihren beiden Freundinnen in die geschäftige Ben-Yehuda-Straße im Zentrum West-Jerusalems, um sich neue Schulbücher zu kaufen. In der Buchhandlung explodierte die Bombe, die zwei palästinensische Selbstmordattentäter gelegt hatten: Sie zerfetzte die drei Kinder und zwei weitere Personen. Als die Nachricht vom Attentat in den Nachrichten kam, war Smadar noch immer nicht nach Hause zurückgekehrt. Rami und Nurit suchten verzweifelt alle Polizeistationen und Krankenhäuser ab, um ihre Tochter zu finden. Bis sie die grausame Gewissheit hatten, dass Smadar eine der Toten war.

Drei Tage später wurde sie neben ihrem Großvater, General a.D. Mattityahu Peled, beigesetzt. Peled, dessen Eltern aus der Ukraine stammten, war 1923 in Haifa geboren worden. Seinem Einstieg in die Palmach, die jüdische Untergrundarmee, folgte eine beispiellose Karriere bei den Israelischen Verteidigungskräften. 1956 war er Militärkommandeur von Gaza und bald darauf Generalmajor. Schon früh galt er als einer der bedeutendsten Strategen Israels. 1967 gehörte Peled – wie Ariel Sharon – zu den »Falken« in der Armee, die Levi Eshkols Regierung zum Krieg gegen die Araber drängten. Unterdessen hatte er Islamwissenschaft studiert und war ein Experte für den ägyptischen Schriftsteller Nagib Mahfouz geworden. In den 1970er-Jahren änderte er seine Ansichten radikal und wurde zur »Friedenstaube«. Zusammen mit dem Journalisten Uri Avnery und anderen Friedensaktivisten gründete Peled den »Israelischen Rat für Israelisch-Palästinensischen Frieden«. Er initiierte heimliche Gespräche mit der PLO, was nach israelischer Gesetzgebung seinerzeit unter Strafe stand. 1984 war er Mitbegründer der jüdisch-arabischen Partei »Progressive Friedensliste«, die er in der Knesset vertrat.

Ich habe den Reservegeneral 1988 im Deutschen Bundestag in Bonn kennengelernt und war beeindruckt von seiner Entwicklung und seiner aufrechten Haltung. »Lasst die Dokumente in den Archiven und hört auf die Menschen«, sagte der vom Dialog überzeugte Mann damals. Seine Tochter Nurit Peled-Elhanan, die

Mutter von Smadar, ist Professorin für Erziehungswissenschaften. Spätestens seit dem Tod ihrer Tochter ist sie eine entschlossene, kompromisslose Gegnerin der israelischen Besatzung. Zu ihrem Fachgebiet gehört die Analyse israelischer Textbücher für Schulen, deren Inhalte sie scharf kritisiert. In ihren Augen spalten sie die Welt in Juden und Nichtjuden und vermitteln stereotype, wenn nicht gar offen rassistische Bilder von Arabern.

Für das Ehepaar Elhanan war der Tod von Smadar nicht nur ein tragischer Lebenseinschnitt, sondern auch ein Wendepunkt: Anstatt in einer passiven Opferhaltung zu verharren und sich durch Hass selbst zu schaden, gingen sie in die Offensive und begannen, aktiv für den Frieden zu streiten. »Mein kleines Mädchen wurde ermordet, weil sie Israelin war, von einem jungen Mann, der so gedemütigt, unterdrückt und verzweifelt war, dass er Selbstmord, Mord, ja Unmenschliches beging – weil er ein Palästinenser war«, sagt Nurit. 2001 erhielt die Tochter des ehemaligen Generals den Sacharov-Preis für geistige Freiheit. Für sie besteht »grundsätzlich kein moralischer Unterschied zwischen einem Soldaten am Checkpoint, der eine Frau in Wehen nicht passieren lässt, sodass sie ihr Baby verliert, und dem Mann, der meine Tochter umgebracht hat. Ebenso wie meine Tochter war er ein Opfer der Besatzung.« Diese Gleichsetzung von Opfern ist für die Mehrheit der Israelis ein inakzeptabler Standpunkt, mit dem Nurit auf Ablehnung stößt. Geht es im öffentlichen Diskurs doch immer wieder darum, wer in diesem Konflikt Opfer und wer Täter ist. Beide Seiten betrachten sich als Opfer und blenden ihre Verantwortung für die Fortdauer des Konflikts aus.

Nurit erklärt mir in einem späteren Gespräch, dass ihr Vater im Sinne Israels handelte, weil er durch einen Ausgleich mit den Palästinensern dafür Sorge tragen wollte, dass Juden weiterhin einen sicheren Ort zum Leben hätten. »Die Besatzung hat mit

Zionismus nichts zu tun«, sagt Nurit. Und: »Der Zionismus hat viele verschiedene Gesichter.« In seinem Büro erzählt Rami mir bereitwillig von der unerträglichen Zeit nach Smadars Tod. Bis heute wache er täglich mit einer rasenden Wut im Bauch auf und müsse jeden Tag aufs Neue entscheiden, wie er sich verhalten solle: Rache und Hass oder Offenheit für die andere Seite? Nach der Beerdigung kamen während der sieben Trauertage der Shiva Hunderte von Menschen ins Haus der Elhanans, um ihr Beileid auszusprechen, wie es Brauch im Judentum ist. Unter den Trauergästen war auch Yitzhak Frankenthal, der Begründer des »Elternzirkels«. Als Rami ihm später abermals begegnete und feststellte, dass dieser Mann während der Shiva bei ihm gewesen war, reagierte er zunächst zornig: »Wie können Sie es wagen, das Haus von Menschen zu betreten, die gerade ihr Kind verloren haben, um mit ihnen über Frieden zu sprechen?!« Frankenthal blieb ruhig und lud ihn zu einem Treffen der trauernden Eltern ein. Nach viel Abwehr willigte Rami schließlich ein: »Das war wie ein Erdbeben«, sagt er, und ich merke an seinem Ausdruck, dass er nicht übertreibt und wahrhaftig einen großen Wandel durchgemacht hat. Er habe bei der Zusammenkunft des »Elternzirkels« zunächst am Rande gestanden und nur beobachtet. Die Israelis, die mit dem Bus eintrafen, darunter Holocaust-Überlebende, hätten ihn beeindruckt. Noch eindrücklicher seien aber die Palästinenser gewesen. Ganze Familien seien aus dem Bus gestiegen, Frauen, Männer, Greise und Kinder. Sie seien auf ihn zugekommen, hätten ihn umarmt, geweint und ihm Frieden gewünscht. »Es war das erste Mal, dass ich Palästinenser als Menschen mit eigenen Gefühlen und in ihrem Leid wahrgenommen habe«, sagt Rami über seinen Schreibtisch hinweg, und wir beide kämpfen bei der Vorstellung dieser bewegenden Begegnung mit den Tränen. »Von diesem Tag an, es war im Jahr 1998, hatte ich wieder einen Grund, morgens aus dem Bett zu steigen. Mein Leben hatte wieder einen Sinn bekommen. Seitdem widme ich mich diesen Dialogbemühungen mit voller Überzeugung: Allen, die es hören oder nicht hören wollen, rufe ich laut entgegen: Dies ist nicht unser Schicksal! Das ist kein Schicksal, das wir passiv hinnehmen müssen! Unser Blut und das der Palästinenser hat dieselbe rote Farbe, unser Leid ist vergleichbar, und wir alle haben bittere Tränen. Wenn wir, die wir den höchsten Preis gezahlt haben, einen Dialog führen können, dann kann das auch jeder andere!«

Rache werde sein Kind nicht zurückbringen, dieses Diktum hat Rami tief verinnerlicht. Außerdem wolle er seine Situation als Opfer nicht dazu nutzen, andere zum Opfer zu machen, sagt er. Auch das Judentum werde er nicht dazu missbrauchen, um dreieinhalb Millionen Palästinenser zu unterdrücken. Seine beiden älteren Söhne arbeiten ebenfalls aktiv an der Verständigung. Sie gehören nicht nur zum »Elternzirkel«, sondern auch zu der Gruppe »Combatants for Peace« (Kämpfer für Frieden) – das sind ehemalige Soldaten und Palästinenser, die während gewaltsamer Auseinandersetzungen zu »Tätern« geworden sind. Die »Combatants« wollen eine Lösung des Konflikts auf friedliche Weise erreichen, zum Beispiel, indem sie sich gegenseitig ihre Geschichte erzählen, über ihre Taten, ihre Gefühle oder auch ihre Umkehr im Denken sprechen. Sogar Ramis Vater ist mittlerweile vom Dialog überzeugt. »Er veränderte seine Ansicht aus der Perspektive des ewigen Opfers der Nazis, nachdem er in der Holocaust-Gedenkstätte Yad Vashem eine Gruppe von Palästinensern erlebte, die über das Leid der Juden weinen konnten«, erzählt Rami.

Wir sprechen über die zwei Mauern; die physische Mauer, die man als Friedensaktivist überwinden oder auch als Selbstmordattentäter unterwandern kann; und die andere, die psychische, die Mauer in den Köpfen, die so viel schwieriger zu durchdringen ist. Dämonisierungen, die die Beziehungen der Nachbarn über Jahrzehnte bestimmt haben, lassen sich nicht von heute auf morgen beseitigen. 2002 gehörte Rami zu einer Gruppe Israelis, die sich mit Palästinensern traf, um zu dokumentieren, dass die seit dem Ende der Verhandlungen von Camp David verbreitete Behauptung, es gebe keinen palästinensischen Partner, nicht der Wirklichkeit entspreche. Das Treffen fand im Haus von Khaled Abu Awwads Mutter statt. Obwohl sich sprachlich nicht alle verständigen konnten, gab es viele Tränen. Und dann stand plötzlich Khaled auf, dem Rami bislang noch nie vorher begegnet war: »Er sprach im besten Hebräisch, das ich je von einem Palästinenser gehört hatte – über Mitgefühl, über das gegenseitige Zuhören und über die Bekämpfung all dessen, was Menschen zum Morden treibt. Dieser Mann hatte eine große Ausstrahlung und Weisheit, er war ein Vorbild«, sagte Rami.

Von diesem Moment an befreundeten sich die beiden Männer. Bis heute sind sie tief miteinander verbunden. Oft sind sie gemeinsam auf Vortragsreise, wobei Rami Deutschland weiterhin meidet. Der »Elternzirkel« wurde nicht nur vom mittlerweile verstorbenen palästinensischen Präsidenten Arafat, sondern auch von Shimon Peres empfangen. Durch Fernseh-Talkshows, Vorträge oder Gespräche an Schulen gewinnen die von Gewalt Betroffenen weitere Menschen für den Dialog: Das gemeinsame Leid verbindet. »Selbst wenn ich in einer Schulklasse nur ein einziges Kind überzeugen konnte«, sagt Rami, »habe ich schon etwas erreicht.« Freilich stoßen die Eltern auch auf großen Widerstand. Rami hat einige Freunde verloren, die für seine Aktivitäten kein Verständnis haben und glauben, die Trauer um seine tote Tochter habe ihn »verrückt« gemacht. Doch davon lassen er, seine Frau und seine Söhne sich nicht beeinflussen – Ausgrenzung, das ist der Preis, den viele bezahlen, wenn sie gegen den Strom schwimmen und die gesellschaftspolitischen Verhältnisse verändern wollen. Diejenigen, die diesen Weg wählen, finden aber auch neue Verbündete und Gleichgesinnte. Vor ein paar Jahren, als die Auseinandersetzungen zwischen Palästinensern und Israelis besonders gewalttätig waren, kamen Palästinenser vom »Elternzirkel« zum israelischen Roten Kreuz in Jerusalem und spendeten Blut für israelische Opfer. Zeitgleich schmuggelten sich Israelis durch die Checkpoints nach Ramallah ins Krankenhaus und spendeten für verletzte Palästinenser.

»Wie können sie für den Feind Blut spenden?«, fragte ein TV-Moderator an jenem Abend vor laufender Kamera, entsetzt und verwundert zugleich. Weil es weniger schmerzlich sei, Blut für Menschen in Not zu spenden, als es unnötig zu vergießen, lautete die Antwort der Angehörigen von Opfern. Rami und ich sprechen noch eine Weile über die Gefühle und ungeheuren Spannungen, die entstehen, wenn man Gewalt, Trauer und Trauma erfährt und anschließend damit leben muss. Was sind die Konsequenzen? In eine Abwehrhaltung gehen – »Nie wieder!« – und das Erschreckende verdrängen oder einen konstruktiven Weg finden, damit nicht ein Leid zum nächsten führt? Unverarbeitete Erlebnisse können zu einem depressiven Rückzug führen oder in offene Aggression umschlagen – beides ist destruktiv. Dan Bar-On mutmaßte, dass die israelische Aggression gegen die Palästinenser eine Übertragung sein könnte: Rächen sie sich über die Generationen hinweg an den Palästinensern anstatt an den Deutschen, die solche Verbrechen an den Juden begangen haben? Das klingt plausibel, bedarf aber noch der wissenschaftlichen Überprüfung.

Dieselbe Hypothese finde ich später in Avraham Burgs Werk »The Holocaust is over. We must rise from its Ashes«: »Wir werden den Arabern nie vergeben, weil sie angeblich wie die Nazis sind, schlimmer sogar als die Deutschen. Wir haben unsere Wut und Rache von einer Bevölkerungsgruppe auf eine andere übertragen, von einem alten Feind auf einen neuen Gegner, und erlauben uns deshalb einen bequemen Umgang mit den Nachkommen der deutschen Feinde, die für uns Komfort, Wohlstand und hohe Qualität repräsentieren, während wir die Palästinenser als Prügelknaben behandeln, um unsere reichlich vorhandene Aggression, unsere Wut und Hysterie abzuschütteln«, so der ehemalige Knesset-Abgeordnete und Vorsitzende der Jewish Agency und der Zionistischen Weltorganisation, »wenn wir die Araber von der Nazi-Rolle befreien, die wir ihnen zugeteilt haben, wird es viel einfacher werden, mit ihnen zu sprechen und unserer beider existenziellen Probleme zu lösen.«

Rami macht deutlich, dass das Gegenteil von Hass für ihn nicht Vergebung bedeutet – den Mord an seiner Tochter kann und will er nie vergeben. Die Alternative für ihn ist der Dialog mit den Palästinensern. Denn er hat erfahren, dass Schmerz sich in Hoffnung umwandeln lässt. Es geht nicht darum, zu vergessen oder vergessen zu machen, sondern darum, mit dem Trauma und dem Schmerz leben zu können. Damit das Leid nicht von Generation zu Generation weitergereicht wird und immer neues Unheil schafft.

Kaffeekränzchen

Uri Bloch und Hanna Ya'ari teilen ihren Überlebenswillen und ihr soziales Engagement

Mein nächstes Ziel ist die Küstenstadt Haifa. Ich setze mich gleich hinter den Busfahrer, um während der Reise die beste Sicht zu haben. Der Mann ist für seine Arbeit wie maßgeschneidert: Seine riesigen Hände liegen lässig auf dem großen Steuer, eine trendige Sonnenbrille verdeckt seine obere Gesichtspartie ähnlich einer Augenbinde bis zu den Schläfen. Im Radio dudeln israelische Schlager, die wie griechische Schnulzen klingen, später ist die tiefe und volle Stimme der britischen Soul- und Rocksängerin Amy Winehouse zu hören. Der Bus ist nur halb voll, die meisten Fahrgäste dösen oder telefonieren. Hinter mir spricht eine Frau mittleren Alters in energischem Tonfall Russisch. Junge uniformierte Soldaten mit Gewehren haben es sich auf dem Weg zurück zu ihrer Basis bequem gemacht. Aus der Klimaanlage fegt kalte Luft durch den Reisebus und lässt mich frösteln. Auf die Gelegenheit, mit der Fremden zu sprechen, hat der Busfahrer anscheinend regelrecht gelauert, denn meine Frage nach der Ankunftszeit ermuntert ihn umgehend, mich in ein Gespräch zu verwickeln. Ich erfahre von seinen Auslandsreisen – in Deutschland sei er bedauerlicherweise noch nicht gewesen, aber das könne ja noch was werden – und von seiner Dichtkunst. Nun stellt er gar das Radio leiser, damit er eines seiner Gedichte rezitieren kann. Links neben der Autobahn hat sich das weite Meer aufgetan, wir fahren jetzt eine lange Strecke immer an der Küste entlang: welche Kulisse! Nach der kunstvollen Einführung geht der Mann am Steuer, er ist wohl Anfang 40, zur Politik über. Ein Schwall von Klagen über »die iranische Bedrohung« ergießt sich über mich, gefolgt von Abwertungen und Klischees über die Muslime an sich und den Islam im Allgemeinen.

Es dauert eine Weile, bis dem Busfahrer auffällt, dass ich auf seine Rhetorik nicht eingehe. Nachdem er mich weder mit seiner romantischen Dichtung noch mit seinen »realpolitischen« Statements beeindrucken konnte, gibt er es auf, sich um eine Reiseunterkunft in Deutschland zu bewerben. Im Übrigen sind zur Rechten bereits die Berge von Haifa aufgetaucht, in Kürze werden wir die Hafenstadt erreichen. Während der letzten Kilometer herrscht Schweigen. Zu spät, um noch ein bisschen zu dösen. Wir fahren in den von einer Mauer umgebenen Busbahnhof ein. Die zentralen Busbahnhöfe in Israel haben wegen der vielen Bombenanschläge mittlerweile Sicherheitskontrollen, die mit denen in Flughäfen fast vergleichbar sind. Als wir anhalten, sehe ich durchs Fenster in der Ankunftshalle Uri Bloch stehen. Uri ist nur geringfügig größer, dafür aber sehr viel drahtiger und älter als ich. Er hat mich noch nicht entdeckt, und ich beobachte, wie er nervös auf seine Uhr blickt und auf und ab geht. Als ich auf ihn zugehe und er meiner gewahr wird, hellt sich sein angespanntes Gesicht auf. Ich freue mich sehr, ihn wiederzusehen. Uri und ich kennen uns ebenfalls aus dem Storytelling-Seminar mit Dan Bar-On. Über die Jahre hat sich trotz aller Ambivalenzen und politischer Differenzen zwischen uns eine Freundschaft entwickelt. Jetzt führt Uri mich durch den belebten Busbahnhof, vorbei an

Schnickschnack-Läden und Verkaufstheken mit Bagels und Café Haffuh (hebräisch für »Milchkaffee«) zu seinem Wagen. Wir fahren in eines der Lokale am Strand von Haifa und setzen uns unter Bambussonnenschirme auf die Holzterrasse, direkt am Wasser. Es bläst ein kühler Dezemberwind, der die Wellen hochpeitscht und zu Schaum zerweht. Dank der wärmenden Mittagssonne sind die Temperaturen trotzdem sehr angenehm. Wir bestellen bei der Kellnerin Essen. Uri hat die Sparsamkeit derer verinnerlicht, die den Zweiten Weltkrieg erlebt haben und Verschwendung verabscheuen, deshalb sucht er sich ein kleines Gericht aus, schließlich hat er ja ordentlich gefrühstückt. Er ist ein wenig unruhig, denn er weiß, dass gleich Arbeit auf ihn zukommt. Ich habe Uri als fleißigen und sozial sehr engagierten Menschen kennengelernt, er ist diszipliniert und sehr belastbar, doch auch rastlos und mitunter schnell gekränkt. Bei dieser Begegnung will ich mehr über sein Leben erfahren, um ihn noch besser zu verstehen.

Alles begann in der Schweiz. Uri Bloch kam 1932 in Basel als fünftes Kind einer religiösen jüdischen Familie zur Welt. Seine Geschwister waren wesentlich älter als er: »Ich war ein Einzelkind mit sechs Eltern, eine lebendige Puppe«, klagt er. Seinen Vornamen bekam Uri, weil seine Eltern 1931 den israelischen Schriftsteller Uri Zvi Greenberg kennenlernten, der auf dem Zionistenkongress gesprochen hatte. Er war anschließend bei den Blochs zum Abendessen eingeladen und imponierte dem Ehepaar sehr. Greenberg war ein jüdischer Nationalist und plädierte nach dem Sechstagekrieg für den Anschluss der Westbank an Israel.

Uri kann sich noch intensiv an den Antisemitismus der 1930er-Jahre erinnern: »Judebüebli!« und »Saujud!«, bekam er auf Schwyzerdütsch oft zu hören. Seine Familie hatte wenig Kontakt mit den Nachbarn – oder war es andersrum? Obwohl Uri noch

Uri Bloch

klein war, verfolgte er den Weltkrieg mit Stecknadeln auf einer Landkarte in seinem Kinderzimmer. Er wusste, dass die Juden vernichtet wurden. Als er mit seinen Vettern an der alten Ziegelei vorbeiging, sagten sie: »Hier würde man uns verbrennen.« Uri wurde religiös erzogen, und da seine Eltern überzeugte Zionisten waren, schloss er sich selbstverständlich dem jüdischen Jugendbund an. Sein acht Jahre älterer Bruder Aryeh half Flüchtlingen bei der Einwanderung nach Palästina. Nach dem Krieg teilte er Uri mit, er wolle selbst ins »Gelobte Land«, illegal. »Als er mich fragte, ob ich mitkommen wolle, habe ich keine fünf Minuten gebraucht, um Ja zu sagen«, erzählt Uri, der damals gerade 14 Jahre alt war. Kein Wort über die Reaktionen seiner Eltern oder über seine eigenen Gefühle. In jenen Tagen gab es andere Prioritäten.

Zunächst waren die Brüder in einem Auffanglager, bis Anfang 1947 die Reise auf einem Fischkutter begann. Uri verbrachte die wochenlange Überfahrt meist auf einer Pritsche liegend, nahe einem Luftloch, um bei der drangvollen Enge nicht zu ersticken. Kurz vor dem Ziel griffen die Engländer, die das Mandat für Palästina hatten, das Schiff der illegalen Einwanderer auf, und nach einem kurzen Kampf, bei dem einer der Einwanderer getötet wurde, schleppten sie den Kutter nach Haifa. Dort wurden die Insassen auf einem Marineschiff nach Zypern abgeschoben. Uri verbrachte sechs Monate in einem Camp für Kinder. Einmal straften ihn die anderen Kinder, weil er sich beim Gruppenleiter über sie beschwert hatte: Sie steckten ihm einen Zettel zwischen die Zehen und zündeten ihn an. »Für mich als Schweizer war es natürlich, dass ich mich an die Autorität wendete, für die anderen Kinder war das jedoch Verrat, und dafür wollten sie sich rächen«, sagt Uri. Im August gestatteten die Engländer Kindern unter zehn Jahren endlich die Einreise nach Palästina. Uri war schon 15, doch er war so zierlich, dass er als Zehnjähriger durchging und mit der Gruppe reisen durfte. Aryeh musste noch ein Jahr auf Zypern warten, bis er seinem kleinen Bruder endlich folgen durfte. Uris nächste Station war ein Jugenddorf nahe Haifa. Wegen des »Unabhängigkeitskriegs« musste er mithelfen, Bunker und Gräben auszuheben. Auch die Felder hatte er zu bewirtschaften. Gelernt habe er in dieser Zeit nicht viel, sagt Uri mit einer gewissen Verbitterung in der Stimme. »Ich war sehr unglücklich.« Die anderen Einwandererkinder waren ihm fremd, weil sie fast alle aus anderen Kulturkreisen stammten; allerdings hatten sie alle mit der Shoah zu tun gehabt und waren entsprechend schwer belastet. Nur eine zweite Jugendliche fühlte sich ähnlich ausgeschlossen wie er: Hanna aus Berlin. Uri verliebte sich in sie, doch sie war damals noch nicht an ihm interessiert. Es sollte noch fast 50 Jahre dauern, bis die beiden zusammenfanden.

1949 durften endlich auch Uris Eltern und sein Bruder Albert nachkommen. Die Familie lebte in den ersten Jahren zu viert in einem Zimmer in einer kleinen Wohnung, die sie mit einer zweiten Familie teilte. (Aryeh lebte in einem Kibbuz, die beiden ältesten Geschwister gingen ihrer eigenen Wege.) Sein Vater sprach kein Hebräisch und seine Mutter konnte es nur dürftig. Uri arbeitete in einem Kolonialladen und ernährte damit auch seine Eltern und Albert, der in Israel nun Abraham hieß. Seine Eltern tauchen in seiner Erzählung lediglich als Randerscheinungen auf, jedenfalls lässt Uri in Bezug auf sie keinerlei Herzlichkeit oder Emotionen spüren. Tatsächlich muss ich am Ende seines Lebensberichts nach ihnen fragen, um noch etwas mehr über sie zu erfahren. Sein Vater, der sehr streng war, stammte aus dem Elsass. Er war kein Intellektueller, in der Schweiz arbeitete er erst in einem Textilladen und später als Hausmeister in einem Baseler Kaufhaus. »Heute glaube ich, dass mein Vater unter dem Posttraumatischen

Stress-Syndrom litt, das er sich während des Ersten Weltkrieges zugezogen hatte, als er als französischer Soldat die ganze Zeit an der Front kämpfte«, so Uri.

Seine Mutter indes war sehr gebildet und ehrgeizig – eine leidenschaftliche Leserin. Und sie bestand auf guten Manieren. Sie arbeitete als Sekretärin in einer Reederei und später als Buchhalterin. Nachdem ihr Mann arbeitslos geworden war, kam sie für den Unterhalt auf. Zu seiner Mutter hatte Uri, im Gegensatz zum Vater, einen starken Bezug. Auch die Schwestern seiner Mutter übten einen großen Einfluss auf ihn aus – seine vollendeten Umgangsformen führt er auf sie zurück. Oft unterhalten Uri und ich uns über die Bedeutung von Manieren als Hilfsmittel zu einem respektvollen Umgang miteinander. Uns verbindet viel Kulturelles, nicht zuletzt Sprachen und Musik. Einmal hat Uri mich damit besonders berührt: Wir sangen mit anderen Teilnehmern des Hamburger Seminars spontan eine halbe Nacht durch, Arm in Arm. Uri, mit kräftiger Stimme freudig schmetternd, stand neben mir. Nach den vielen Jahren in Israel kann er noch heute klassische Lieder deutscher Komponisten und fast vergessene deutsche Volkslieder auswendig singen. Welch ein Geschenk, dachte ich, dass dieser Mann, der infolge des von den Deutschen angezettelten Zweiten Weltkriegs nach Palästina ausgewandert war, heute zusammen mit uns singt. Es hatte etwas sehr Tröstliches.

Für Uri war die Einberufung zum Militärdienst im Jahr 1950 vor allem eine Erleichterung. Zu Hause hatte er sich nicht nur physisch beengt gefühlt. Nach drei Jahren als Radartechniker bei der Luftwaffe nahm er eine Stelle als Elektrotechniker an und heiratete noch im selben Jahr. 1955 brachte seine Frau Tova einen Sohn, 1963 eine Tochter zur Welt. Beruf und Familie, alles lief gut. Doch Uri gab sich nicht zufrieden, er wollte weiterkommen. Seine in der Jugend verpasste Schulbildung holte er auf dem zweiten Bildungsweg bis zum Abitur nach – dann das Studium zum Elektroingenieur am »Technion«, dem Israelischen Institut für Technologie in Haifa. Tova arbeitete unterdessen in einem Kindergarten und studierte Psychologie. Uri, zäh und ruhelos (»Das bin ich doch gar nicht!«, wehrt er sich), wollte sich beweisen, dass er über sich selbst hinauswachsen kann. Er ging mit Tova und seiner Tochter nach Berkeley in Kalifornien, um zu promovieren. »Wir kämpften uns durchs Studium, erreichten unsere Abschlüsse, später sogar Doktortitel, und arbeiteten – wir waren ein typisches israelisches Paar jener Jahre«, sagt Uri rückblickend. Sein Sohn beschwert sich bis heute, dass Uri und Tova in jenen Jahren noch nicht bereit waren, Eltern zu sein – finanziell und vor allem emotional.

1981 kam Familie Bloch nach Israel zurück. Zeitweilig war Uri Direktor der Abteilung für Informationstechnologie im Kommunikationsministerium, die er dort gegründet hatte. Er ist kein Mensch, der alles unreflektiert hinnimmt, deshalb gab es öfter Spannungen mit seinen Vorgesetzten. Die Blochs lebten ein anstrengendes, mitunter auch hektisches Leben. Eines frühen Morgens im Jahr 1994 machte sich das Ehepaar eilig auf den Weg zur Arbeit. »Ich hatte den Wagen geparkt, und wir überquerten die Hauptstraße, um auf der anderen Straßenseite den Autobus nach Tel Aviv zu nehmen. Auf dem Fußgängerstreifen erfasste uns ein Auto. Ich erinnere mich nicht mehr an die Einzelheiten …«, so Uri. Er hörte noch das Kreischen der Bremsen, bevor er das Bewusstsein verlor. Mit unzähligen Schläuchen im Leib erwachte er im Krankenhaus. Bis auf die Wirbelsäule und den Schädel waren sämtliche Knochen gebrochen. Sein Orthopäde sagte ihm später: »Du warst ein interessantes dreidimensionales Puzzle.« Tova schien weniger verletzt. Nach einer Beruhigungsspritze wachte sie jedoch nie wieder auf.

Wenn Uri heute meint, die acht Monate im Krankenhaus hätten ihm eine »Luxustrauer« ermöglicht, kann man nur ahnen, welche Höllenqualen er erlitten haben mag. Sein Überlebenswille aber war stark: »Ich habe lange nicht verstanden, dass es nicht allein die Krankengymnastik war, die mir geholfen hat, sondern dass ich selbst auch meinen Anteil an der Genesung hatte«, sagt Uri lächelnd. Es ist die erste Gefühlsäußerung, die er sich gestattet und die mir bewusst macht, wie sehr er gelitten hat. Nach einer Weile des Schweigens erzählt er mir, wie er später Hanna, seiner Jugendflamme, wiederbegegnete und sich beim Anblick ihrer tiefen »Kummergrübchen« dachte: »Uri, hier hast du eine Aufgabe: Hanna wieder zum Lachen zu bringen!« Daran arbeite er nun schon 14 Jahre, sagt er und lacht. Er lacht, aber es ist ein Lachen, das mit der Traurigkeit verwandt ist. Wenige Stunden später werde ich von Hanna selbst erfahren, woher ihre Kummergrübchen stammen.

Endlich wird unser Essen aufgetragen, und wir beschließen, unser biografisches Interview später weiterzuführen. Uri staunt über die Größe meines Salates, der meinen Appetit eindeutig übersteigen wird. Wir teilen uns die Schüssel. Zur Erholung schweifen wir zu anderen, leichteren Themen ab. Natürlich sprechen wir Deutsch miteinander – Uri spricht es noch immer fehlerfrei und elegant. Er hat zudem einen hintergründigen Humor und liebt es, mit Worten zu spielen, damit bringt er auch mich immer wieder zum Lachen. Die traurigen Momente von vorhin haben sich rasch verflüchtigt. Als wir verblüfft feststellen, dass wir schon über zwei Stunden hier sitzen, sind wir plötzlich in Eile, denn es gilt heute noch einiges zu schaffen. Außerdem hat Uri noch andere Termine: »Wer rastet, rostet.« Wir brechen sofort auf, damit Uri mir seine Stadt zeigen kann. Haifa liegt an den Ausläufern des Karmelgebirges, seine einzelnen Bezirke folgen dem Aufbau einer Pyramide. Unten am Hafen liegt das Industrie- und Gewerbegebiet, wo auch viele Palästinenser und Juden aus den einkommensschwachen Bevölkerungsschichten leben. Die Altstadt am Fuße des Karmel, erklärt Uri mir, sei 1761 gegründet worden. In den 1920er-, 1930er- und 1940er-Jahren sei eine Stufe höher dann der mittlere, jüdische Stadtteil entstanden, wo heute überwiegend Geschäfte und die Verwaltung angesiedelt sind. Zuletzt entstand oben am Berg der höchste Stadtteil. Dessen Bewohner haben den schönsten Blick über das weite Land und das Meer. Insgesamt leben heute etwa 285 000 Einwohner, davon mindestens 35 000 Palästinenser, in dieser Stadt, in der es weniger ein Miteinander denn ein Nebeneinander der Kulturen gibt, aber immerhin ein sozialer Friede herrscht.

Vor 1948 lebten in der Hafenstadt nach Angaben des israelischen Historikers Benny Morris 140 000 Menschen – die eine Hälfte Juden, die andere Araber. Uri meint, diese Angaben stimmten nicht, es habe mehr Juden als Araber gegeben, der Beweis dafür seien die Wahlen von 1942, bei denen ein jüdischer Bürgermeister gewählt wurde. Es scheint meinem Freund wichtig zu sein, das zu betonen. Allerdings ist anzunehmen, dass die Mehrheit der Palästinenser die Wahl boykottierten, sodass die jüdischen Stimmen sich durchsetzten. Während wir durch das Gewerbegebiet und dann den arabischen Bezirk fahren, erzählt Uri mir, dass die Haganah, die jüdische Untergrundarmee, die arabische Bevölkerung Haifas während des Unabhängigkeitskrieges aufgefordert habe, zu bleiben. Ich bin geneigt, ihm zu widersprechen, denn diese verkürzte Information scheint mir die wahren Umstände zu verschleiern – 1948 sind die meisten Palästinenser vertrieben worden oder aus Angst geflohen. Uri hat zwar recht, denn in Haifa verlief die Eroberung teilweise anders als im restlichen Palästina.

Doch das Bild ist sehr viel komplexer. Morris stellt fest, dass Haifa trotz mancher Unterschiede dennoch repräsentativ für den Umgang mit den Palästinensern war: »… die Flucht des Mittelstands Monate vor dem Angriff; die wachsende, allgemeine Verunsicherung; die ansteigende Arbeitslosigkeit und die immer höheren Lebensmittelpreise; das feige Verschwinden der lokalen Führer vor und während des Kampfes; die Massenflucht unter dem Einfluss und als Folge des Angriffs der Haganah.« Festzuhalten ist, dass die Araber nicht freiwillig gingen, die Bezeichnung »Vertreibung« dürfte deshalb nicht völlig übertrieben sein.

Uri empfindet diese Interpretation jedoch nicht als objektiv: »Es handelt sich hier um Fehler, die die arabische Bevölkerung damals machte. Dafür die Haganah verantwortlich zu machen, geht wirklich ein bisschen zu weit. Warum erwähnst du in keinem Wort die arabische Führung? Der Bürgerkrieg wurde von der arabischen Seite angezettelt. Hätte sie diesen Fehler nicht gemacht, hätten die Palästinenser heute schon seit Jahrzehnten ihren eigenen Staat (und die Araber von Haifa wären gut integrierte israelische Bürger). Ich kann deshalb den Ausdruck ›Vertreibung‹ nicht akzeptieren, man könnte höchstens von ›Flucht‹ sprechen. Ob die Araber mit Ausnahme von Lydda, Ramleh und eventuell Jaffa überhaupt vertrieben wurden, ist meines Erachtens nicht geklärt.« Ich erinnere Uri an Dan Bar-Ons Buch »Erzähl dein Leben!«. Dan beschreibt darin seinen Bezug zu Haifa, wohin seine Eltern nach der Flucht aus Hamburg gezogen waren. Der Psychologe war nach eigener Aussage erst in seinem späteren Leben in der Lage, sich der Diskrepanz zwischen den Fakten und dem, was er das »jüdisch-israelische, zionistische Gedächtnis« nennt, zu stellen: »Das kollektive jüdisch-israelische Gedächtnis erkennt die Tatsache nicht an, dass die meisten dieser Flüchtlinge nie zurückkamen – und zurück blieben 1948 nur etwa 3000 Araber. Das jüdisch-israelische Gedächtnis vergaß auch, dass diese verbliebenen Araber in eine spezielle Zone in Wadi Nisnas zwangsumgesiedelt wurden, die sie nur mit Passierschein verlassen durften.« Doch Uri mag auch diese Sichtweise nicht hinnehmen: »Hier wage ich es sogar, Bar-On zu widersprechen. Ich kann nicht für das ›jüdisch-israelische Gedächtnis‹ sprechen, aber ich habe noch nie jemanden getroffen, der allen Ernstes behauptet, die meisten Flüchtlinge seien zurückgekommen. Wir erinnern uns bis heute, dass die 3500 Araber damals in einem Ghetto leben mussten. Man muss doch aber konstatieren, dass diese Araber bis zu jenem Tag am Bürgerkrieg beteiligt – also eine Art Bürgerkriegsgefangene – waren und dass gerade dann der Krieg mit den arabischen Armeen begann. Da war es nicht von der Hand zu weisen, dass ein Teil dieser Araber jenen vielleicht helfen würde. Es stimmt, dass diese Verordnungen noch lange nachher in Kraft blieben, das kann indes zeigen, wie viel Angst (und nicht nur Hass) man damals hatte.« Ich mache nur noch einen halbherzigen Versuch, Uri Paroli zu bieten. Für mich repräsentiert seine Argumentation genau jenes »Gedächtnis«, von dem Dan geschrieben hat. Bei allen Fehlern, die die palästinensische Führung damals gemacht hat, verdrängt Uris Darstellung das Leid der Palästinenser und die eigene historische Verantwortung für Fehlentwicklungen, die die Region bis heute tief prägen. Doch ich schiebe die kleine Spannung zwischen meinem Freund und mir an dieser Stelle beiseite. Einen konstruktiven Dialog kann man mit divergierenden historischen Sichtweisen ohnehin nicht führen, solange man nicht bereit ist, sich auch auf die Ebene des Anderen einzulassen und vorbehaltlos zuzuhören. Jetzt gerade bin ich noch nicht so weit, denn die Besuche bei Khaled und Rami und ihre Geschichten beschäftigen mich noch sehr. Wäre Uri vielleicht eher in der Lage, sich in die andere Seite hineinzuversetzen und für die Fakten zu öffnen, also auch Ursache und Wirkung zu unterscheiden, wenn er sich die aktuelle Lage in den palästinensischen Gebieten am Ort ansehen würde, anstatt sich bei historischen Begebenheiten aufzuhalten? Es hat zu diesem Zeitpunkt des akuten palästinensisch-israelischen Konflikts wenig Zweck, sich über die Geschichte zu streiten: Das blockiert den Blick auf die Gegenwart und die Zukunft.

Jetzt geht es steil hinauf. Wir fahren auf die höchste Spitze des Karmel. Ungefähr 470 Meter über dem Meer liegt, umgeben von Parks und Grünanlagen, die Universität Haifas. Uri will mir eine seiner ehemaligen Wirkungsstätten zeigen; er hat uns sogar vorzeitig bei der Sekretärin angemeldet, sodass wir das Gelände problemlos betreten dürfen und die Sicherheitskontrollen rasch passieren. 13000 Studenten haben hier einen Studienplatz, etwa ein Drittel davon sind palästinensische Israelis. Uri zeigt mir stolz die Einrichtungen der Universität, und wir fahren ins 30. Stockwerk, von wo aus man einen höchst beeindruckenden Rundblick übers Land hat – die Berge und Täler, das Meer. Das Licht verändert sich bereits deutlich, die Sonne beginnt zu sinken.

Auf dem Weg zu Uris Wohnung machen wir noch einen Abstecher zu den Hängenden Gärten der Bahai, die die UNESCO 2008 zum Weltkulturerbe ernannt hat. Haifa beherbergt das »Weltzentrum« dieser monotheistischen Religion, die ihren Ursprung in Persien hat. Im Iran selbst sind die Bahai verfolgt worden, und noch heute sind ihre dortigen Mitglieder in ihren Grundrechten stark eingeschränkt. Die vom Schrein terrassenförmig abfallenden Gärten fließen wie ein Teppich steil zum Meer hinunter – und zeigen den Bahai, wohin sie ihre Gebete richten sollen. Zuletzt führt mich Uri noch in das israelische Büchereizentrum, in dem er nach seiner Pensionierung einige Jahre als Berater gearbeitet hat, bis er beschloss, sein Hobby zum Beruf zu machen, und sich zum Touristenführer ausbilden ließ. Mit seinem makellosen Deutsch, Englisch und passablem Französisch sowie seinem Interesse an Geschichte war das für ihn ein Heimspiel. Doch der Spaß währte nicht lange, denn die Zweite Intifada oder, wie Uri sagt: »Herr Arafat« machte ihm einen Strich durch die Rechnung – die Touristen blieben aus. Deshalb konzentrierte Uri sich auf die Telefonseelsorge, wofür er sich schon vor 30 Jahren erst mit Tova und dann mit Hanna hatte ausbilden lassen. An der Universität Tel Aviv belegte Uri schließlich einen Kurs in Gruppenpsychologie. Zusammen mit Tova hatte er die Telefonseelsorge in Karmiel aufgebaut und dort selbst Kurse geleitet. Anderen zu helfen gehört zu seinem jüdischen Selbstverständnis.

Die Sonne verabschiedet sich und ermahnt uns, die Besichtigungstour zu beenden, denn zu Hause wartet Hanna auf uns. Sie hat den Vormittag in Jerusalem verbracht, um ihrem erwachsenen Sohn beim Einzug in seine neue Wohnung zu helfen. Diesen hat Hanna für ihn organisiert, denn ihr Jüngster tut sich mit dem Leben sehr schwer. Ich frage mich, ob hier ein transgenerationaler Tradierungsprozess im Spiel ist, ein über die Generationen weitergereichtes Vermächtnis. Ich bin Uris Partnerin im Sommer schon einmal begegnet, aber dieses Mal werde ich Zeit haben, sie besser kennenzulernen, weil ich bei den beiden übernachte.

Hanna steht im Eingang und begrüßt uns. Sie ist eine zarte Person, die in mir sofort einen Beschützerinstinkt hervorruft, vielleicht, weil sie mich an ein Kind erinnert, das einen verlorenen Eindruck macht. Sie spricht mich auf Deutsch an, formuliert vorsichtig, abwartend, mit leiser Stimme. Bei aller Zaghaftigkeit strahlt sie zugleich Stärke aus. Ich mag Hanna sofort. Sie empfängt mich herzlich und bittet mich herein. Für uns drei ist im Wohnzimmer bereits Kaffee und Gugelhopf gedeckt. Bücher, Schallplatten, Ölgemälde, Blumenvasen, draußen der Garten – dies könnte auch ein Haushalt in Berlin oder Basel sein. Ungewöhnlich ist nur, dass hier allerlei Gebasteltes aus verschiedensten Materialien zu entdecken ist, vor allem Puppen. Und Puppenstuben. Es sind Miniaturpuppenstuben, die wie Bilder hinter Glas eingerahmt an den Wänden hängen oder in Regalen stehen. Darin sind Heimeligkeiten zu bewundern: Wohnstuben mit Blick in blumige Gärten; Küchen mit bäuerlichen Vorhängen, Holzherden, Bänken und gedeckten Tischen; Kinderzimmer mit Bettchen, Stuhl und Spielsachen.

Uri hat Hanna gesagt, dass ich ihre Lebensgeschichte hören will. Sie hat nicht nur eingewilligt, sondern sich innerlich auch darauf vorbereitet. Uri zieht sich ins Nebenzimmer an seinen Computer und zu seinen E-Mails zurück, damit wir Ruhe haben. Das ältere Paar führt eine autonome Beziehung, in der jeder dem anderen Zeit für sich und seine Interessen zubilligt – Hauptsache, man weiß, dass der Partner irgendwann wiederkommt, sagt Hanna, und man merkt, welch tiefes Vertrauen sie zu Uri hat.

Sie beginnt ihre Erzählung mit einer Selbstdefinition: An erster Stelle sei sie Jüdin. An zweiter Israelin. An dritter Stelle Mutter und Frau. »Wäre ich keine Jüdin, wäre mein Leben anders verlaufen«, sagt sie fast tonlos. 1938 musste sie aus Berlin weg. Da war sie gerade erst sechs Jahre alt. An die Trennung von den Eltern kann sie sich nicht mehr erinnern, wohl aber an die Eisenbahnfahrt nach Brüssel zum Bruder ihres Vaters. Sie und ihre Schwester hatten ein Stück Kartonpappe mit der Zieladresse auf der Brust. »Ich fühlte mich wie ein Paket«, so Hanna. Bald nannte sie ihren Onkel »Papa« und ihr Deutsch geriet in Vergessenheit. 1940 floh sie mit ihrer Schwester, dem »Papa« und seiner Familie vor den Nazis nach Frankreich. Als die Wehrmacht 1942 ins »freie

Frankreich« einmarschierte, gelangen ihr, ihrer Schwester und ihrer Kusine mithilfe der Résistance die Flucht in die Schweiz. Ein Schweizer Grenzer nahm sie auf und brachte sie bei Bauern unter. Dort schlief Hanna bei den Kühen im Stroh. Das Brot, das sie noch im Rucksack hatte, gab sie ihrer Gastgeberin. Das fräßen nicht einmal ihre Hühner, sagte die Bäuerin. Die Schwestern kamen nacheinander in zwei Auffanglager, bis eine Freundin der Mutter die beiden abholte und zusätzlich zu den zwei eigenen Kindern in Zürich bei sich aufnahm. Wieder neue Onkel und Tanten … Die zehnjährige Hanna konnte dort zur Schule gehen und lernte Deutsch aufs Neue. Ihre Schwester indes musste, weil sie älter war, den Haushalt führen. »Sie arbeitete wie ein Dienstmädchen.« Es muss die Hölle für sie gewesen sein, denn sie hat sich davon nie erholt und wurde depressiv. Sie ist bis heute nicht in der Lage, allein zu leben, und wohnt in einem Heim.

Hanna erzählt sehr präzise und klar verständlich. Nur manchmal zögert sie, weil sie sich ihres Deutsch nicht sicher ist. Dabei spricht sie es noch immer sehr gut, es ist Teil ihrer Identität geblieben. Eines Tages, erzählt Hanna weiter, habe sie die Züricher »Tante« auf den Schoß genommen und ihr gesagt, dass ihr Vater gestorben sei. Er sei wohl schon lange tot gewesen, sagt Hanna rückblickend, man habe nur auf den richtigen Zeitpunkt gewartet, um es ihr mitzuteilen. Er starb an Krebs in den USA, wo er vergeblich darum gekämpft hatte, die Familie nachzuholen. Sie habe schrecklich geweint, sagt Hanna. Die Tante habe sie getröstet: Immerhin habe sie doch drei Mütter – ihre leibliche Mutter (die als Dienstmagd in einem Londoner Haushalt den Krieg überlebte), die »Mammie« in Brüssel und sie, die Züricher »Tante«. »Erst in diesem Augenblick ist mir bewusst geworden, dass ich keine Mutter mehr hatte«, sagt Hanna. Wiederholt drückt sie aus, wie gut

Uri Bloch und Hanna Ya’ari

es ihr im Gegensatz zu ihrer Schwester gegangen sei. Das macht ihr bis heute ein schlechtes Gewissen und Schuldgefühle. Es ist dieser Druck, den viele empfinden, deren Verwandte umgekommen sind – sie fühlen sich schuldig, weil sie überlebt haben, und finden zum Leben keine positive Einstellung mehr.

Ingesamt blieb Hanna zwei Jahre in Zürich, dann kam sie für sechs Monate in ein Heim in den Bergen. Dort bereitete man sie auf die Einwanderung nach Eretz Israel (hebräisch für »Verheißenes Land«), auf die Aliyah (hebräisch für »Aufstieg«) vor. Im Heim gefiel es ihr. Sie wusste noch nicht, dass ihr jüngster Bruder mittlerweile nach Auschwitz deportiert worden war, wo er ermordet wurde. Kurz nach Kriegsende kam sie zum jüdischen Neujahrsfest Rosh Hashanah in Palästina an. »Seither feiere ich Rosh Hashanah doppelt«, sagt Hanna und lächelt, endlich. Allerdings kam das knapp 13-jährige Mädchen in ein Heim, eine Art Internat, und war das erste Mal von ihrer Schwester getrennt, ja erstmals musste sie ohne Familie leben. »Ich war nur eine Nummer unter vielen und war todunglücklich.« Wie Uri fühlte sie sich unter den jüdischen Kindern, die aus anderen Ländern gekommen waren, vollkommen fremd, zumal diese den Krieg »viel schlimmer als sie« erlebt hatten. »Immerzu kann ich mich nur an das Traurige erinnern«, seufzt Hanna. »Das Schöne ist verschüttet.«

Mehr als zwei Jahre nach dem Krieg erhielt Hannas Mutter von den Engländern endlich die Erlaubnis, nach Palästina einzuwandern. Die beiden hatten sich neun Jahre lang nicht gesehen. In Hannas Fantasie war die Mutter immer präsent gewesen – all ihre Sehnsüchte und Bedürfnisse projizierte sie auf diesen geliebten Menschen. In ihrer Vorstellung war die Mama eine Lichtgestalt geblieben! Und dann kam eine vom Leben gezeichnete Frau in den Raum, und die ersten Worte, die sie zu ihrer Tochter sagte, waren: »Ach, du warst doch mal so süß.« Denn vor ihr stand nicht mehr die Kleine von damals, sondern »ein rundlicher Backfisch«. Hanna sagt, dies sei der schlimmste Moment ihres Lebens gewesen – alles in ihr zerbrach. »Das konnte nicht mehr gutgemacht werden«, beschreibt sie diese Erfahrung, und ich erkenne in ihrem Gesicht die dramatische Enttäuschung, die sie damals erlitten hat. »Sie hätte mich damals so nehmen sollen, wie ich war, dann wäre es vielleicht nicht so gekommen«, fügt sie hinzu. Stattdessen erlebte sie die totale Entfremdung von ihrer Mutter, es fehlte jede emotionale Bindung.

Später hat Hanna ihren Militärdienst absolviert und anschließend als Sekretärin gearbeitet – außer Sprachen hatte sie ja nicht viel gelernt. Die erste Ehe scheiterte, die zweite mit einem Diplomaten war gut. Ihre Tochter wurde in Jerusalem geboren. Im Dienst in Holland, »in der Fremde«, brachte Hanna noch zwei Söhne zur Welt. Sie hatte einen netten Mann, den sie respektierte, eine Familie und ein Zuhause. »Doch bis heute fühle ich mich schuldig und undankbar, dass es mir so gut ging und ich trotzdem immer unglücklich war.« Hannas Mann war oft krank, und er starb schließlich an einem Gehirnschlag, als ihr jüngster Sohn 16 Jahre alt war. Die älteren Kinder waren bereits aus dem Haus, Hanna zog den Jüngsten alleine auf. Sie war elf Jahre lang allein geblieben, als sie Uri wiederbegegnete, mit dem sie über familiäre Beziehungen indirekt stets in Kontakt geblieben war. Die beiden hatten sich über 40 Jahre nicht gesehen, als sie ihn nach seinem Unfall im Hospital aufsuchte.

Heute, sagt Hanna, gehe es ihr besser denn je. Endlich habe sie die Kraft, Dinge auch für sich selbst zu tun. Manchmal stelle Uri ihr Blumen mit einer kleinen Nachricht auf den Tisch, sagt sie, er sei sehr aufmerksam. Sie beide teilten eine ähnliche jüdische

Erziehung, die Mentalität des Elternhauses – und die Emigration. »In gewissen Momenten fühle ich mich ihm so nahe, dass es fast wehtut.« Sie fühlt sich nicht einsam, wenn Uri nicht zu Hause ist, denn sie weiß, dass er trotzdem bei ihr ist. 2007 wurde sie vom Berliner Senat zu einem Besuch in die Hauptstadt eingeladen. Uri begleitete sie. Es war das erste Mal, dass sie nach 69 Jahren in ihre Geburtsstadt zurückkehrte.

»Wie lange braucht ihr denn noch?«, fragt Uri, der gerade aus dem Nebenzimmer schaut. »Die Gäste kommen schon bald.« Das Paar hat heute Abend noch einen Literaturzirkel mit Freunden, die sich gegenseitig ihre Texte vortragen. Der Terminplaner von Uri und Hanna ist stets voll: übermorgen das Kaffeekränzchen zum Deutsch sprechen – damit man in Übung bleibt –, nächste Woche die Konversationsrunde Französisch. Langeweile kommt nie auf. Nicht zu vergessen die gemeinsamen Reisen; demnächst geht es nach Neuseeland. »Gerade sind wir fertig geworden«, antwortet Hanna lächelnd und wohl auch ein wenig erleichtert, dass sie dieses düstere Kapitel ihres Lebens für heute schließen kann. Ich bin noch ganz benommen und aufgewühlt von ihrer Erzählung. Hanna schenkt mir ihr im Eigendruck herausgegebenes Buch, in dem sie die Geschichte ihrer Eltern von 1939 bis 1942 festgehalten hat: »… damit beide Seiten nicht vergessen«, schreibt sie mir als Widmung hinein. Während sie und Uri den Tisch abräumen und für ihre Gäste neu aufdecken, sehe ich mir die Basteleien und die eingerahmten Puppenstuben im Wohnzimmer genauer an – es sind Hannas Werke. »Diese Arbeiten machen mir große Freude«, sagt sie und fügt erklärend, fast ein wenig entschuldigend hinzu: »Weil ich als Kind doch keine Gelegenheit hatte zu spielen.«

»Kein Wunder, dass sie nach fast acht Jahren Flucht, fünf verschiedenen Schulen, drei Sprachen und fünf unterschiedlichen Kulturen ihr Potenzial nie wirklich entfalten konnte und ihr Leben irgendwie unerfüllt blieb«, fasst Uri mein Gespräch mit Hanna später zusammen. Wenn er an ihre Lebensgeschichte denke, übertrage er das auch auf den israelisch-palästinensischen Kontext: »Welchen Einfluss hat die fortdauernde Besatzung auf palästinensische Kinder? Wie verändert sich die Seele eines jüdischen Kindes unter der ständigen Bedrohung von Terroranschlägen?« Im Gespräch mit Menschen aus dem ehemaligen Jugoslawien sei ihm bewusst geworden, dass die Spannungen, die die Region zerrissen haben, aus dem Zweiten Weltkrieg herrührten oder gar noch älter seien. »Die Serben erinnern sich an die faschistische ›Ustasha‹ vor 50 Jahren, und die Kroaten denken an das Großserbien des Ersten Weltkrieges: Welche Chancen gibt es, dass zwei Bevölkerungen, die sich 60 oder gar 90 Jahre bekämpft haben, irgendwann friedlich nebeneinander leben und sich vielleicht gar gegenseitig helfen?« Er halte es, nun, da er auf die 80 zugehe, für unwahrscheinlich, dass er zu seinen Lebzeiten noch Frieden im Nahen Osten erleben werde, sagt Uri. Und er gehöre auch nicht zu jenen, die sich ständig um ihre Kinder und Enkelkinder sorgten. »Sie werden das Leben ebenso meistern, wie wir das einst getan haben.« Aber er liebe sein Land, und deshalb wolle er etwas für die Verständigung tun. »Selbst wenn die Politiker jemals einen Friedensvertrag unterzeichnen sollten, wird es noch Generationen dauern, bis der angesammelte Hass und die Angst verschwinden. Deshalb müssen wir durch Dialogarbeit an der Basis auf diesen Punkt hinarbeiten.« Aus diesem Grund begann Uri 2006 die dreijährige Trainingsausbildung bei Dan Bar-On in Hamburg. Dan hatte zur Voraussetzung seiner Teilnahme gemacht, dass er einen palästinensischen Projektpartner mitbringe. Obwohl Uri in Haifa lebt, der drittgrößten israelischen Stadt nach Tel Aviv und Jerusalem, die mit ungefähr 13 Prozent einen hohen arabischen Bevölkerungsanteil hat, hatte er keinerlei palästinensische Freunde. Er hat lange gesucht, bis er schließlich am entgegengesetzten Ende des Landes, im Negev, Jamal Alkirnawi fand. Jamal ist ein junger Beduine und arbeitet an der Ben-Gurion-Universität. Morgen werden wir gemeinsam zu ihm fahren.

Es klingelt an der Haustür – eine adrett gekleidete Dame in rotem Pulli erscheint. Kurz darauf kommen auch die anderen Gäste des Literaturzirkels. Einige der Herrschaften sprechen Deutsch. Sie begrüßen mich höflich, und wir tauschen ein paar Worte aus. Hanna besteht nun aber darauf, dass Hebräisch gesprochen wird. Das ist der Zeitpunkt, mich in mein Zimmer zurückzuziehen. Ich lege mich erschöpft auf mein Bett, das Hanna mir mit weißen Laken und einer Daunendecke einladend vorbereitet hat. Aus dem Wohnzimmer dringen die Stimmen der Senioren zu mir. Eben hat der Herr mit dem spanischen Hintergrund sein Gedicht vorgetragen – auf Hebräisch, versteht sich, wenn auch mit Akzent –, und nun diskutieren sie angeregt dessen Qualität. Wenn ich sie fragte, könnte mir vermutlich jede und jeder Einzelne von ihnen eine lange bewegende Lebensgeschichte erzählen.

Karma und Kamele

Der Beduine Jamal Alkirnawi behauptet sich als Bürger Israels

Hightech, Kamele, Ziegen, wilde Hunde, weite Wüste: Die ganze Spannbreite der israelischen Gesellschaft entfaltet sich auf dem Weg von Uris Haus zu seinem Projektpartner Jamal im Negev. Die beiden haben eine Dialoggruppe zwischen Beduinen und Juden in einem sozial schwachen Stadtteil von Beer Sheva ins Leben gerufen. Heute Abend werde ich die Gruppe kennenlernen, ich darf an ihrer Sitzung teilnehmen. Uri und ich sitzen im Zug, der von Haifa direkt in die Hauptstadt des Südens fährt, bis an die Universität heran. Zu beiden Seiten des Zuges fliegt die Wüste mit ihren sanften Wellen und Flächen an uns vorbei. Außer dürren Sträuchern wächst hier nichts. Hier und da tauchen die Zelte und Verschläge der Beduinen auf. Uri und ich sitzen uns gegenüber und diskutieren. Mein Freund hat trotz der drei Jahre Zusammenarbeit mit Jamal noch nie dessen Haus besucht. Und er war auch noch nie in den palästinensischen Gebieten. Das kann ich schwer nachvollziehen – ist es am Ende etwa diese Gleichgültigkeit, das tiefe Desinteresse, das viele Israelis für ihre unmittelbaren Nachbarn hegen? Für mich bedeutet Konfliktbearbeitung, sich dem Konflikt auch physisch zu nähern, um die Verhältnisse auf der anderen Seite zu erfassen, um zu begreifen, was den Alltag des

Anderen prägt. Die arabische Kultur scheint Uri völlig fremd zu sein und vor allem Gefühle wie Unbehagen auszulösen.

Die Traditionen der Palästinenser beziehungsweise das, was er darunter versteht, widersprechen seinen westlichen Prinzipien und Lebensvorstellungen, ganz zu schweigen von der Religion, dem Islam. (Uri benutzt den Begriff »Palästinenser« selten. Er spricht eher von »Arabern«, was dem offiziellen israelischen Sprachgebrauch entspricht, demzufolge es vor der Gründung Israels keine palästinensische Nation gegeben habe, ergo auch keine Palästinenser.) Indessen irritiert ihn nicht nur dieses Fremde, sondern er hat auch Angst, in den palästinensischen Gebieten ermordet zu werden.

Freilich ist diese Befürchtung nicht ganz unbegründet – es hat Fälle gegeben, in denen Israelis ums Leben kamen. Eines der eklatantesten Ereignisse war, dass sich zu Beginn der Zweiten Intifada 2000 vier israelische Soldaten in Ramallah verirrten und zwei von ihnen von einer aufgebrachten Menge grausam gelyncht wurden. Der israelische Friedensaktivist und Publizist Uri Avnery schreibt in seinem Buch »Zwölf konventionelle Lügen«: »In einer Konfrontation wie dieser zeigt jeder auf die Gräueltaten, die die andere Seite begeht, und ›vergisst‹ die Gräueltaten, die die eigene Seite begeht. Israel zeigt das abscheuliche Lynchen, die Palästinenser zeigen das Töten des 12-jährigen Muhamed Al-Dura in den Armen seines Vaters und die besonders tödlichen Hochgeschwindigkeitsgeschosse, die von den israelischen Scharfschützen gegen Steine werfende Kinder benützt werden. Unsere Gewalttaten seien die Antwort auf die Aktionen der Palästinenser – ihre seien die Antwort auf unsere. Es ist ein Teufelskreis.«

Ja, Vorsicht ist grundsätzlich angebracht: Nach jahrzehntelanger Unterdrückung, den Brüchen in der gesellschaftlichen Struktur, nicht zuletzt auch durch die Intifada und deren Bekämpfung durch die israelische Armee sowie nach den massiven Enttäuschungen über das Scheitern der Friedensverhandlungen, den fortgesetzten Ausbau der Siedlungen und die Errichtung der Mauer – beides bedeutet weiteren Landverlust für die Palästinenser – ist die Atmosphäre in den palästinensischen Gebieten manchmal aggressiv aufgeladen. Die erheblichen Bewegungseinschränkungen und die Arbeitslosigkeit tun ihr Übriges, um die Frustrationen und Gewaltbereitschaft vor allem unter jungen Leuten zu steigern. Mit der zunehmenden Zerrüttung der Gesellschaft sind zudem kriminelle Banden entstanden, die sich gegenseitig bekriegen. Selbstverständlich ist es heutzutage nicht mehr angebracht, ohne Vorbereitung wie ein Tourist in die Westbank zu fahren. Der Gazastreifen ist außerdem seit Jahren hermetisch abgeriegelt, selbst Journalisten können ihn nur noch mit spezieller Genehmigung der israelischen Behörden betreten. Es gebe jedoch viele Juden und Israelis, sage ich zu Uri, die regelmäßig in die Westbank reisten, die an den Checkpoints Wache hielten oder sogar unter Palästinensern lebten.

Nach meiner Erfahrung freuten sich Palästinenser, wenn ihre Nachbarn sie besuchten und sich für sie interessierten. Es hänge immer vom Kontext und von den Absichten ab, mit denen man in »die Gebiete« reise. Soldaten nehmen die Menschen dort als Feinde oder zumindest als bedrohlich wahr – das liege in der Natur der Sache. Doch wer in Zivil und mit der Absicht der Verständigung komme, werde in der Regel herzlich aufgenommen und sogar dann noch bewirtet, wenn der Inhalt des Kühlschranks kaum noch für die eigene Familie reiche. Auf der Autobahn sei das Risiko zu sterben fast größer als in der Westbank, behaupte ich und finde es plötzlich absurd, dass ich als Deutsche dem Israeli seine Region »erkläre«. Ich habe andere Erfahrungen als Uri gemacht und bin von dem Konflikt freilich nur indirekt betroffen, insofern habe ich leicht reden. Ich erzähle Uri, dass ich in Tel Aviv eine ältere Dame kenne (auf sie, Dalia Golomb, werde ich später noch zu sprechen kommen), die für Israelis Touren zu den Checkpoints in der Westbank organisiere, damit sie die Realitäten am Ort kennenlernen – ob er, Uri, da nicht mal mitfahren wolle? Uri dreht und windet sich, fühlt sich von mir »genötigt«, lächelt mich fast mitleidig an, als sei ich naiv, erzählt mir von der korrupten palästinensischen Autonomiebehörde, davon, dass Arafat Millionen Dollar beiseite geschafft habe, und ich merke, dass ich ihn mit meinen Argumenten nicht erreiche. Seinen Einwänden kann ich im Einzelnen zwar folgen, nicht aber, wie er sie im Gesamtkontext verwendet. Mitunter haben Dialoge eben ihre Grenzen. Doch ich bewundere, dass mein Freund trotzdem willens ist, mir zuzuhören. Eine der Damen auf den benachbarten Sitzen will uns indes gar nicht mehr zuhören. Sie beschwert sich in mürrischem Ton über unsere vermeintliche Lautstärke, müde sei sie und wolle schlafen. Uri und ich grinsen uns an und wenden uns, fast ein bisschen dankbar für diese Unterbrechung, nun fast flüsternd, belanglosen Themen zu.

Auf dem Campus der Ben-Gurion-Universität von Beer Sheva angekommen, stürmt Jamal Alkirnawi mit weit geöffneten Armen und einem breiten Lächeln im Gesicht auf mich zu: »Alex!«, ruft er erfreut und drückt mich herzlich an sich. Jamal ist 30 Jahre alt und als viertes von sieben Kindern in Alfoura, einem Beduinendorf, das die israelische Regierung nicht anerkennt, in der Negev-Region Tel-Arad zur Welt gekommen. Angefangen mit der britischen Mandatsmacht 1921, vor allem aber seit dem Krieg von 1948 wurden die seinerzeit rund 70 000 Beduinen durch verschiedene gesetzliche Maßnahmen aus ihrem Lebensraum vertrieben (Uri würde mir jetzt vermutlich abermals widersprechen) oder

Jamal Alkirnawi

von der Regierung in eigens dafür vorgesehene Gebiete umgesiedelt. Ihr Weideland wurde nach und nach zu »Staatsgebiet« erklärt. Die nomadisch lebenden, aber schon seit Jahren halb sesshaften Menschen verloren auf diese Weise fast 13 000 Quadratkilometer ihres Landes. Wer dort weiter lebte, tat dies illegal und hatte keinen Anspruch auf die staatliche Infrastruktur – keine Elektrizität, kein Wasser, keine Müllabfuhr oder Schulen. Für die Ziegen blieb nicht mehr genügend Platz zum Grasen. Insbesondere wegen des Mangels an Infrastruktur willigten Zehntausende von Beduinen in den 1970er- und 1980er-Jahren ein, in eine der sieben für sie vorgesehenen Wohnsiedlungen umzuziehen.

Heute leben dort rund 76 000 Beduinen. Insbesondere für die Alten bedeutete der urbane Charakter ihres neuen Wohnorts einen radikalen Bruch mit ihren Traditionen und ihrem Leben in und mit der Natur. Abgeschnitten von ihren früheren Lebens- und Unterhaltsquellen und zugleich meist arbeitslos, verloren sie die Orientierung. Ihre althergebrachten Werte und Normen waren in der neuen Welt nicht mehr brauchbar und fanden keinen Ersatz.

Doch nicht alle Beduinen beugten sich dem staatlichen Druck: Rund 84 000 der insgesamt 160 000 Beduinen im Negev leben noch heute in 45 Dörfern, die der Staat nicht anerkennt und die auf der offiziellen Landkarte Israels nicht auftauchen. »Die nicht anerkannten Dörfer entbehren öffentlicher Dienstleistungen und haben keine Zugangsstraßen. Die Hälfte der Haushalte hat kein fließendes Wasser … Die Siedlungen sind nicht an die Elektrizität angeschlossen, den meisten Haushalten fehlen deshalb Kühlschränke und Beleuchtung. Sie haben auch keine Abwassersysteme, was Folgen für die Umwelt und die Hygiene der Siedlungen hat«, sagen die Soziologen Yael Hasson und Shlomo Swirski. Die Bewohner dieser illegalen Dörfer haben weder das aktive noch das passive Wahlrecht, weil sie im Pass keinen Wohnort nachweisen können – darin steht lediglich der Name ihres Stammes. Insgesamt leben gemäß einer Untersuchung des Van-Leer-Instituts in Jerusalem 66 Prozent aller Beduinen unter der Armutsgrenze, in den nicht anerkannten Dörfern gar bis zu 80 Prozent – im restlichen Israel sind es 25 Prozent.

Als Jamal drei Jahre alt war, zogen seine Eltern in eine der Beduinenstädte, nach Rahat, nördlich von Beer Sheva. »Die Arbeitslosenrate und Armut in Rahat gehören zu den höchsten in Israel«, sagt Jamal. Als Kind musste er seinen Eltern vorlesen und deren Briefe verfassen, weil sie Analphabeten sind. »Von früh an wurde ich zum Lehrer meiner Eltern. Ich erzog sie aber vor allem dazu, mich unabhängig werden zu lassen«, sagt er.

Wir sitzen auf einem Stück Rasen auf dem Campus, während Uri unterwegs ist, um einige Dinge zu erledigen. Jamal ist mittelgroß und trägt meist eine einfache blaue oder schwarze Hose und ein weißes Hemd. Seine Gesichtszüge sind weich und stehen im Einklang mit seinem sensiblen Wesen: Er entspricht so gar nicht dem Klischee eines Beduinen.

Die Alkirnawis lebten lange in einer Hütte, bevor sie sich ein Haus bauen konnten. Jamals Vater war ein einfacher Arbeiter und nur am Wochenende zu Hause. In der Schule zeigte sich, dass Jamal eine Brille brauchte. »Ich musste immer in der ersten Reihe sitzen, um die Schrift auf der Tafel zu erkennen. Mein Vater kaufte mir eine riesige Brille aus Plastik, sie baumelte an einer Schnur, damit ich sie nicht verliere. Ich war das Kind ohne Freunde, das ulkig aussah. Die Kinder hänselten mich – sie behaupteten, ich sei blind oder arm«, sagt Jamal. Er zog es vor zu beobachten, anstatt sich in den Vordergrund zu schieben. Was ihm in der Schule widerfuhr, erzählte er nie, und seine Eltern nahmen auch keinerlei

Kenntnis von seinen ausgezeichneten Zensuren – Schule war für sie eine fremde Welt.

In der neunten Klasse kam für Jamal der Wendepunkt. Es gab Kontakte zu einer jüdischen Schule, und die Schüler sollten sich gegenseitig zum Essen einladen. Jamals Mutter bereitete aufgeregt das Haus für den Gast vor und kochte ein üppiges Mahl mit Huhn. Jamals Gast war blond und trug ebenfalls eine Brille: »Es machte mich neugierig, dass dieser Schüler mir so ähnlich und doch so anders war«, erinnert er sich an diese Begegnung, die für seine weitere Entwicklung entscheidend war. Die beiden Teenager verstanden sich gut. Jamal eiferte seinem jüdischen Bekannten anschließend nach und gründete an seiner Schule einen Schülerrat. Er begriff, dass er gut organisieren konnte, und sorgte zielstrebig dafür, dass er im Regionalverband der Schülervertreter aufgenommen wurde. Bald wurde er Mitglied des Landesschülerrats. Die erste Reise mit dem Bus nach Tel Aviv war für ihn noch äußerst abenteuerlich: »Aber die Angst verschwand allmählich«, sagt Jamal, »und bald wurde ich sogar zum Experten für neue Orte.« Mittlerweile ist Jamal häufig im Ausland auf Reisen und genießt die Mobilität des modernen »Nomadentums«. Im April 2009 vertrat er sogar die Gemeinde der Negev-Beduinen auf einer Parallelkonferenz während der Durban-II-Konferenz der UN in Genf.

Berührend war, wie Jamal sich in der so ungleichen Beziehung zu seinem Projektpartner Uri emanzipierte. Die beiden hätten biografisch, charakterlich, kulturell und politisch kaum unterschiedlicher sein können. »An einem gewissen Punkt dachte ich, mit Uri könne ich nicht weiter zusammenarbeiten. Er ist so kritisch, gelegentlich sogar hart. Außerdem ist er aus Haifa und kennt meine Umgebung nicht. Wir hatten auch einige Differenzen über Terminologie und Inhalte. Wir stritten uns zum Beispiel über ›Empowerment‹ (das Erlangen politischer Partizipation), was mir wichtiger als Uri war. Wir brauchten immer lange, bis wir uns einigen konnten. Oft hatte ich den Eindruck, Uri repräsentiere die dominante Gesellschaftsströmung und beurteile die soziale Frage – für mich ein zentrales Lebensthema – von einem völlig anderen Standpunkt. Ich respektiere Uri, mit einigen seiner Vorstellungen stimme ich allerdings nicht überein. Er ist der Ansicht, Menschen seien für sich selbst verantwortlich und somit selbst schuld, wenn sie an ihrer Lage nichts ändern. Wie viele Male diskutierten wir über die Zusammenhänge von Armutsstrukturen! Meine Ansicht, die Regierung trage Mitverantwortung an der Armut, teilte Uri nicht. Es gab Momente, da konnten wir keinen Bezug zueinander herstellen und unsere unterschiedlichen Sichtweisen nicht überbrücken. Aber ich schätze seine Leidenschaft. Außerdem bin ich ihm sehr dankbar, dass er mich in das Seminar von Dan Bar-On eingeladen hat«, lenkt Jamal ein. Und dann lacht er und sagt etwas, das mich erstaunt: »Weißt du, ich habe begriffen, dass wir beide kompliziert und eigensinnig sind.« Deutlicher hätte Jamal nicht artikulieren können, wie selbstbewusst er geworden ist. Er ist in der Lage, die Unterschiede zwischen Uri und sich zu akzeptieren und trotzdem bei sich und seinen Einstellungen zu bleiben. Wenn ich bedenke, welch weiten Weg Jamal zurückgelegt hat, um zu diesem Punkt zu kommen, verbeuge ich mich vor seiner Leistung.

Auf der Hinfahrt nach Beer Sheva hatte Uri mir seine Eindrücke von seinem Projektpartner geschildert: Jamal habe ihn durch sein freundliches Lächeln sofort eingenommen. »Mir war nicht bewusst, dass diese allzeit freundliche Zustimmung seine Art war, mit Menschen umzugehen. Ich erinnere mich, dass Juden in der

Schweiz nicht immer offen sagten, was sie dachten. Beduinen sind bei der ersten Begegnung ebenfalls sehr zögerlich, sie wollen jemandem von der jüdischen Mehrheit nicht widersprechen. Das ungefähr Einzige, was Jamal und ich zu Beginn gemeinsam hatten, war unser Geschlecht. Er ist noch jung, ich hätte glatt sein Großvater sein können. Ich bin Ingenieur und Informatiker, er dagegen hat einen Abschluss in Gesundheitswesen. Er lebt im Süden, ich im Norden. Kulturell sind wir gänzlich verschieden: Er kam im Zelt seiner Großmutter zur Welt, während ich meine Kindheit in einer jüdischen Familie in der Schweiz verbrachte und in Israel als ›Jekke‹, als deutscher Immigrant, betrachtet werde. Für mich ist es selbstverständlich, pünktlich zur vereinbarten Zeit zu erscheinen, ›Beduinenzeit‹ indes bedeutet, auch eine halbe Stunde zu spät zu kommen. Jamal erschien es nicht dringlich, unsere Dialogarbeit rechtzeitig vorzubereiten und die Kandidaten sorgfältig auszuwählen – irgendwie werde sich schon alles richten.

Für mich indes war das sehr wichtig. Wir konnten uns noch nicht einmal auf einen Termin für das erste Treffen einigen!« Zwischen ihnen hätten gänzlich andere Lebensphilosophien gestanden, erklärt Uri: »Natürlich betrachte ich soziale Themen anders als Jamal. Ich bin schon am Ende meines Lebens und habe mich selbst emporgearbeitet. Das beeinflusst meine ganze Lebenseinstellung. Es stimmt, ich finde, dass jeder für sein Tun (und Nichtstun) verantwortlich ist. Es ist gerade dieses Nichtverantwortlichsein, das so gerne benutzt und ausgenutzt wird. (Zum Beispiel frage ich mich, warum die Palästinenser keine Verantwortung für den Anfang des Bürgerkriegs am 30. November 1947 übernehmen?) Doch geht Jamal zu weit, wenn er mich so versteht, als meinte ich, dass Menschen an ihrer Lage selbst schuld seien. Die Umgebung hat selbstverständlich viel Einfluss auf jeden von uns.

Auch unter schwierigen Umständen kann ein Mensch allerdings versuchen, seine Lage, wenn nicht ganz zu verändern, so doch wenigstens ein bisschen zu verbessern. Das Schicksal (oder Andere) zu beschuldigen und nichts zu tun, weil es ›mit Allah‹ komme: Das ist nicht meine Lebensweise.

Als wir mit unserem Projekt begannen, hatte ich klare Ziele und dachte, ich wüsste, wie wir sie erreichen, da ich der Ältere und Erfahrenere von uns beiden bin. Jamal hingegen war zerrissen zwischen den Lebensweisen der traditionellen Beduinen und der modernen Städter. Es fiel ihm schwer, sich zwischen dem Weg des Älteren und seinem eigenen zu entscheiden«. Freilich bemerkte Uri auch, dass es dem Jüngeren leichter als ihm fiel, Kontakte zu knüpfen – er sei oft zu nachdenklich, steif und beim Small Talk gehemmt. Jamal sei außerdem sensibler für die Nuancen im Verhalten der Gruppenteilnehmer. Es gab vieles an ihm, das Uri rasend irritierte. Einmal habe seine Lebensgefährtin Hanna zu ihm gesagt: »Du versuchst, zwei verschiedene Gruppen zusammenzubringen, und kannst dich noch nicht einmal mit einer einzigen Person aus einer anderen Kultur einigen!« Das habe ihn ins Straucheln gebracht: Vielleicht hatte Jamal doch auch Eigenschaften und Herangehensweisen, die es sich anzusehen lohnte? Uri beschloss, den Dingen ihren Lauf zu lassen, nicht so penibel zu planen, gelassener zu werden. Er sagt, er habe gelernt, sich auf die Unterschiede einzulassen, anstatt darüber ständig zu streiten. Wenn Jamal angerufen habe, sei er vor Ärger nicht mehr »durch die Decke gegangen«. Ich erinnere mich, dass Uri und Jamal im Hamburger Seminar von Dan Bar-On einmal gebeten wurden, ihre Erfahrungen schriftlich niederzulegen. Als es um die Aufgabenbeschreibung ging, schlug Uri vor, dass er den »objektiven Bericht« übernehme und Jamal seine Gefühle und Gedanken aufschreibe. Es war eine Schlüsselszene, denn Dan hinterfragte sofort Uris Konzept von Objektivität: Ob Jamals Sicht, nur weil sie sich vielleicht anders darstelle, etwa nicht objektiv sei?

Jamal und ich sitzen entspannt auf dem Rasen des äußerst belebten Universitätscampus. Grüppchen von Studenten schlendern vorbei, Jamal grüßt einige von ihnen. Die Schule schloss er mit hervorragenden Zensuren ab. Sein älterer Bruder hatte sich unterdessen zum Offizier der israelischen Verteidigungskräfte hochgedient, jedes Wochenende sog die Familie seine Geschichten auf. Eigentlich sollte Jamal seinem Beispiel folgen, doch er hatte andere Vorstellungen und Pläne. Da er Araber ist, war er auch nicht gezwungen, Militärdienst zu leisten (was wie ein möglicher Vorteil klingt, von vielen israelischen Palästinensern jedoch als Diskriminierung empfunden wird). Jamal wollte weiter lernen und brachte es fertig, an der Ben-Gurion-Universität einen Studienplatz für Gesundheitswesen zu bekommen. Um dieses Studium zu finanzieren, bewarb er sich für Sozialarbeit in einem sehr armen Stadtteil von Beer Sheva – in Shekhunat Dalet. Im Gegenzug stellte man ihm mietfrei eine kleine Wohnung zur Verfügung. Für seine Familie, vor allem für seine Mutter, war es unverständlich, dass Jamal seinem Clan den Rücken zu kehren schien, zumal Shekhunat Dalet bekannt für Verbrechen und Drogen ist. Doch er setzte sich durch.

Das war noch in zweiter Hinsicht ein mutiger Schritt, denn in diesem Sozialprojekt war er der einzige Araber. Es dauerte lange, bis er die Bewohner überzeugen konnte, dass ein Beduine Juden helfen kann. Das Misstrauen gegen Außenseiter ist groß, vor allem gegen Beduinen, denen man nachsagt, sie seien kriminell, verführten die jungen Mädchen und brächten sie in Abhängigkeiten. Wenn Jamal mit all seiner Liebenswürdigkeit alten Menschen seine Unterstützung oder Eltern Nachhilfe für ihre Kinder anbot, legten sie rüde den Telefonhörer auf oder erschienen nicht zum vereinbarten Termin. In Shekhunat Dalet leben vor allem Mizrahim, Juden, deren Vorfahren aus muslimischen Ländern stammen. Jamal beschloss, sie im Park zusammen mit Beduinen zu einem Kulturnachmittag mit Musik und Essen einzuladen. Seine Mutter überwand ihre Vorbehalte, buk für diesen Anlass Brot und nahm sogar teil. Es war für sie eine beeindruckende Erfahrung, festzustellen, dass Mizrahim und Beduinen mit ähnlicher gesellschaftlicher Benachteiligung und kulturellen Barrieren zu kämpfen haben. Nach dem Fest ließen es viele jüdische Familien endlich zu, dass Jamal ihren Kindern bei den Hausaufgaben half.

Zeitweilig teilte Jamal seine Wohnung mit einem jüdischen Siedler aus der Siedlung Ma'aleh Adumim bei Jerusalem. »Wir waren sehr verschieden. Im Gegensatz zu ihm glaubte ich an Koexistenz und Zusammenarbeit«, sagt Jamal. Sie stritten häufig, hatten aber zugleich Gelegenheit, ihre radikal entgegengesetzten Sichtweisen zu begreifen. »Die Politik hatte natürlich einen großen Einfluss auf unsere Beziehung, gleichwohl freundeten wir uns an, und ich hoffe, dass er seine Meinungen durch das Zusammenleben mit mir, einem Araber, ein wenig geändert hat«, so Jamal. In seinem zweiten Studienjahr fuhr er mit ungefähr 150 anderen israelischen Studenten zum Holocaust-Gedenktag auf den »Marsch der Lebenden« nach Polen. Wieder war er der einzige Araber unter Juden. Er musste viele Fragen nach seiner Motivation über sich ergehen lassen, denn es ist keineswegs üblich, dass Araber sich mit der Shoah auseinandersetzen. Er habe begreifen wollen, was während der Judenvernichtung damals passiert sei, antwortet Jamal jedes Mal – so etwas dürfe nie wieder geschehen.

2004 erhielt Jamal ein Stipendium für ein Studienjahr in Kanada: ein Kurs für Israelis, Palästinenser und Jordanier. Seine Mutter hatte noch nie in ihrem Leben von Kanada gehört. »Die Jordanier waren sehr traditionell und mit ihrem Königreich verbunden. Die Israelis sehnten sich oft nach ihrem Zuhause, dessen Wichtigkeit ihnen erst in der Fremde aufging. Die Palästinenser waren stark nationalistisch. Ich passte in keines dieser Schemen und wurde von den drei Gruppen ausgeschlossen«, beschreibt Jamal seine Situation. In Kanada sah er zum ersten Mal Schnee. Als er nach einem Jahr heimkehrte, hatte er sich sehr verändert – seine Umgebung aber nicht. Das brachte ihn noch mehr in eine Außenseiterrolle. Er begann, im Beratungszentrum von Shekhunat Dalet den praktischen Teil seines Studiums zu absolvieren, und entwickelte Gemeindeprogramme, um die beduinische Bevölkerung der Umgebung einzubeziehen. »Das half mir über meinen Kulturschock hinweg«, erinnert er sich. Seit 2007 arbeitet Jamal als Berater für arabische Studenten an der Ben-Gurion-Universität. Doch aus seiner Randstellung – zwischen seiner Herkunftsfamilie und -gruppe und der jüdischen Mehrheit – bezieht er auf seiner Suche nach Identität mittlerweile Kraft. Dieser frühere Nachteil ist heute sein Privileg – nur wenige Beduinen schaffen den Sprung aus ihrem Stamm in die dominante jüdische Welt Israels. Jamal ist entschlossen, sich seinen Platz in dieser Gesellschaft zu erkämpfen. Er will gleichberechtigt sein und beginnt, mit der unauflöslichen Ambivalenz seiner Existenz zwischen den beiden Kulturen zu leben und die dadurch erzeugten inneren Spannungen zu ertragen. Es gibt jedoch auch Tage, da wird ihm alles zu viel, da entstehen starke Ängste, Zweifel und Unsicherheiten, und dann fühlt er sich einsam.

Fast wie gerufen steht Uri vor uns, um uns pünktlich für das Gruppentreffen abzuholen. Während wir über den Campus gehen und Jamal auf dem Weg zum Treffen rasch noch dieses und

Jamal Alkirnawi und Imm Hashim, seine Mutter

jenes erledigt, wozu das Beantworten von Telefonaten auf dem Mobiltelefon gehört, nimmt Uri mich beiseite. Ein Gruppenmitglied, die Beduinin Leila, habe ihn angerufen und für heute abgesagt. Sie habe sich ausdrücklich bei ihm und nicht bei Jamal gemeldet, deshalb dürfte ich Jamal davon nichts erzählen. Leilas Schwester sei spurlos verschwunden, der Vater vermute, Leila wisse, wohin, und verrate es nicht, deshalb habe er sie zu Hause eingesperrt, Hausarrest. Leila sei zutiefst verzweifelt, sagt Uri, sie habe Angst um ihr Leben. Jamal dürfe auf keinen Fall etwas erfahren – er gehört zu einem anderen Clan und bleibe in ihren Augen trotz aller Unterschiede Teil der partriarchalisch strukturierten beduinischen Gesellschaft. Es gebe Gerüchte, sagt Uri, dass Leilas Schwester einen Boyfriend habe und nach Deutschland geflohen sei. Ich bin erschrocken über diese Geschichte: Leila scheint aus einer sehr konservativen, traditionellen Familie zu stammen – jeder der vielen verschiedenen Beduinenstämme in Israel hat andere Sitten und Wertvorstellungen. Zugleich irritiert mich, wie Uri mir diese Geschichte vermittelt. Obwohl er Leila als Gruppenmitglied offensichtlich schätzt, wirkt sein Bericht so, als fühle er sich in seinem verallgemeinerten Bild von Beduinen und Arabern bestätigt: Voilà, sie unterdrücken ihre Frauen. Er klingt mir trotz seiner berechtigten und durchaus ernst gemeinten Besorgnis fast ein wenig zu »gönnerhaft«, als erhebe auch er sich wie so viele über die andere Kultur. Was mich aber noch mehr wundert, ist, dass er seinen Partner Jamal in dieses Geheimnis nicht einweiht. Freilich handelt Uri moralisch richtig, weil er sich strikt an die Bitte der Verschwiegenheit hält; andererseits macht er sich dabei unbeabsichtigt zum »Komplizen« eines Unrechts gegenüber der jungen Frau. Und zeigt sich da nicht auch wieder die Asymmetrie zwischen den beiden Männern und ein gewisser Mangel an Vertrauen? Doch dann erinnere ich mich, mit welcher Gelassenheit und Souveränität Jamal bemerkt hatte, Uri und er seien eben beide nicht einfach. Kurz bevor wir das Universitätsgebäude betreten, in dem die Gruppenteilnehmer sich treffen werden, denke ich, dass es in jeder Konstellation bei der Zusammenarbeit zweier oder mehrer Menschen Machtkämpfe und Konkurrenzen gibt; dazu muss man nicht unbedingt in den Nahen Osten reisen.

Ofra trägt einen Minirock, hohe Stiefel und eine Brille. Ihre dunklen Haare hat die 26-Jährige ordentlich am Hinterkopf zurückgesteckt, beim Beruferaten würde man vielleicht auf Studienrätin tippen. Die junge Frau studiert indes Öffentliche Ordnung und Management an der Ben-Gurion-Universität. Sie ist das letzte von acht Kindern marokkanisch-jüdischer Einwanderer und lebt im Stadtteil Shekhunat Dalet. Ofra wartet vor dem Seminarraum, den die Gruppe nutzen darf – für Dialogarbeit sind passende Räumlichkeiten eine wichtige Voraussetzung –, als ich mit den beiden Gruppenleitern die Treppe hinaufkomme. Wo die anderen denn blieben, fragt sie sichtlich irritiert. Pünktlichkeit und regelmäßiges Erscheinen waren in den vergangenen drei Jahren eines der Hauptprobleme beim Zusammenhalten dieser Gruppe.

So wie sie es bei Dan Bar-On gelernt haben, haben Uri und Jamal gezielt Leute gesucht, die sich für die Dialogarbeit eignen – Beduinen aus der Stadt Rahat und Bewohner des sozial schwachen Stadtteils Shekhunat Dalet. »Sie haben viel gemeinsam, aber noch mehr Vorbehalte gegeneinander«, so Jamal. Eines der Kriterien für die Auswahl war, dass die Kandidaten sich in ihren Gemeinden erfolgreich durchgesetzt haben – und sei es »nur«, dass sie studieren –, damit sie sich über diese Erfahrung austauschen konnten, es also von vornherein ein verbindendes Merkmal gab. Gemäß dem Ansatz des »Storytelling in Conflict« gilt es zunächst, sich in der eigenen Gruppe kennenzulernen. Jamal und Uri beschlossen, diesen Teil des Prozesses nicht individuell, sondern gemeinsam zu leiten. Sie einigten sich auf Hebräisch als gemeinsame Sprache, weil die arabischen Israelis das als Staatsbürger beherrschen, andersherum die jüdischen aber kein Arabisch sprechen. »Das ist ein gutes Beispiel dafür, wie die Mehrheit ihre Interessen gegenüber der Minderheit durchsetzt«, gesteht Uri. Die beiden Männer informierten beide Gruppen über die Grundregeln ihrer Zusammenkünfte: Diskretion, kein Wort nach außen; Verbindlichkeit; Vertrauen; gegenseitiger Respekt und Unterstützung, keine Konfrontationen; Augenkontakt; aktives Zuhören und Reflexion. Für sie war das ein Abenteuer, noch nie hatten sie sich mit dieser Form der Konfliktbearbeitung beschäftigt. Entsprechend groß war die Anspannung und auch die Unsicherheit.

Bei den Beduinen kamen zwei Frauen und fünf Männer – weniger, als Jamal eingeladen hatte, aber immerhin auch Frauen, was keine Selbstverständlichkeit ist, denn der Anstand gebietet es, dass nicht miteinander verwandte Frauen und Männer sich nicht gemeinsam in einem Raum aufhalten. Die Frauen gehörten auch nicht zu jenen, die in der Runde viel über ihre Lebensgeschichte preisgaben. Das war Teil des Kennenlernprozesses. In den Geschichten ging es um Familienangelegenheiten, Bildung, Probleme am Arbeitsplatz, Liebeskummer. »Dieses Erzählen schuf innerhalb der Gruppe Zusammenhalt«, sagt Jamal. »Es entstanden jedoch auch Spannungen und Konkurrenz.« Er war bei den ersten Treffen froh, dass er Uri an seiner Seite hatte: als »weisen« Älteren und dazu noch mit einem Doktortitel. »Das verlieh unserem Unternehmen Legitimität«, sagt Jamal, der aus seinem asymmetrischen Verhältnis zu Uri in diesem Fall durchaus einen Vorteil zu ziehen versteht.

In der jüdischen Gruppe traten sie ebenfalls gemeinsam als Team auf. Hier kamen die vier Teilnehmer auch oft zu spät, aber sie kamen zumindest zuverlässig jedes Mal, während in der Gruppe der Beduinen Fluktuation herrschte. Das einzige Mal, als die jüdischen Teilnehmer offen ihre Gefühle gegenüber Beduinen äußerten, war, als Jamal im Ausland war. »Sie hatten viele Vorurteile. Doch nachdem sie diese ausgesprochen hatten, erinnerten sie sich an positive persönliche Erfahrungen mit Beduinen, die sich mit ihren Klischees nicht deckten«, sagt Uri. Der Boden für das Zusammentreffen der beiden Gruppen war bereitet.

Ofra erzählt mir, dass sie vor der ersten Sitzung misstrauisch und angespannt war, denn sie wusste nicht, was sie erwartete. Mit Beduinen hatte sie bislang nie persönlichen Kontakt gehabt, und die Stereotype, mit denen sie aufgewachsen war, machten ihr Angst. Trotz aller Vorbehalte und Befürchtungen entwickelte sich in der Gruppe durch das gegenseitige Erzählen der Lebensgeschichte bald eine freundliche, kooperative Atmosphäre. Allerdings störte Ofra das »Machoverhalten der Beduinen« und deren Konkurrenzgebaren, das diese nicht zuletzt in Bezug auf Jamal an den Tag legten. Für die Beduinen war Jamal ein Rätsel und ein Neidobjekt: Warum er nicht verheiratet sei, fragten sie ihn häufig.

Ihre Minderwertigkeitskomplexe versuchten die jungen Männer zu überdecken, indem sie sich Titel verpassten oder mit Erfolgserlebnissen prahlten. Die Juden in der Gruppe waren dagegen entspannter, weniger unter Druck, sich beweisen zu müssen. »Ich habe meine Vorurteile durch unsere Begegnungen nicht beseitigt, aber ich verstehe die Beduinen sehr viel besser und habe Mitleid entwickelt, weil sie heimatlos und orientierungslos sind. Es ist sehr schwer für sie, Arbeit zu finden, vor allem für die Frauen, selbst wenn sie gut ausgebildet sind«, sagt Ofra. Einige vorgefertigte Bilder habe sie indes überwunden – etwa, dass Beduinen keine Fernseher oder Computer besäßen. Mit den jungen Frauen verstand sie sich besonders gut, weil sie einen ähnlichen kulturellen Hintergrund haben, ähnliche Werte und ähnliche Probleme. Mizrahiot, Jüdinnen mit Vorfahren aus dem Nahen und Mittleren Osten sowie dem Maghreb, wüchsen meist genauso überbehütet auf wie die Töchter von Beduinen, es gebe keine Freiheit. In ihrer Familie sei sie die Erste, die studiert, sagt Ofra, noch immer ein wenig schüchtern. Das Storytelling in der Dialoggruppe habe ihr geholfen, ihre eigene Geschichte in Relation zu setzen: »Es war hilfreich zu merken, dass andere aus viel schwierigeren Lebensverhältnissen kommen als ich.«

Unterdessen haben wir uns in den Raum gesetzt, in dem das Treffen – es ist das zwölfte innerhalb von mehr als einem Jahr – stattfinden soll. Eben sind Yuval, Jude aus Shekhunat Dalet, und Salah, Beduine aus Rahat, eingetroffen, bereits eine halbe Stunde nach dem vereinbarten Termin; von den sieben weiteren Teilnehmern noch keine Spur. Uri entschuldigt Leila, doch er schweigt und verrät nicht, in welcher Notlage sie sich befindet. Ofra fragt, ob man sie nicht besuchen könne, doch diese Idee wird nicht konkretisiert; Ofra ist noch nie von einer der Beduininnen nach Hause eingeladen worden, andersherum hat auch sie noch keinen Besuch von ihnen bekommen. Uri hat sich auf einen Stuhl gesetzt, das Gesicht unablässig auf den Schreibblock und seine Notizen gerichtet. Da ich ihn kenne, merke ich, wie sich seine wachsende Anspannung durch eine körperliche Verkrampfung ausdrückt, seine Frustration über das zu späte Kommen der Teilnehmer zeichnet sich in seinem Gesicht ab. Jamal agiert seine Nervosität aus, indem er im Raum auf und ab geht und über sein

Mobiltelefon versucht, die noch fehlenden Gruppenmitglieder zu erreichen. »Beduinenzeit«, sagt Uri fast entschuldigend in meine Richtung. Dabei sind mit Ausnahme von Ofra auch die jüdischen Israelis nicht pünktlich erschienen. Als die drei Anwesenden gerade begonnen haben, sich im Stuhlkreis zu unterhalten, geht die Tür auf und Khalil tritt ein. Der hagere junge Beduine mit dem Kurzhaarschnitt, in Turnschuhen und gebügelten Jeans, hat monatelang nicht teilgenommen, weil er nach einer Streiterei, die mit Kindern anfing und in Gewalttätigkeiten und sogar Schießereien zwischen den Erwachsenen endete, seinen Clan schützen musste. Nach arabischer Tradition gab es eine »Sulha« – eine durch Vermittlung Dritter mündlich getätigte Vereinbarung –, der Konflikt ist jetzt beigelegt. Freudig wird Khalil in den Kreis wieder aufgenommen. Er erzählt von einigen anderen gewaltsamen Auseinandersetzungen in seiner Gemeinde. Salah bemerkt, früher sei man bewundert worden, wenn man Blutvergießen verhinderte, heute hingegen werde man dafür als Feigling angesehen. Zur Sprache kommen auch die Alkoholprobleme unter jungen Beduinen – die jüdischen Teilnehmer inklusive Uri stoßen dabei auf ein weiteres Klischee: dass Muslime nie Alkohol tränken! Dann geschieht etwas, das in all den vorherigen Sitzungen stets vermieden wurde: Die vier sprechen über ihre Identität und über Politik, über Themen, die sie vorher stets ausgeklammert haben, weil sie vermutlich befürchteten, an dialogische Grenzen zu stoßen und sich hoffnungslos zu zerstreiten. Jetzt aber kommen alle möglichen Stigmata zur Sprache. Ofra hat mittlerweile ihre strenge Frisur gelöst und schiebt ihr langes Haar mithilfe ihrer Brille aus der Stirn, sie lacht und strahlt und wirkt plötzlich gar nicht mehr wie eine strenge Studienrätin, sondern wie eine aufgeweckte Studentin, die auf dem besten Weg ist, die Welt zu erobern. Die Atmosphäre ist entspannt und positiv. Auch Uri und Jamal scheinen beglückt zu sein, dass der Prozess der Verständigung weitergeht und die Teilnehmer eine große Hürde überwunden haben. »Das erste Mal haben Juden und Beduinen in dieser Gruppe sehr offen ihre Frustrationen und Ängste ausgedrückt«, sagt Uri, dem aufgefallen war, wie sehr er die Gegenseite an seinen eigenen Standards misst. »Ich bin viel toleranter und geduldiger geworden«, sagt er. »Ich habe gelernt, die Anderen zu akzeptieren und meine Kultur nicht für die überlegenere zu halten. Ich kritisiere zwar einige Gewohnheiten der Beduinen, aber ich verstehe auch, woher sie kommen und unter welchem ungemeinen Druck diese Gemeinde steht, die sich von einem semi-nomadischen zu einem modernen Lebensstil bewegt.« Jamal stellt fest, dass er sich durch die Gespräche selbst verändert hat, und während er spricht, sehe ich so etwas wie Karma, das von dem jungen, einst so ungeheuer schüchternen Mann ausstrahlt: »Die Lebensgeschichten der Anderen sind ein Spiegel meines eigenen Lebens. Es gibt so viele Themen, mit denen jeder von uns täglich zu kämpfen hat. Wir sind mit sehr ähnlichen Problemen konfrontiert. Es ist kaum zu glauben, dass wir so nahe beieinander leben und trotzdem so viel Angst voreinander haben.«

Ambivalenzen

Besuch in einem armen Stadtviertel im Negev

Es ist schon dunkel, als das Treffen endet und sich alle per Handschlag verabschieden, auch bei mir, der stillen Beobachterin. Jamal und ich bringen Uri zum Zug zurück, denn er will heute Abend wieder bei seiner Hanna sein. Wir spazieren quer über den Campus, einen überdachten Weg entlang, und tauschen uns angeregt über das soeben Erlebte aus. Aus den Lautsprechern tönt laute Schlagermusik, und ich erinnere mich an das Lied von Arik Einstein »Ani Ve Ata« (»Du und ich, wir werden die Welt verändern, und die anderen werden folgen«), das in den 1970ern ein Kultlied war. Als Uri bemerkt, dass sein Zug gleich abfährt, verabschiedet er sich hastig und eilt durch die Sicherheitsuntersuchung zum Bahnsteig. Kurz darauf sitze ich in Jamals etwas klapprigem alten Renault, und wir fahren von Beer Sheva zwölf Kilometer durch die Wüste zu seinem Wohnort Rahat. 1972 von der Regierung für Beduinen aus dem Sand gestampft, hat diese Stadt mittlerweile über 43000 Einwohner, 65 Prozent davon unter 19 Jahren. Obwohl die Arbeitslosenrate hier besonders hoch ist, gibt es kein Arbeitsamt. Auch öffentliche Transportmittel existieren in diesem Ort nicht, und für alle Bewohner stehen nur eine Bank und ein Postamt zur Verfügung. Rahat ist ein trostloses Nest oder, wie Jamal sagt: »ein großes Hotel« – die meisten Menschen kämen nur zum Schlafen her, weil es hier keine Arbeit gebe und auch keinerlei Angebote, um die häufig im Übermaß vorhandene Freizeit sinnvoll zu gestalten. Die staatliche Grundstücksverwaltung (ILA) beteuert zwar, sie wolle die Infrastruktur verbessern, bislang ist dergleichen jedoch nicht geschehen. Auch ich werde Rahat heute als Hotel nutzen und bei Jamals Familie übernachten. Bei der schwachen Straßenbeleuchtung ist sein Haus kaum zu erkennen. Es ist einfach gebaut und wurde vermutlich möglichst kostengünstig und schnell hochgezogen. Anstatt hineinzugehen, führt Jamal mich direkt unter das große Zeltdach hinter dem Haus. Die meisten Beduinen haben ihre alte Lebensweise in der Stadt nicht ganz aufgegeben und versuchen, ihre Identität als Nomaden in ihre Existenz hinter den Mauern zu integrieren. Ziegen meckern in der Nähe, und tatsächlich befindet sich versteckt zwischen den Häusern ein Gehege mit den Tieren der Alkirnawis. Jamal zeigt mir die kleine Stadtfarm. Schließlich sitzen wir auf einem großen, verschlissenen Sofa, vor uns der Teetisch. Es ist sehr still, und ich frage mich, wo Jamals Mutter wohl stecken mag, bei der er noch wohnt, weil er bislang nicht geheiratet hat. Jamal gibt sich alle Mühe, ein guter Gastgeber zu sein, damit ich mich wohlfühlen möge. Er macht auf mich aber zugleich den Eindruck, sich selbst nicht ganz wohlzufühlen, vielleicht verunsichert es ihn, mich mit seinen Lebensumständen zu konfrontieren, schließlich haben wir uns bislang überwiegend im gut situierten Hamburg getroffen? Unsere Unterhaltung verläuft stockend. Plötzlich öffnet sich hinten im Haus eine Tür, und eine junge Frau in langem Gewand, das Haar unter einem Kopftuch, kommt mit einem riesigen Tablett heraus. Es ist Jamals 22-jährige Schwester Souad, die an einer Schule in Rahat unterrichtet. Mit leisen Worten und einem flüchtigen Blick in meine Richtung stellt sie das Tablett vor uns auf den Tisch, und bevor ich mehr als »Masa'-al-Kheir« – arabisch für »Guten Abend« – sagen kann, ist sie schon wieder verschwunden. Jamal verteilt die gefüllten Schüsseln mit Eiern, gekochtem Gemüse, Fleisch, Hommus und Fladenbrot sowie den Tee und Saft vor mir auf dem Tisch, und wir essen gegen unsere Müdigkeit an. Nach einer Weile kommen die Sinne zurück, und da dergleichen erfrischt, stimme ich zu, noch an diesem Abend den Beduinen Salah zu besuchen, um von ihm persönlich zu erfahren, wie es ihm in der Dialoggruppe erging. Zunächst will ich jedoch Jamals Familie guten Abend sagen, die sich über meinen Besuch freut und mich mit einer gewissen Aufregung erwartet. Wir gehen ins Haus, das schlicht eingerichtet ist und die notwendige Infrastruktur wie Küche und Bad besitzt. Jamals Mutter kommt auf mich zu. Sie hat ein wunderschönes Gesicht, auch wenn sie viel älter aussieht, als sie ist. Imm Hashim – die »Mutter von Hashim«, Jamals älterem Bruder – trägt ein bunt besticktes schwarzes Beduinenkleid und freilich auch ein Kopftuch. Sie begrüßt mich wortkarg, aber freundlich. Auch Jamals jüngste Schwester lebt noch im Haus, sie macht gerade ihren Schulabschluss und hofft, später Psychologie studieren zu können. Die vier anderen Kinder wohnen längst nicht mehr zu Hause. Beide Schwestern sind neugierig, mich kennenzulernen, doch leider ebenso schüchtern, und so bleibt es meine Aufgabe, ihnen Fragen zu stellen und Konversation zu führen. Auch Jamal ist im Kreis seiner Familie nicht besonders gesprächig, es wird viel geschwiegen.

Die Zeit ist vorangeschritten, und ich dränge Jamal zum Aufbruch, um Salah zu besuchen. Im Auto geht es über holprige sandige Straßen zu dessen Haus. Salah ist Lehrer und lebt mit seiner Frau, seiner Tochter und anderen Verwandten in bescheidenen Verhältnissen. Jamal besteht darauf, mich mit dem Paar allein zu lassen, weil er meint, sie könnten durch seine Anwesenheit gehemmt sein und sich an ihm als Leitfigur orientieren. Nisreen, Salahs Frau, unterstützt mich bei der Unterhaltung – ihr Englisch ist perfekt, es ist überflüssig, mein rostiges Arabisch zu aktivieren. Traditionell gekleidet sitzt Nisreen neben mir auf dem plüschigen Sofa und blickt mich mit intelligenten Augen an. Sie ist sehr lebhaft und äußerst sympathisch. Salah ist 1979 in Rahat geboren, er ist sehr groß und hager, sein Gesicht hat tiefe Furchen von der Sonne und vielleicht auch von den Sorgen. Er erzählt mir, sehr ruhig und etwas stockend (»Er ist nicht sehr gesprächig«, sagt seine Frau lachend), von der riesigen Familie, aus der er stammt, von seiner schwierigen Kindheit in Armut und vom frühen Krebstod seines Vaters. Der Vater war aufgeschlossen und bestand darauf, dass seine Kinder, auch die Mädchen, die Schule besuchten. Nisreen, fünf Jahre jünger als ihr Mann, stammt aus gut situierten Verhältnissen, ihr Vater hat es bis zum Kommissar in Beer Sheva gebracht und ermutigte seine Kinder, zu diskutieren und ihren Gedanken Raum zu verschaffen. Hausarrest, wie er über Leila verhängt wurde, konnte Nisreen bei ihrem progressiven Vater nicht passieren: Beduinen sind eben nicht gleich Beduinen, Araber nicht gleich Araber oder Israelis gleich Israelis. Die Traditionen ihrer »Vormütter« hat die junge Frau, die ebenfalls Lehrerin ist, von ihrer Großmutter übernommen. Diese erzählt noch heute über den Krieg von 1948 und von der Flucht der meisten Familienmitglieder nach Jordanien. Sie weigert sich, in ein Haus zu ziehen, und lebt nebenan in einem Zelt.

Nisreens Verbindung zu Salah kam durch eine Empfehlung ihrer Schwester zustande, es war »eine arrangierte Ehe«. Nisreen vertraute dem Urteil ihres Vaters, und sie betont mit einem überzeugenden Strahlen, seine Entscheidung sei richtig gewesen. Als sie an der Ben-Gurion-Universität studierte, hatte sie die Gelegenheit, einen Kurs mit Dan Bar-On zu besuchen, der dort Psychologie lehrte. »Das hat mein Leben verändert«, sagt sie, »denn es war das erste Mal, dass ich die Gelegenheit bekam, Juden etwas über mein Leben als Beduinin zu erzählen.« Auch Salah bestätigt, wie wichtig es für ihn in der Gruppe mit Jamal und Uri gewesen sei, dass die anderen ihm Raum gegeben hätten, sich zu zeigen, dass sie ihn angehört und wahrgenommen hätten. Wir plaudern noch eine Weile und tauschen E-Mail-Adressen aus, bis Jamal zurückkehrt, um mich abzuholen.

Als wir zu ihm nach Hause kommen, sind seine Mutter und ihre beiden Töchter bereits schlafen gegangen. Die Tür zu ihrem Schlafzimmer ist geöffnet, sie ruhen nebeneinander auf Matratzen. Ihre Schuhe stehen ordentlich aufgereiht vor der Tür. Ich schleiche mich ins Wohnzimmer, wo die Frauen mir ein Lager vorbereitet haben – eine Matratze auf dem Boden, geblümte Bettwäsche, eine Wolldecke. In einer Ecke steht ein Computer, in der anderen ein Fernseher, eine Sitzreihe, ein Teetisch. Ich brauche eine Weile, mich bei all diesen Ortswechseln und Anachronismen selbst zu verorten, und versinke in einen tiefen Schlaf, während dessen ich im Zuge all der vielschichtigen Eindrücke im Traum nach Klarheit suche oder wohl vielmehr nach einer Eindeutigkeit, die ich nie finden werde. Am frühen Morgen wird mir Tee, Käse und Brot im Zelt serviert. Zu spät erfahre ich, dass auch Jamals Großmutter auf dem Grundstück in ihrem eigenen Zelt lebt; sie ist gebrechlich und wird von Imm Hashim gepflegt. Ich hätte sie gerne aufgesucht. Jetzt aber müssen wir eiligst aufbrechen, denn wir sind schon wieder zu spät – Uri würde sich die Gelegenheit vermutlich nicht entgehen lassen, »Beduinenzeit!« zu rufen und uns schmunzelnd zuzuzwinkern. Ich verabschiede mich von Jamals Familie, und schon holpern wir durch Rahat zur Hauptstraße nach Beer Sheva. Jamal macht einen Abstecher zu einem Wohngebiet mitten in der Wüste. Er möchte mir sein Grundstück zeigen, auf dem er sein eigenes Haus bauen will. Dass er dort unter den jüdischen Israelis nicht wirklich willkommen ist, weiß er. Dennoch besteht er darauf, sich hier seinen Platz zu erobern, schließlich ist er ein Israeli. Das ist mutig – und ungewöhnlich, denn es passiert selten, dass ein Araber sich unter Juden mischt. Wir fahren bis zum elektrischen Tor in der Umzäunung, und Jamal holt die Fernbedienung zum Öffnen hervor. Doch plötzlich zögert er und wendet nervös den Wagen: ein andermal. Der Weg zur Gleichberechtigung ist eben noch weit.

In der schicken Cafeteria »Aroma« auf dem großzügigen, modernen Campus der Beer-Sheva-Universität bestellen Jamal und ich bei der hübschen Kellnerin mit der roten Schirmmütze einen »Haffuh«. Wir haben einen Termin mit einer Sozialarbeiterin, die in Shekhunat Dalet arbeitet. Bald stolziert sie mit wallender Körperpracht auf Stöckelschuhen an unseren Tisch. Sie heißt Rinat und stammt aus Rumänien: »Wir sind die Marokkaner Europas«, sagt sie und spielt auf die Klassenunterschiede in Israel an. Sie erzählt, dass der von ihr betreute Stadtteil vor allem von Einwanderern aus den 1950er-Jahren bewohnt werde, die der Staat damals meist in den Entwicklungsstädten in der Peripherie untergebracht hat. Es gebe in Dalet viel Kriminalität – aber auch viel Kultur und Zusammenhalt. Sagit hat gelbblondes Haar, ein opulentes Dekolletee und das entsprechende Selbstbewusstsein: »In Dalet herrschen fast mafiose Strukturen, aber wenn man ein kaputtes Auto hat, sind die Jungs hilfsbereit und genial beim Reparieren.« Kein Zweifel, sie liebt ihr Viertel, und sie schwärmt über die Vorabende zum Shabbat, an denen überall so viel gekocht werde, damit jeder, der spontan hereinschaue, eingeladen werden könne. Gastfreund-

Alexandra Senfft

schaft und gemeinsame üppige Mahlzeiten sind unter Mizrahim ein kulturelles Erbe aus der arabisch-islamischen Welt. »Die Osteuropäer in Israel erziehen ihre Kinder materiell, aber ohne Liebe. Bei den Arabern hingegen ist es genau andersrum. So wiegt sich alles auf im Leben!«, sagt Rinat mit ihrer optimistischen Art. »Bist du Araber oder Beduine?«, fragt sie Jamal nun geradeheraus. Diese Frage ist ihm sichtlich unangenehm; vermutlich kommt sie bei ihm so an, als erkundige sie sich, ob er in der Hierarchie der israelischen Gesellschaft als Araber den vorletzten oder als Beduine den tiefsten Rang belege. Er umgeht die Antwort geschickt, indem er sie auf der Sachebene anspricht. Er scheint bei Rinat einen politischen Ansatz zu vermissen, denn er weist sie auf die tiefen Gräben zwischen den gesellschaftlichen Gruppen hin sowie auf die Schwierigkeiten, eine Solidargemeinschaft zu schaffen.

»Wir haben seit Langem einen Kulturkampf in Israel«, erklärt mir später der Historiker und »Ha'aretz«-Kolumnist Tom Segev. »Wir haben einen Konflikt zwischen grundsätzlichen Werten der Gesellschaft und noch nicht entschieden, was für eine Gesellschaft wir sein wollen. Ursprünglich wollten wir eine europäische Gemeinschaft sein. Der Zionismus wurde in Europa ins Leben gerufen, und die Hoffnung war, im Nahen Osten ein europäisches Land zu schaffen. Das hat nicht funktioniert, vor allem, weil die meisten Menschen, die von Europa nach Israel kommen sollten, von den Nazis ermordet wurden. Deshalb musste sich die zionistische Bewegung anders orientieren und fand die Juden in den arabischen Ländern. Diese haben den Charakter Israels vollkommen verändert. Dann stellte sich heraus, dass es viel schwerer ist, Frieden mit den palästinensischen Arabern zu machen, als die Gründungsväter des Landes gedacht hatten. Deshalb gibt es das fast unauflösliche Dilemma, ob Israel der Staat der Juden oder der

Staat aller seiner Bürger sein soll. Wir sind eine tief gespaltene Gesellschaft, weil wir aus so vielen verschiedenen Ländern kommen. In Israel werden mehr als hundert Sprachen gesprochen. Es ist ein kleines Land, und mit dieser ungeheuren Vielfalt von Menschen ist es sehr schwer, eine Nation zu schaffen.«

Rinat schlürft ihren Kaffee und betrachtet ihre Fingernägel. Konkrete Informationen über die Kriminalität oder andere wichtige Themen in Shekhunat Dalet hat sie nicht parat, sie ist mehr daran interessiert, mir das Gemeindeblatt zu präsentieren, das sie mitherausgibt. Dieses Mal aber drängt Jamal zum Aufbruch, denn wir haben noch einen weiteren Termin im Gemeindezentrum von Shekhunat Dalet. Auf dem Weg dorthin fahren wir an heruntergekommenen Mehrfamilienhäusern mit schäbigen Fassaden vorbei, die beengten Verhältnisse kann man schon von außen erkennen. Wäscheteile hängen aus den Fenstern, die Straßen sind lustlos grau, kein Baum, kein Strauch weit und breit. Eine Sachbearbeiterin empfängt uns in einem barackenartigen Bau. Zuvor schließt sie das riesige Schloss einer Gittertür auf, das vor Angriffen und ungebetenen Besuchern schützen soll. Jamal und ich warten einen Moment, dann tritt aus seinem kleinen Büro der Chef des Gemeindezentrums. Er trägt ein schwarzes T-Shirt und schwarze Hosen im Schnitt eines Judodresses, an den nackten Füßen Sandalen. Der durchtrainierte Mann, wohl so Ende 40, heißt Avraham. Er ist fast glatzköpfig und hat intensive helle Augen. Seine Ausstrahlung ist herzlich und einnehmend. Mit kräftigem Händedruck und einem charmanten Lächeln bittet er uns in sein Büro und beauftragt sogleich eine Mitarbeiterin, uns einen Kaffee zuzubereiten. Avraham berichtet, dass Shekhunat Dalet Ende der 1940er-Jahre gebaut wurde und heute ungefähr 35 000 Menschen hier leben. Offizielle Statistiken habe er aber nicht, da müsste ich schon im Ministerium nachfragen. Ich wundere mich insgeheim, dass ich nun schon den zweiten Sozialarbeiter treffe, der keine Zahlen für seinen Bezirk nennen kann (oder darf?). »Es gibt hier eine Subkultur von Armut«, sagt Avraham und blickt mir direkt in die Augen. Die Leute hätten sich daran gewöhnt, von der Regierung versorgt zu werden, entsprechend groß sei die Erwartungshaltung. Seit den 1970er-Jahren sei viel investiert worden, aber das habe die Lage nicht verbessert, denn Hilfe zur Selbsthilfe sei nicht erfolgt. Eine durchschnittliche Familie von sechs Personen müsse mit 400 US-Dollar monatlich auskommen. »Die Bewohner von Dalet identifizieren sich mehr mit dem Verbrechen als mit der Regierung, sie kooperieren nicht mit den staatlichen Einrichtungen, das ist hier mehr wie ein Ghetto«, sagt Avraham und schlägt, fast schon in Yoga-Haltung, ein Bein über das andere. Drogen und Prostitution seien gang und gäbe, deshalb hätten sie auch die Gittertür vorne, denn früher hätten die Drogenabhängigen vor dem Haus gespritzt. Er trinkt einen Schluck Kräutertee und fährt fort: Dalet biete ein multikulturelles Nebeneinander, vor allem betagte Mizrahim, Russen, Äthiopier und palästinensische Kollaborateure wohnten hier. Die Russen passten sich gut an, die Äthiopier hingegen hätten da so ihre Probleme. Eine äthiopische Neueinwanderin habe einmal ihr Baby im WC gewaschen, weil sie nicht wusste, dass der Lokus zu anderen Zwecken genutzt wird. Die Kollaborateure zögen aus den palästinensischen Gebieten zu, wenn ihre Tarnung aufgeflogen sei und sie als Mitarbeiter des israelischen Geheimdienstes erkannt worden seien. Die Regierung biete ihnen Schutz und ein neues Zuhause, aber sie seien völlig isoliert und könnten nicht in ihre Heimat zurück, weil sie dort als Verräter gelten. Es gebe auch eine Reihe junger Frauen, die uneheliche Kinder von Beduinen hätten und als unanständig gälten.

35 Prozent der Kinder seien unterernährt, sie kämen regelmäßig ohne Frühstück in die Schule. Wieder spricht Avraham von

der »kultivierten Armut«, und ich merke, dass Jamal nicht nur sehr still geworden ist, sondern offensichtlich auch nicht einverstanden damit, wie dieser Sozialarbeiter über Armut spricht. Die meisten Hilfesuchenden in seinem Zentrum seien aus Mangel an Reflexionsvermögen nicht therapiefähig, sagt Avraham nun und sieht mich wieder sehr gewinnend an. »Auf einen leeren Magen lässt sich eine Therapie schlecht durchführen.« Alles, was sie hier tun könnten, wäre, die Menschen dort abzuholen, wo sie seien, sie nicht zu beurteilen oder zu verurteilen, sie menschlich zu behandeln und willkommen zu heißen. Jeder werde angehört und bekomme, wenn möglich, auch praktische Unterstützung. Ich merke, dass wir allmählich an die Grenzen dieser Unterhaltung stoßen und ich trotz Nachfrage nicht mehr viele Informationen erwarten kann. Ich mache noch einen Versuch, etwas über meinen Gesprächspartner selbst herauszufinden: Wo er denn vorher gearbeitet habe? »In der Wohlfahrt von Gush Katif im Gazastreifen«, antwortet er und fügt dann grimmig hinzu: »Bis Ariel Sharon uns 2005 rausgeschmissen hat oder, wie Sie wohl sagen würden, ›evakuiert‹.« Und dann erzählt er mir von den »Traumata«, die die Bewohner dieses Ortes, der in Wahrheit eine jüdische Siedlung war, durch den Abzug der Israelis aus Gaza erlitten hätten. Ich erstarre, als dieser so sympathisch wirkende Mann das sagt. Ganz offensichtlich ist er ein Nationalreligiöser und gehört zur Siedlerbewegung, die die palästinensischen Gebiete für ihr Land erklärt und die Palästinenser als Feinde betracht. Viele der Siedler im überbevölkerten Gazastreifen waren ideologisch radikal und lebten in ihren Enklaven geradezu provokativ inmitten überfüllter palästinensischer Flüchtlingslager, hoch umzäunt und schwer bewaffnet, in einem Scheinidyll von Meerespanorama mit Palmen, gelegentlich als Ferienressort mit Swimmingpool und Tennisplatz gestaltet. Mir bleibt die Luft weg, ich bin verwirrt. Etwas unbeholfen erwidere ich, dass ich seinerzeit für die UNO gearbeitet und die Lage von der anderen Seite des Zauns aus erlebt hätte. Avraham zeigt keine Regung, sein freundliches Lächeln scheint ihm zwar im Gesicht zu gefrieren, doch er versteht es, seine höfliche Miene aufrechtzuerhalten. Jamal rutscht unruhig auf seinem Stuhl herum und blickt zur Uhr. Es ist nun wirklich an der Zeit zu gehen, sage ich, und Avraham scheint darüber nicht traurig zu sein. Ich muss gleich nach Jerusalem zurückreisen, in Kürze fährt mein Bus.

Himmel, denke ich, als wir das Gebäude verlassen haben und ins Auto steigen, was für ein Paradebeispiel von Paradoxie. Lässt man sich auf den Nahen Osten ein, ist man immerzu mit Ambivalenzen konfrontiert. Der israelische Politiker Avraham Burg spricht von »Israels Paradox, das Macht mit Schwäche, Nuklearwaffen mit Paranoia und einen soliden internationalen Status mit einer ›Die Welt ist gegen uns‹-Mentalität paart.« Nichts ist hier eindeutig und alles sehr komplex. Weil das schwer auszuhalten ist, neigen viele Menschen dazu, es sich leicht zu machen: Sie polarisieren und ergreifen Partei für eine einzige Seite.

Kapital Bildung

Ziad Abu Zayyad und Lily Feidy gestalten die palästinensische Politik

»Von Gaza nach Berlin« heißt ein kleines Lokal im Westen Jerusalems. Entlang »Derech Gaza«, dem »Weg nach Gaza«, wandere ich die steile Straße den Hügel hinauf. Erst spät ist mir aufgegangen, dass die HaRav-Haim-Berlin-Straße an diesem Punkt auf die Gaza-Straße stößt und der etwas sonderbare Name des Lokals gewiss nichts mit Vorlieben oder politischen Aussagen des Wirts zu tun hat. Seither grüble ich jedes Mal, wenn ich daran vorbeigehe, über das Dreieck Israelis, Palästinenser, Deutsche nach. Nun geht es durch den Park über die Ben-Yehuda-Straße, in der – auch daran werde ich mich fortan immer erinnern – Rami Elhanans Tochter ermordet wurde, vorbei am Damaskustor zur Altstadt bis ins Zentrum von Ost-Jerusalem. Salah-ed-Din ist die Hauptstraße des arabischen Stadtteils, der durch Umgehungsstraßen und neue Gebäude, die Israelis gehören, zunehmend schrumpft oder, wie viele Palästinenser sagen, »judaisiert« wird. Jerusalem, der heilige Ort für alle drei großen Religionen, diese geteilte Stadt, zählt zu den größten Hindernissen für eine Friedensvereinbarung. In Salah-ed-Din pulsiert wie üblich das Leben – es duftet nach arabischem Kaffee, Grillfleisch und Gewürzen. Traditionell orientierte Frauen in langen Gewändern und Kopftüchern und westlich anmutende Frauen mit üppig wallenden Haaren in engen Jeans sind unterwegs, um Besorgungen zu machen. Aus einem Musikladen dringen arabische Lieder, Autos hupen, dazwischen tönen die schnatternden Stimmen von Schulkindern in farbiger Uniform.

Einige Querstraßen weiter besuche ich Ziad Abu Zayyad, den Mitherausgeber und Co-Chefredakteur des »Palestine-Israel Journal«. Der Titel ist Programm, denn die Zeitschrift bringt seit 1994 erfolgreich den Dialog zwischen Palästina und Israel voran. Um beide Seiten angemessen zu repräsentieren, sind alle Posten in der Zeitschrift und deren Beirat paritätisch mit Palästinensern und Israelis besetzt. Schon bei der Gründung gab es hitzige Diskussionen über den Titel – Israel oder Palästina zuerst? Victor Cygielman, Mitbegründer der Zeitschrift, schlug vor, Palästina vornean zu nennen: »Wir hatten unseren Staat zuerst. Lasst ihnen die Zeitschrift, bis sie ihren Staat haben! Israel sollte nicht immer an erster Stelle stehen, gebt den Palästinensern eine Chance.« Aus demselben Grund befindet sich die Redaktion auch nicht im Westteil der Stadt, sondern im arabischen Ost-Jerusalem. Im Zuge des Oslo-Friedensprozesses schufen die Herausgeber eine Plattform für den Dialog zwischen Akademikern, Experten, Aktivisten und Basis-Organisationen, um über sensible und kontroverse Themen wie das Rückkehrrecht der Palästinenser, Jerusalem, die Grenzen, jüdische Siedlungen oder das Wasserproblem zu diskutieren. Als Gegengewicht zu den Gesprächen der Politiker sollten auch die Zivilgesellschaften beider Seiten Raum für einen öffentlichen Diskurs erhalten, um dadurch die Zustimmung zum Friedensprozess zu vergrößern und demokratische, gerechte Lösungsansätze für den Konflikt zu entwickeln. Obwohl von einem Friedensprozess schon lange nicht mehr die Rede sein kann, arbeiten die Macher der Zeitschrift im Gegensatz zu so vielen anderen gescheiterten Initiativen weiterhin hervorragend miteinander.

An diesem Erfolg ist nicht zuletzt Ziad Abu Zayyad beteiligt. Er ist Rechtsanwalt und Journalist sowie mit der PLO-Fraktion Fatah verbunden. Mit Fug und Recht kann man behaupten, dass Ziad zur palästinensischen Elite des Dialogs gehört. Schon wenige Monate nach dem Krieg von 1967 nahm er eine Einladung des Anglikanischen Bischofs in West-Jerusalem an, um in dessen Haus gemeinsam mit Israelis über eine Koexistenz zu diskutieren. Anfang 1968 folgte eine Einladung in den »Club der Neuen Immigranten« (Mo'adon Ha'Oleh Ha'Hadash) im feinen West-Jerusalemer Stadtviertel Talbieh, wo Ziad zusammen mit Anwar Nusseibeh, dem Vater von Sari Nusseibeh, auftrat und mit Israelis sprach. Anwar Nusseibeh war Politiker und Verteidigungsminister in der jordanischen Regierung und galt als einer der »Vorreiter« des Dialogs. »Damals sprach ich noch Englisch mit den Israelis«, erinnert Ziad sich. »Doch bald darauf lernte ich Hebräisch, weil ich überzeugt davon war, dass es wichtig ist, uns mit unseren ›Gegnern‹ in ihrer eigenen Sprache austauschen zu können.« In den 1970er-Jahren allein hielt Ziad in mehr als 120 Kibbuzim Vorträge. Anfang der 1980er-Jahre war er im Kibbuz Hatzor Eshdod eingeladen. Er parkte seinen Fiat 124 auf dem Parkplatz und ging zum Speisesaal, wo nach dem Abendessen eine Diskussion mit ihm stattfinden sollte. »Es war eine scharfe Auseinandersetzung, die sich über zwei Stunden hinzog: leidenschaftlich und voller Selbstgerechtigkeit. Es gab im Publikum aber auch einige Stimmen gegen die Siedlungspolitik und die fortdauernde Besatzung«, erinnert sich Ziad. »Nach der Veranstaltung stiegen in mir allerhand widersprüchliche Gefühle auf, während ich in der Dunkelheit versuchte, den Parkplatz wiederzufinden. Ich verirrte mich und befand mich plötzlich zwischen den Wohnhäusern. Ich hörte Geschrei und laute Stimmen. Als ich näher kam, rief mir eine alte Dame zu: ›Glückwunsch, Sie haben es fertiggebracht, dass wir uns streiten und gegenseitig anschreien!‹ Einer der Bewohner zeigte mir dann den Weg zu meinem Wagen zurück. Die ganze Fahrt nach Jerusalem konnte ich das Grinsen nicht lassen: Ich fand, dieser Besuch hatte sich gelohnt, weil ich etwas bewegen konnte!«

Ziad trat auch vor hochrangigen israelischen Militärs und dem Geheimdienst auf, um die palästinensische Position bezüglich Jerusalems darzustellen. »Meine Frau dachte damals, ich sei verrückt, mich diesem Publikum zu stellen. Dialog war mein Beitrag zu unserem Kampf gegen die israelische Besatzung. Ich wollte, dass die Israelis begreifen, dass es keinen Frieden und keine Sicherheit für beide Seiten geben kann, wenn unsere nationalen Rechte und Wünsche nach Freiheit, Unabhängigkeit und einem Staat nicht anerkannt werden. Dieser Friede kann auf der Basis zweier Staaten erreicht werden. Daran glaubte ich schon lange bevor das die PLO auf ihrem palästinensischen Nationalkongress PNC im November 1988 in Algier beschloss, und ich vertrat dies auch öffentlich«, so Ziad. »Ich bin emotional nicht so gebaut, dass ich jemals jemanden verletzen könnte. Ich bin seit jeher gegen Gewalt und hätte mich nie für eine militärische Option eingesetzt. Zugleich bin ich aber auch ganz entschieden gegen die Besatzung. Deshalb ist Dialog für mich immer der einzig richtige Weg gewesen.« Bei seinen unzähligen öffentlichen Auftritten war Ziad stets bemüht, die allmählichen Veränderungen in der Haltung der PLO zu erklären, die erstmals auf dem PNC-Treffen in Rabat 1974 ihren Ausdruck fand, als die PLO ihre Bereitschaft erklärte, die palästinensische nationale Verwaltung in jedem Teil des Landes zu etablieren, den Israel räumt. »Die PLO fing schon damals an, sich auf die Zweistaatenlösung einzulassen, und drückte das auf verschiedene Weise auf den folgenden PNC-Sitzungen bis 1988 in Algier deutlich aus«, betont Ziad.

Von 1986 an gab er über fünf Jahre hinweg die Zeitung »Gesher« (Brücke) auf Hebräisch heraus, mit der er den israelischen Lesern den palästinensischen Standpunkt nahebringen wollte. Zehn Jahre später wurde er als Jerusalemer Abgeordneter in den Palästinensischen Legislativrat gewählt, und von 1998 bis 2002 war er Minister für Jerusalem in der Palästinensischen Autonomiebehörde. Zu Beginn der Zweiten Intifada 2000 ordnete der für Nichtregierungsorganisationen zuständige palästinensische Minister an, alle palästinensisch-israelischen Projekte einzufrieren, doch Ziad widersetzte sich: »Wir sind gemeinsam für die Beendigung der Besatzung. Ich werde weiter mit Israelis zusammenarbeiten, die sich gegen die Besatzung einsetzen, ganz einfach, weil ich sie in dieser Auseinandersetzung als meine Verbündeten betrachte und wir uns gemeinsam für die Menschen in dieser Region einsetzen. Das normalisiert die Besatzung keineswegs.« Mit seiner besonnenen Art, seiner Nachdenklichkeit und seinem perfekten Hebräisch war Ziad schon immer ein Mann des Friedens, aber er sagt auch, warum die Palästinenser keine Friedensbewegung gründen können: »Menschen, die unter einer Besatzung leben, können unter diesen Bedingungen nicht einfach nur Frieden fordern. Zunächst ist es ihr legitimes Recht, der Besatzung zu widerstehen. Durch Widerstand erreichen sie Frieden zwischen gleichberechtigten Partnern und nicht zwischen Besatzern und Besetzten. Die PLO verabschiedete sich von ihrem Vorhaben, Israel zu zerstören und ganz Palästina vom Jordan bis zum Mittelmeer zurückzugewinnen, und entschied sich stattdessen für die Zweistaatenlösung. In dieser Hinsicht betrachten viele Palästinenser die PLO als ihre eigene Friedensbewegung, weil die Palästinensische Befreiungsorganisation einen gerechten Frieden auf der Basis gegenseitiger Anerkennung und Koexistenz anstrebt.«

Von einer palästinensischen Friedensbewegung wird im Allgemeinen nie gesprochen. Wie erwirbt sich eine Bewegung diese Bezeichnung: durch die Bildung von Netzwerken, durch das Veranstalten von Demonstrationen? Friedensdemonstrationen in großem Ausmaß gab es auf palästinensischer Seite bislang gewiss nicht, sieht man einmal von den friedlichen Protesten der Bewohner des Westbank-Dorfes Bil'in ab, die seit 2005 wöchentlich gegen die Konfiszierung ihres Landes für jüdische Siedlungen und gegen die Mauer demonstrieren – das heißt *gegen* etwas reagieren, sich aber nicht *für* etwas engagieren. Freilich hat die israelische Friedensbewegung »Peace Now« in den Zeiten vor Oslo mehr Menschen auf die Straße gebracht, doch ist das vergleichbar? Es gibt unzählige Palästinenser unterschiedlicher Generationen, die sich seit Jahren oder gar Jahrzehnten für den Frieden einsetzen und selbst nach den ärgsten Rückschlägen noch mit Israelis sprechen, diskutieren, verhandeln, kooperieren. Warum werden alle diese Persönlichkeiten nicht auch als »Friedensbewegung« bezeichnet? Zeigt sich auch hier wieder ein Stück Asymmetrie, verursacht durch Dritte von außen, die meinen, nur eine der beiden Seiten unterstützen zu müssen? Hat es vielleicht auch mit westlicher Überheblichkeit gegenüber anderen Kulturen zu tun, mit dem Vorurteil, Araber könnten sich nicht organisieren? »Es liegt auf der Hand, dass die Rechten in Israel moderate Palästinenser für viel gefährlicher als die Extremisten halten. Die Extremisten können sie gegenüber der israelischen und der internationalen Öffentlichkeit einfacher diskreditieren als jene Gemäßigten, die Koexistenz, gegenseitige Anerkennung und Respekt fordern«, sagt Ziad. Er und viele andere Gemäßigte sind vom israelischen Geheimdienst und den Militärbehörden häufig schikaniert worden. Viele Male wurde er vorgeladen und verhört, mitunter sogar für Tage oder gar Wochen inhaftiert.

Ich kenne Ziad seit über zwanzig Jahren, als wir uns auf der Veranstaltung begegneten, die er zusammen mit Mattityahu Peled und anderen bestritt. Ich habe miterlebt, wie er an Hungerstreiks teilnahm; wie er von November 1990 bis Mai 1991 zum selben Zeitpunkt wie der Philosoph Sari Nusseibeh wegen seiner Verstrickung in die Intifada in israelischer Administrativhaft (Gefängnis ohne Anklage und Gerichtsverfahren) verbrachte und sich nicht um seine acht Kinder kümmern konnte, weil man ihm vorwarf, die Sicherheit und öffentliche Ordnung zu gefährden. Wie er unermüdlich Interviews gab, mit Israelis zusammenarbeitete, offiziell mit ihnen verhandelte. Während der Zeit des Oslo-Friedensprozesses gab es – wie das so üblich ist, wenn man zwischen den Stühlen steht – auch Kritik an ihm: wegen seiner Nähe zu Arafat, die manchen allzu weit ging, und wegen seiner Kompromissbereitschaft gegenüber den Israelis, obwohl diese aus palästinensischer Sicht zu wenigen Konzessionen bereit waren. 2006 wurde Ziad für den Legislativrat nicht wieder gewählt – er verlor seinen Sitz an ein Mitglied von Hamas.

Mit dieser islamistischen Bewegung hat der bekennende Muslim nichts gemein. Er ist ein gläubiger Mann, der fünfmal täglich zu Gott betet, der tolerant und weltoffen geblieben ist. Er erzog seine acht Kinder, ohne sie in ihrem Glauben oder politischen Vorstellungen zu beeinflussen, alle haben in Europa oder den USA studiert. Drei seiner vier Töchter haben einen Magister in Strategischen Studien, Philosophie und Jüdischer Geschichte sowie Biochemie, die vierte hat einen Bachelor of Science. Seine vier Söhne haben Karrieren als Physikprofessor, Softwareingenieur,

Geschäftsmann und Anwalt für internationales Recht gemacht. Als ich Ziad dieses Mal treffe, wirkt der 69-Jährige ein wenig müde. Er fängt beim Wort Dialog kein Feuer mehr – zu viele Jahre des vergeblichen Verhandelns? Oder sind es die Unpässlichkeiten des Alterns und die täglichen Belastungen des Lebens unter der Besatzung? Ziad lebt in 'Izzarieh, einer palästinensischen Stadt in den östlichen Vororten von Jerusalem, außerhalb der Mauer. Wegen der Checkpoints braucht Ziad manchmal Stunden, um ins Büro zu gelangen, zeitweilig durfte er überhaupt nicht in die Stadt hinein. Obwohl er in Jerusalem zur Welt kam, dort aufwuchs und am Rand der Stadt lebt, wird er nicht als Bewohner Jerusalems behandelt und benötigt eine besondere Genehmigung, um die Altstadt zu besuchen, die weniger als ein Kilometer von seinem Haus entfernt ist.

Als Zeitzeuge hat er die Entwicklung der Kommunikationswege zwischen den Konfliktparteien unentwegt verfolgt: »Der Dialog machte verschiedene Phasen durch. Bis zum Oslo-Friedensprozess 1993 diente jede Form des Dialogs dazu, die Positionen der PLO zu beeinflussen und die Macht des israelischen Friedenslagers zu erweitern. Dadurch, dass damals mutige Israelis wie Mattityahu Peled oder Uri Avnery und andere Kontakt zur PLO aufnahmen, entstand eine neue Dynamik. Über die Jahre öffnete sich die PLO zunehmend. Anfangs wollte sie nur mit Nicht-Zionisten sprechen, dann mit Kommunisten von ›Rakah‹. Durch die Gespräche mit den Israelis lockerte sich ihre Haltung weiter, und bald war sie auch bereit, mit liberalen Zionisten und Vertretern des israelischen Friedenslagers allgemein zu verhandeln. Infolge dieser Gespräche kamen die Palästinenser allmählich zu der Erkenntnis, dass die Einstaatenlösung weder praktikabel noch realistisch und eine Rückkehr zum Status quo von vor 1948 für Israelis nie und nimmer akzeptabel ist. Das Teilungsprinzip setzte sich durch«, so Ziad.

Der Oslo-Friedensprozess beziehungsweise dessen Mängel hätten jedoch den Dialogprozess im Keim erstickt. »Als 1994 und 1995 die massiven Selbstmordaktionen von Hamas begannen, kam alles zum Stillstand. Die israelische Rechte nutzte die Situation, und das schadete allen, die für den Dialog eintreten.« Während Ziad spricht, kommt er allmählich wieder zurück zu seiner alten Form: analytisch, klar und ausgewogen. Gerade dafür schätzen ihn seine israelischen Kollegen und Freunde. Der israelische Schriftsteller Daniel Gavron, der als Chef vom Dienst mit seinem Chefredakteur Ziad die erste Ausgabe des »Palestine-Israel Journal« herausgab, empfand seinen palästinensischen Kollegen als kooperativ und äußerst freundlich. »Paradoxerweise fand ich es leichter, mit Ziad als mit den meisten jüdischen Mitarbeitern in der Redaktion zusammenzuarbeiten«, sagt Daniel. »Er war in seinen Positionen sehr mäßig, ohne dabei seinen palästinensischen Patriotismus zu kompromittieren. Das war eine größere Herausforderung, als es zunächst erschien, und erforderte ein hohes Maß an Kultiviertheit und absoluter Ehrlichkeit. Beide Eigenschaften sind bei Ziad sehr ausgeprägt.«

Der zweite Schlag gegen den Dialogprozess kam mit den gescheiterten Verhandlungen von Camp David im Jahr 2000: »Ehud Baraks Kampagne gegen Arafat und die PLO und die Behauptung, es gebe keinen palästinensischen Partner für den Frieden, setzte sich durch«, sagt Ziad jetzt verärgert. »Da die israelische Friedensbewegung hinter Barak stand, war sie damit auch erledigt. Es ist zum Verzweifeln: Ein Selbstmordanschlag oder eine neue Siedlung kann die Erfolge von Jahrzehnten des Dialogs zunichte machen.« Ziad, der Dialoge auf der hohen politischen Ebene und unten an der Basis praktisch erfahren hat, setzt in US-Präsident Barack Obama wenig Hoffnung: »Es wird nicht lange dauern, bis seine Gegner die Luft aus seinen Reifen gelassen haben werden und er seinen Enthusiasmus und seine Entschlossenheit verlieren wird.« Ziad nimmt an, dass die israelische Regierung sich zur Räumung der einen oder anderen Siedlung oder eines Siedlungsaußenpostens zähneknirschend bewegen lassen werde. Dass die Rechte dann gegen diese Maßnahmen stimmen werde, es Neuwahlen geben und jeglicher politischer Prozess damit wieder auf die lange Bank geschoben werde. Er befürchtet, dass die israelische Rechte weiterhin die Strategie verfolgen werde, Zeit zu gewinnen, um gegen jeglichen Rückzug aus den besetzten palästinensischen Gebieten zu agieren. Ferner werde die Spaltung der palästinensischen Politik in Fatah und Hamas Anlass zu Verzögerungen bieten – es gebe eben keinen Verhandlungspartner, könnte die Entschuldigung lauten. »Nur eine entschlossene internationale Initiative, angeführt von den USA, kann Frieden schaffen«, sagt Ziad. »Insbesondere, da wir die Arabische Friedensinitiative vorliegen haben!«.

Er glaube noch immer fest an den Dialog, antwortet er auf meine Frage nach seiner Motivation, weiterzumachen. Jeder Israeli, der gegen die Besatzung sei und die Rechte der Palästinenser anerkenne, sei sein Partner. »Wir haben es mit Menschen zu tun, deshalb ist die persönliche Ebene sehr wichtig. Niemand erwartet, dass man die Welt durch die eine oder andere Tat verändert. Das ist ein psychologischer Prozess und die Summe vieler Entwicklungen. Es braucht Zeit, und Fortschritt kommt nur tropfenweise, letztendlich aber wird es einen Wandel geben. Nur der friedliche Weg kann für beide Seiten die Lösung sein, alles andere gefährdet unserer beider Existenz«, sagt Ziad, dessen würdige Art und

Widerstandskraft ich angesichts aller Rückschläge immer wieder schätze.

Seit ich ihn im Sommer sah, hat er sich einen Bart wachsen lassen. Am kommenden Tag wird er seinen ersten Hadsch antreten. Die Pilgerfahrt nach Mekka ist eine der fünf Säulen, eine der Grundpflichten des Islam: Dazu gehören außerdem das Glaubensbekenntnis, das jährliche Fasten im Ramadan, das Gebet und das Entrichten von Almosen. Wenn Ziad von seiner körperlich sehr beschwerlichen Reise zurückkehren wird, trägt er den Ehrentitel Hadsch, den er aber nicht besonders schätzt. »Sollte man dann jemanden, der betet, etwa einen ›Beter‹ nennen?«, fragt er und lächelt mich an. Ich will ihn von seinen Vorbereitungen nicht weiter abhalten, und wir verlassen gemeinsam die Redaktion, die sich seit 20 Jahren kaum verändert hat. Auf der Straße wartet ein Taxi, das meinen alten Freund an den Checkpoint bringen wird, auf dessen anderer Seite er seinen Wagen geparkt hat. Es macht mich traurig, Ziad mit melancholischem Blick abfahren zu sehen – wird er zu seinen Lebzeiten noch Frieden und einen palästinensischen Staat erleben?

Ich bin jetzt mit Lily Feidy verabredet. Lily ist bei »Miftah«, der »Palästinensischen Initiative zur Förderung des Globalen Dialogs und der Demokratie«, und seit 2006 deren Generalsekretärin. Hanan Ashrawi, die Gründerin von »Miftah« und Literaturprofessorin, ist als Pressesprecherin der palästinensischen Delegation bei den Nahost-Friedensverhandlungen international bekannt geworden – eloquent, schlagfertig, politisch. »Miftah«, was auf Arabisch »Schlüssel« bedeutet, setzt sich für Demokratie und Dialog innerhalb der palästinensischen Gesellschaft, der Region und weltweit ein und will die nationale und internationale öffentliche Meinung mit beeinflussen. Dazu gehört auch das Medienprojekt, das die Initiative zusammen mit »Keshev« durchführt, dem »Zentrum zum Schutz der Demokratie in Israel«. Dieses Projekt will die Medien als unabhängige Säule einer demokratischen Gesellschaft fördern und stärken. Zu diesem Zweck beobachten die Mitarbeiter von »Miftah« die Arbeit der palästinensischen Medien, analysieren und untersuchen ihre Veröffentlichungen und Sendungen, insbesondere hinsichtlich gegenseitiger Hetze. Auf der Basis dieses Materials wollen sie auf Verbesserungen drängen. Nicht zuletzt steht auch das Thema »Frauen in Führungspositionen« im Mittelpunkt ihrer Arbeit – wobei »Miftah« selbst vor allem Frauen beschäftigt, was, so Lily, allerdings keine Diskriminierung von Männern bedeute, sondern rein nach Qualifikation entschieden werde. »Um Erfolg zu haben, sollte man nicht den dominanten männlichen Ethos und die männlichen Attitüden oder die Politik von Macht und Einschüchterung adoptieren«, sagte Ashrawi in einem Interview. »Wenn eine Frau in der Politik erfolgreich sein will, muss sie ihre Weiblichkeit einbringen. Zu versuchen, eine verwässerte Version eines männlichen Politikers zu werden, führt nicht weit, weil es immer männliche Politiker geben wird, die noch gemeiner, brutaler und machtbesessener sein werden, anstatt sich auf Konsens, gutes Regieren oder Gerechtigkeit zu konzentrieren. Wenn eine Frau etwas verändern will, muss sie begreifen, dass sie nicht die Diskriminierung von Frauen bekämpfen, zugleich aber die von Palästinensern zulassen kann. Sie darf nicht gegen die Ungerechtigkeit zu Hause aufstehen, aber die Ungerechtigkeit der Besatzung weiter dulden. Sie kann nicht für die Selbstbestimmung von Frauen kämpfen, aber die Selbstbestimmung der ganzen palästinensischen Nation ignorieren.«

Diese Worte hätten auch von Lily Feidy stammen können. Als ich sie vor einigen Tagen in ihrem modern eingerichteten Büro in Ramallah besuchte, trat mir eine energische Mittfünfzigerin ent-

Lily Feidy

gegen. Schon äußerlich machte sie auf mich Eindruck – schick im einfarbigen Kostüm, kinnlange Haare, gescheite, wache Augen. Mit ihrem Intellekt hielt die Akademikerin nicht hinter dem Berg: Ungefragt erklärte sie mir in gestochen präzisen Sätzen wie in einem TV-Interview ihre Ansichten über die politische Lage. Dabei stand sie vor ihrem Schreibtisch, die Arme verschränkt, entschlossen, ihren Standpunkt deutlich zu machen. Der Palästinakonflikt sei kein allein regionaler, sondern ein internationaler Konflikt: »Zu viele Akteure haben ihre Hände im Spiel – das Nahost-Quartett, Iran und Syrien sowie deren verlängerte Arme Hamas und Hizbollah.« Barack Obama sei zwar ein Glück für die Welt, ob er es aber schaffen werde, die Zweistaatenlösung durchzusetzen und Frieden im Nahen Osten zu schaffen, bleibe dennoch fraglich. Außerdem habe er zu viele ehemalige Clinton-Mitarbeiter in seinen Stab berufen; könne man da eine völlige Umkehr der bisherigen US-Politik in der Region erwarten? Auch die EU lege bislang nichts als Lippenbekenntnisse ab. Seit Yizhak Rabin, fuhr sie, vor ihrem Schreibtisch auf und ab schreitend, fort, habe es in Israel keine charismatische Führung mehr gegeben. »Barak und Sharon haben mit der Angst regiert – sie haben Palästinenser zu Terroristen stigmatisiert. Ihr Denken beruhte auf dem Leitmotiv: Entweder wir oder ihr.« Das Wort »Sicherheit« habe zu viel Gewicht bekommen, sagte Lily weiter in perfektem Englisch. Für das Überleben Israels sei die Zweistaatenlösung aber dringend notwendig! Lily erzählte mir, dass sie vom israelischen Friedenslager enttäuscht sei – es passiere zu wenig, die Standpunkte und Forderungen gingen nicht weit genug; außerdem sei es notwendig, dass die Vertreibung der Palästinenser, die Naqba, endlich zur Kenntnis genommen und als historischer Fehler anerkannt werde. Lily betonte die verschärften Schwierigkeiten des Dialogs, weil er unter so ungleichen Bedingungen verlaufe – die eingeschränkte Mobilität und die Mauer seien das größte Problem: Die Israelis könnten nach Ramallah kommen, andersherum sei Jerusalem für die meisten palästinensischen Mitarbeiter unerreichbar, weil sie keine Genehmigung hätten. Es mangele beiden Seiten an Vertrauen, zu den physischen Barrieren kämen erschwerend die psychologischen hinzu, die seit 2000 erheblich gewachsen seien.

Lily selbst lebt in Ost-Jerusalem, weshalb ich heute, nach der Begegnung mit Ziad Abu Zayyad, nicht ein weiteres Mal nach Ramallah reisen muss. Wir treffen uns im legendären American Colony Hotel in der Lobby und setzen uns in den wunderschönen Palmengarten. Lily ist für mich eine typische Vertreterin der palästinensischen Elite: intellektuell, humorvoll, säkular und kosmopolitisch. Ihr Großvater war ein Kaufmann aus der nordpalästinensischen Stadt Nablus, der nach Jerusalem zog, um zu expandieren. Im Krieg von 1948 verlor er seinen gesamten Besitz, der im Westen der Stadt lag, und auch alle Grundstücke im Niemandsland zwischen den seitdem getrennten Stadtteilen. »Er war ein reicher Mann, der heimatlos und arm starb«, so Lily. Die gesamte Familie musste fliehen. Als ich eine Verständnisfrage habe und Lily auf den Unabhängigkeitskrieg von ’48 anspreche, korrigiert sie mich sogleich ein wenig streng: »Wir Palästinenser benutzen den Ausdruck ›Unabhängigkeitskrieg‹ nicht, wir nennen es die Naqba (die Katastrophe).« Ich stutze einen Moment, denn das ist mir durchaus bekannt – wieso war ich so unsensibel, mich nicht auf Lily einzustellen und habe gedankenlos den Begriff der dominanten, israelischen Sichtweise benutzt? Abermals wird mir deutlich, wie wichtig es im Rahmen eines Konflikts ist, auf die Terminologie zu achten und sich immer wieder zu vergegenwärtigen, dass Kontrahenten verschiedene Lesarten von ein und demselben Ereignis haben können. Einzelne Worte können deshalb rasch zu Missstimmungen führen, wenn die Gegenseite sich davon bevormundet oder nicht verstanden fühlt.

Lily indes sieht mir meinen Fauxpas nach und erzählt freundlich weiter: Ihr Großvater, der geschäftlich viel auf Reisen war, hatte in Kuba seine Frau kennengelernt und kam mit ihr und seiner Tochter Therese, Lilys späterer Mutter, 1947 nach Jerusalem, um seine Familie zu besuchen. Therese war damals 15 Jahre alt und Katholikin. In der »Heiligen Stadt« lernte sie Labib Feidy kennen und heiratete ihn 1953. Das Paar blieb in Jerusalem, wo erst Lily und dann ihre drei Brüder zur Welt kamen. Während Lily mir ihren Werdegang berichtet, treten die emotionalen Seiten dieser professionellen Frau in Erscheinung. An ihre Kindheit und Jugend hat sie gute Erinnerungen, denn sie wuchs mit sehr toleranten Eltern auf. Religion spielte zu Hause keine große Rolle. Man beging die Feiertage beider Elternteile, die christlichen und die muslimischen, und zu Weihnachten besorgte der Vater einen Tannenbaum, damit auch Lilys kubanische Großmutter ihre Freude hatte. Im Elternhaus hörte Lily viel über das friedliche Zusammenleben von Juden und Arabern vor 1948. »Wir wuchsen ganz ohne Hass und Vorurteile auf«, sagt Lily. Deutlich erinnert sie sich an die Zeit des arabischen Nationalismus und die Ära Gamal Abdel-Nasser sowie die Niederlage der arabischen Armeen im Krieg von 1967 gegen Israel.

Ihr Vater spielte in ihrem Leben eine entscheidende Rolle. »Akzeptiere nicht, was die Menschen über Frauen behaupten, das kann dir gleichgültig sein, aber tu stets das Richtige und erwarte nicht, dass du dafür etwas zurückbekommst«, pflegte er zu sagen. Sie wuchs ebenbürtig behandelt neben ihren jüngeren Brüdern auf, der Vater machte da keine Unterschiede. Er war für sie mehr ein Freund als ein Erziehungsberechtigter. Ein vertrauensvolles

Verhältnis zu seinen Kindern war für ihn das Wichtigste. Sie sollten zu ihren Taten stehen und nichts hinter seinem Rücken tun. Zum Beispiel sollten sie nicht insgeheim rauchen, was in der arabischen Gesellschaft in Gegenwart Älterer nicht erlaubt ist und deshalb meist heimlich stattfindet. »Für eine Tochter ist die Beziehung zum Vater die entscheidende – entweder fördert oder behindert er ihre spätere Haltung zum anderen Geschlecht«, sagt Lily und betont aufs Neue, dass sie durch ihn ihre Stärke habe. Vater Labib, dessen Namen Lily als zweiten Vornamen trägt, hatte aufgrund der politischen Umstände keine fundierte Ausbildung genossen, doch er las sehr viel und hatte einen kritischen Geist. Sein Geld verdiente er mit einer Wechselstube, die später sein Sohn Nabil übernahm. »Wir waren nicht reich, aber es ging uns gut.« Vater Feidy bemühte sich, seinen Kindern eine Karriere zu ermöglichen. »Alles, was ich euch geben kann, ist Bildung«, sagte er. Bildung ist Kapital und ein Schritt zur Befreiung. Unter anderem deshalb waren die palästinensischen Universitäten von jeher im Fokus des israelischen Geheimdienstes und der Armee. »Früher haben wir in Land investiert, und die Israelis nahmen uns dieses Land weg«, sagt Ziad Abu Zayyad. »Aber niemand kann uns unsere Bildung nehmen. So viele Ärzte in den arabischen Ländern sind Palästinenser, und nicht nur in der arabischen Welt: auch in israelischen Krankenhäusern!«

Lily ging auf Privatschulen – erst in das unter deutscher Leitung stehende Schmidt's Girls College in Jerusalem, anschließend in The Friends Girls' School in Ramallah. Dogmen gab es von Haus aus nicht, und auch Traditionen spielten keine Rolle. In Bezug auf Kleidung waren die Kinder der Feidys ebenfalls frei: »Papa selbst fing mit rosa Hemden an, und wir trugen die klassischen Schlaghosen«, sagt Lily. Ab 1973 studierte sie Englische Literatur an der

Birzeit-Universität in der Westbank. Birzeit, das zuvor eine Schule, später ein College gewesen war und sich gerade erst zu einer Universität entwickelte, wurde noch im selben Jahr für zwei Wochen von den Besatzungsbehörden geschlossen. Die Universität gibt an, zwischen 1979 und 1992 60 Prozent der Zeit durch israelische Militärverordnungen geschlossen gewesen zu sein – die Sicherheitsbeamten vermuteten ab Ende 1987 hier die intellektuellen Drahtzieher der Intifada. 1973 starb Lilys Vater an einem Herzinfarkt. Die damals 19-Jährige ließ sich davon jedoch nicht aus der Bahn werfen, sie sah nun umso mehr Grund, seinen Bildungsauftrag zu erfüllen.

»Die 1970er-Jahre waren die Goldenen Jahre Birzeits, das unser Denken stark beeinflusst hat«, fasst Lily ihre intellektuelle Sozialisation zusammen. »Die Studenten organisierten gewaltfreie Aktionen gegen die Besatzung, es gab Sit-ins und Flugblätter, es wurde diskutiert und demonstriert. Ich habe miterlebt, wie Studenten von der israelischen Armee angeschossen und sogar getötet wurden. Unser Campus war der erste, den israelische Friedensaktivisten besuchten, und als die Armee 1974 unseren Uni-Präsidenten des Landes verwies, unterstützten uns Leute wie Shulamit Aloni und Yossi Sarid.« Aloni und Sarid wurden später Knesset-Abgeordnete der linksliberalen Partei »RATZ«, die sich dann »Meretz« nannte.

1979 schloss Lily ihr Studium in Michigan/USA mit dem Magister ab. Die begabte junge Frau wurde anschließend zur stellvertretenden Vorsitzenden der Englisch-Fakultät von Birzeit ernannt und Kollegin von Hanan Ashrawi. Dort lernte sie ihren späteren Ehemann Suleiman kennen. Ihr Mann hatte einen ähnlich komplexen Hintergrund wie sie: Er war arabischer Druse mit israelischem Pass. Die Drusen sind eine eigene, in Israel anerkannte

Religionsgemeinschaft, die im 11. Jahrhundert aus dem Islam hervorging und neben den Sunniten und Schiiten einen dritten Weg beschritt. Suleimans Vater war ein Scheich in einem Dorf in Galiläa in der Nähe des Tiberias-Sees; der Sohn jedoch brach mit dessen Traditionen und studierte Geschichte an der Hebrew University von Jerusalem. Er schloss sich der Kommunistischen Partei »Rakah« an, heute »Maki« genannt. 1969 kam Suleiman ins Gefängnis: Er hatte den Militärdienst verweigert. Sein Studium konnte er in Israel deshalb nicht abschließen, folglich ging er an die University of London und studierte bei dem international bekannten Historiker und Kapitalismuskritiker Eric Hobsbawm. Danach lehrte er an der historischen Fakultät von Birzeit. Als Lily 1985 ein Stipendium für ihre Promotion an der amerikanischen Universität Delaware erhielt, bewarb er sich für ein Fulbright-Stipendium und konnte an der Universität Princeton beginnen. So kam es, dass das Ehepaar mit seinen beiden Kindern in die USA zog. Es gab jedoch bald Eheprobleme: »Suleiman war ein Intellektueller, ein Analytiker und sehr progressiv, aber wir beide lebten in verschiedenen Welten, mit verschiedenen Prinzipien«, sagt Lily rückblickend. Er kam mit ihrem Selbstbewusstsein nicht zurecht: »Ich nehme kein Blatt vor den Mund. Wenn ich ihm widersprach, weil ich anderer Meinung war, wurde er traurig oder ärgerlich. Obwohl er es nie aussprach, wollte er insgeheim, dass ich mich ihm unterwerfe.« Lily sagt, sie habe es oft beobachtet, dass Männer in ihrer Arbeit sehr fortschrittlich und politisch links seien, zu Hause aber wie Patriarchen aufträten und die Oberhand behalten wollten.

Als sie 1988 zurückkehrten – »irgendwie zog es uns nostalgisch nach Palästina zurück« –, reichte sie die Scheidung ein. Lily avancierte zur Leiterin der Fakultät Englische Literatur an der Birzeit-

Universität. Gerade war die Erste Intifada ausgebrochen, und die Universität wurde vier Jahre und drei Monate am Stück durch eine militärische Anordnung von den Israelis geschlossen. Der Unterricht ging trotzdem weiter: im »Untergrund« außerhalb des Campus, in eigens dafür gemieteten Wohnungen. 1991 starb Suleiman an einem Herzinfarkt. Er und Lily waren bis zum Schluss befreundet geblieben. Lily spricht nüchtern, scheinbar emotionslos über diese Ereignisse, doch es ist deutlich, dass sie schwere Zeiten in ihrem Leben durchgemacht hat. Sie ist eine starke Persönlichkeit und hat diese Krisen gemeistert. Einen nicht geringen Anteil daran hatte auch ihre Mutter, wie sie mir gleich erzählen wird. Doch zunächst bestellen wir uns beim Kellner etwas zu trinken. Wie die meisten Angestellten in diesem Hotel in Ost-Jerusalem ist er Palästinenser. Er bringt uns Kaffee und Soda auf einem großen runden Tablett mit arabischen Schriftzeichen. Wir bitten ihn, die Bestellung in die Lobby zurückzubringen, denn ein kalter Wind zieht auf. Ich friere. Es ist eben schon Dezember. Wir machen es uns auf einem der ledernen Sofas in der Lobby bequem, und nachdem Lily gerade so ausgiebig ihre Bewunderung für ihren Vater geäußert hat, schwärmt sie nun von ihrer Mutter. Von Nonnen erzogen, sei Therese mit ihren Kindern streng, aber liebevoll umgegangen, sie sei der strukturierende, disziplinierende Elternteil gewesen. Die Ehe der Feidys verlief harmonisch, endete aber schockartig mit Labibs Tod, als Therese gerade 40 Jahre alt war. Heute ist sie 76 und noch immer agil. Ihre Hauptsprache ist Spanisch geblieben, Literatur genießt sie gerne auf Französisch; Arabisch spricht sie zwar, kann es aber nicht lesen. »Meine Mutter und meine Großmutter haben mich sehr verwöhnt«, sagt Lily. »Bis ich heiratete, habe ich nie kochen oder Kaffee zubereiten müssen, denn meine Mutter betrachtete das als Zeitverschwendung; sie fand, ich sollte mich besser mit meinen Schulbüchern befassen.

Lily Feidy am Fuß der Trennmauer

Sie ist mein Sicherheitsnetz. Ich werde als stark angesehen, aber ohne meine Mutter wäre ich das nicht«, meint Lily. Mit Therese diskutiere sie auch viel über Politik, fügt sie hinzu.

Und dann denkt sie an alte Zeiten: »In meiner Jugendzeit trugen wir Miniröcke und Shorts. Wir waren viel progressiver als die heutige Jugend. Früher waren wir Palästinenser für andere Araber ein Vorbild. Viele gingen beispielsweise als Experten in die Golfstaaten und halfen dort beim Aufbau des Bildungs- und Gesundheitswesens oder waren als Architekten und in anderen Berufen tätig. Heute hingegen sind wir Außenseiter.« Lily erzählt, wie die islamistische Bewegung Hamas während der Ersten Intifada an Boden gewann – bekanntlich unterstützt vom israelischen Geheimdienst, der ein Gegengewicht zur säkularen Fatah schaffen wollte. »In den Flüchtlingslagern, wo die wirtschaftlichen Bedingungen sehr hart sind, wurde der Schleier zur nationalen Identität. Aber Religiosität ist in Palästina nie tief verwurzelt gewesen. Als der Oslo-Friedensprozess in Gang kam, schöpften die Menschen wieder Hoffnung. Und mit der Hoffnung nahm auch ihr religiöses Interesse wieder ab.« Doch das Scheitern der Friedensgespräche in Camp David 2000 und die sukzessive Verschlechterung der Lebensbedingungen hätten eine regressive Entwicklung verursacht: Die Menschen verhielten sich sehr konservativ und neigten dazu, sich abermals der Religion zuzuwenden. »Ich habe den Eindruck, wir, die Säkularen, werden zur Minderheit, das macht mir Angst. Selbst einige Intellektuelle rechtfertigen mittlerweile die Handlungen von Hamas! Viele glauben nicht mehr an einen Dialog«, sagt Lily und seufzt.

Dann spricht sie die häufig diskutierten doppelten Maßstäbe an: »Wie kann der Westen verlangen, der Nahe und Mittlere Osten solle sich demokratisieren, dann aber die demokratisch erfolgten

Wahlen nicht anerkennen? Dass die Wahl von Hamas seitens Israels und des Westens nicht akzeptiert wurde, war für die Palästinenser eine Strafe. Die Anführer von Hamas – glaub mir, ich bin entschieden anderer Meinung als sie – haben es fertiggebracht, sich als wahre Befreier darzustellen. Die Leute haben sie gewählt, weil sie politisch und moralisch von Fatah enttäuscht waren.« Lily wird jetzt temperamentvoll. Hamas, sagt sie, habe einen Zweiphasenplan im Auge: erst Gaza regieren, dann die Westbank. »Die islamistische Bewegung will ein Vorbild sein und im Gegensatz zur korrupten Fatah sauber dastehen.« Doch dass Gaza und die Westbank politisch nun gespalten seien, schade der palästinensischen Sache immens. Auch der Rechtsruck in Israel macht Lily große Sorgen: »Im Zweifelsfall ist die israelische Regierung so selbstgefällig, dass noch nicht einmal Barack Obama sie im Zaum halten kann. Auf beiden Seiten bräuchten wir dringend charismatische Führungskräfte«, sagt sie.

Weiterhin hält Lily die Arabische Friedensinitiative, 2002 von den Saudis ins Leben gerufen, für den richtigen Ansatz. Die arabischen Staaten versprechen Israel darin Frieden, Sicherheit und normale Beziehungen im Gegenzug für die Schaffung eines palästinensischen Staates auf den 1967 eroberten Gebieten. Der Plan liegt mittlerweile sieben Jahre in den Schubladen und harrt der Umsetzung ebenso wie all die anderen Initiativen, so etwa die »Genfer Initiative« oder die »Road Map«. »Wir sind für Israel das Tor zur Normalisierung der Beziehungen mit der arabischen Welt«, sagt Lily entschlossen. Normalisierung sei aber nur möglich, wenn die Besatzung der palästinensischen Gebiete endlich beendet werde. Jenen, die gegen die Normalisierung agieren und deshalb jede Kooperation mit Israelis ablehnen, kann sie nichts abgewinnen: »Was verstehen die denn unter Normalisierung? Ich habe noch nicht eine einzige vernünftige Definition davon gehört.«

Auch wenn Lily sehr skeptisch in die Zukunft blickt, hält sie am Dialog fest und engagiert sich als Beiratsmitglied in diversen Initiativen, Organisationen und Kommissionen wie zum Beispiel der »Internationalen Fakultät für Israelisch-Palästinensischen Frieden« FFIPP. Als 2003 Yizhar Be'er von der israelischen Initiative »Keshev« in ihr Büro kam und eine Zusammenarbeit vorschlug, waren Lily und ihre Kolleginnen rasch von seinem Vorschlag überzeugt, weil sich ihre Ziele deckten. »Yizhar und ich sind strategische Partner und Freunde. Uns verbindet, dass wir unserem jeweiligen Land und seinen Menschen dienen wollen, indem wir dazu beitragen, in unserer Region Frieden zu schaffen und die Öffentlichkeit aufzuklären.« Gleich ginge ich zu Yizhar, erzähle ich Lily, ich wohnte bei ihm. Lily lächelt, und bevor wir uns verabschieden, erzählt sie mir eine kleine Anekdote, die sie mit Yizhar verbindet. Ihr israelischer Kollege besuchte vor einigen Jahren seinen alten Vater im Kibbuz im Norden Israels. Es war dessen 90. Geburtstag, und sein Vater wurde vor der versammelten Runde gebeten, sich über seine Kinder zu äußern. Der berichtete also brav, wie erfolgreich sein ältester Sohn als Bauer sei, ganz der Vater! Auf Yizhar angesprochen, brach er indessen in schallendes Gelächter aus. Yizhar? Der mache keine Karriere, der arbeite doch für Demokratisierung, Frieden und Menschenrechte! »Jedes Mal, wenn ich Yizhar sehe«, sagt Lily, »frage ich ihn, ob sein Vater seine Meinung geändert habe, und natürlich ist Yizhars Antwort: ›Nein!‹ Darüber müssen wir immer wieder aufs Neue herzlich lachen.«

Ein Zimmer in Jerusalem

Yizhar Be'er versucht, die öffentliche Meinung auf Friedenskurs zu bringen

Die Hündin Bamba hopst wedelnd um mich herum, als ich durch die Pforte in den Garten trete. Es wird dunkel, die Straßenlampen gehen an, und kühl ist es auch. Ich übernachte wieder im kleinen Gartenhaus, das mein Freund Yizhar Be'er vor Jahren für seine mittlerweile volljährige Tochter gebaut hat. »Dein Zimmer«, sagt er und benutzt dabei das jiddische Wort »Tsimer«. Hinter dem Holzhäuschen leben drei Hühner, die mich schon am frühen Morgen durch ihr Gackern und Scharren wecken und regelmäßig für Yizhars Frühstücksei sorgen. Das erste Mal bin ich ihm kurz nach dem Golfkrieg 1991 im Gazastreifen begegnet. Die Lage war höchst angespannt, denn die Palästinenser hatten sechs Wochen lang unter einer Ausgangssperre gelitten. Als Pressesprecherin des UN-Hilfswerks für Palästinaflüchtlinge hatte ich nicht nur mit den internationalen und palästinensischen Medien kommuniziert, sondern auch mit israelischen Journalisten. Meine palästinensischen Mitarbeiter fanden das befremdlich, denn Israelis kannten sie nur in Uniform. Positive Gefühle haben meine Kontakte zur anderen Seite in ihnen deshalb gewiss nicht hervorgerufen, vielmehr waren sie geeignet, Unsicherheit bezüglich meiner Loyalität zu erzeugen. Das spürte ich zwar, ich ließ mich aber trotz meines Respekts für sie nicht beirren. Yizhar, der seinerzeit noch für die israelische Tageszeitung »Ha'aretz« arbeitete, hatte mein Angebot angenommen: Er kam mit seinem Kollegen Tom Segev, und wir fuhr in einem UN-Bus herum, damit sie sich ein Bild von den Verhältnissen vor Ort machen konnten. Kurz darauf wurde Yizhar zum Direktor von »B'Tselem« ernannt, dem namhaften »Israelischen Informationszentrum für Menschenrechte in den besetzten Gebieten«. Heute leitet er »Keshev«, das »Zentrum zum Schutz der Demokratie in Israel«, dessen Ehrenpräsident der Schriftsteller David Grossman ist.

»Keshev« ist das hebräische Wort für Zuhören und Aufmerksamkeit. Die gleichnamige Organisation wurde mit dem Ziel gegründet, antidemokratische Strömungen, Trends und Stimmen in den Medien zu beobachten, nachdem Ministerpräsident Yitzhak Rabin im November 1995 von einem jungen radikalen jüdischen Siedler ermordet worden war. Zu den von »Keshev« observierten Medien zählen auch die Piratensender der jüdischen Siedler oder der extremistischen jüdischen Untergrundgruppen. Die Mitarbeiter von »Keshev« machen die Redaktionen auf ihre Befunde aufmerksam und diskutieren mit ihnen Verbesserungen. Seit 2004 führt die Organisation zusammen mit der palästinensischen Institution »Miftah« unter der Verantwortung von Lily Feidy ein von der EU unterstütztes Medien-Beobachtungsprojekt durch: »Auch Worte können töten«. Ausgehend von der Prämisse, dass die Medien eine Schlüsselrolle spielen, wenn es darum geht, das öffentliche Bewusstsein und den öffentlichen Diskurs zu beeinflussen – vor allem während gewaltsamer Auseinandersetzungen –, untersucht dieses Projekt, wie die palästinensischen und die israelischen Medien über den Konflikt berichten. »Unsere Initiative will die negativen Muster der Berichterstattung in Israel und unter der

Palästinensischen Autonomiebehörde aufdecken, die stark von Vorurteilen, Aufwiegelung, Diffamierungen, Fehlinterpretationen, Delegitimierungen und Entmenschlichung der anderen Seite geprägt sind.«

Nachdem ich Bamba gekrault und meine Taschen in meinem »Tsimer« abgelegt habe, gehe ich ins Haupthaus, wo Yizhar, noch in der Lederjacke, am Computer sitzt und arbeitet. Eine große Umarmung und Freude über das Wiedersehen. »Hast du Hunger?«, fragt er mich und strahlt mich mit seinen hellblauen Augen an. »Ein Glas Wein zum Auftakt wäre wunderbar«, antworte ich und streiche ihm freundschaftlich über das kurz geschnittene Haar. Prompt bekomme ich einen Rotwein. Yizhar zeigt mir eine PowerPoint-Präsentation, in der er analysiert, wie tendenziöse Zeitungsmeldungen entstehen. Die Reporter schicken ihre Beiträge an die Redaktionen, und die verantwortlichen Redakteure geben ihnen dann reißerische Überschriften: »Im Artikel steht oft das Gegenteil dessen, was im Titel behauptet wird. Bekanntlich sind die Medien durch den Wettbewerb bemüht, scharf und knapp zu formulieren. Wir sagen dazu ›KISS‹: ›keep it short and simple‹ – kurz und einfach formulieren. Oder sogar ›KISSES‹: ›keep it short, simple and stupid‹«, erklärt Yizhar und schaut mich kess an. »Das Problem ist, dass die meisten Leser nur die Überschriften überfliegen, zu den Inhalten kommen sie gar nicht mehr. Dadurch wird oft ein völlig falsches Bild vermittelt und der Konflikt weiter geschürt. Wir leben aber in einer Region, wo es nicht allein um ethische, sondern um rein praktische Notwendigkeiten geht: um Deeskalation.

Wir identifizieren die Klischees und Vorurteile in den Artikeln. Dann zeigen wir den Redakteuren die Diskrepanz zwischen dem Beitrag des Journalisten und dem, was nach den redaktionellen Veränderungen tatsächlich erschienen ist. Wenn diese Widersprüche wiederholt auftreten, kann man von einem Muster ausgehen. Wir schlagen den Redakteuren dann einen alternativen Weg vor, um eine faire Berichterstattung zu erreichen. Die Medien haben einen großen Einfluss darauf, ob die Zeichen auf Verhandlung oder Konflikt stehen. Wir sagen den Redakteuren immer: Ihr müsst keine Kämpfer für den Frieden oder gar die Linke sein – seid ganz einfach Journalisten! Um die öffentliche Meinung wieder auf einen Friedenskurs zu bringen, muss eine positive Atmosphäre geschaffen werden. Mit dem von den Medien wiedergekäuten Slogan ›Auf palästinensischer Seite gibt es keinen Verhandlungspartner‹ schafft man keine Voraussetzung für Verhandlungen. Diese Art von Kommunikation zwischen Feinden, die ›Miftah‹ und ›Keshev‹ als Instrument geschaffen haben, um die Arbeitsweise der Medien zu analysieren, ist ziemlich einzigartig – es gab und gibt sie nicht in anderen Konfliktgebieten wie etwa im ehemaligen Jugoslawien, in Zypern, Sri Lanka oder in den Kriegsgebieten von Afrika.«

Yizhar beginnt, einen Salat zuzubereiten. Obwohl wir uns schon so lange kennen und über die Jahre immer wieder begegnet sind, auch in Deutschland, wo er manchmal Vorträge hält, weiß ich eigentlich wenig über sein Leben. Das begreife ich erst in diesem Moment, in dem er am Tisch zu erzählen beginnt. Hat man nicht häufig jahrelang mit Menschen zu tun, die man doch kaum kennt, weil man sie nie nach ihren Lebensgeschichten befragt? Dabei kann es sehr verbindend sein, zu hören, woher der andere kommt, was er erlebt und erfahren hat. Das gilt sicher nicht nur für Bekannte und Freunde: Auch seine Feinde sollte man bekanntlich verstehen.

Yizhar Be'er

Yizhars Lebensgeschichte ist auf vielen Ebenen sehr bewegend – historisch, politisch und psychologisch. Er redet bildhaft, ja fast poetisch. »Weißt du«, fängt er an, »ich bin 1955 in eine Situation geboren worden, in der sich Vergangenheit und Gegenwart vermischen. Ich bin das jüngste Kind einer Holocaust-Überlebenden. Nachdem meine Mutter Miriam, genannt ›Mirale‹, aus dem KZ Bergen-Belsen befreit worden war, erfuhr sie, dass alle anderen Mitglieder ihrer Familie ermordet worden waren. Sie kam kurz nach dem Weltkrieg mit der zionistischen Jugendbewegung nach Palästina.

Erst nach ihrem Tod habe ich von einer Freundin erfahren, dass sie sich bis an ihr Lebensende für jünger ausgegeben hatte, als sie eigentlich war. Meine Mutter war an und für sich sehr ehrlich, aber auch schüchtern. Ihr Alter musste sie fälschen, um in der Jugendbewegung aufgenommen zu werden und über sie nach Palästina zu kommen. Auch später hat sie sich nie getraut, es meinem Vater zu beichten, aus Angst, er würde sie für eine Lügnerin halten! Als sie mit dem Schiff ankam, wurde sie von den Briten nach Zypern abgeschoben.

Bei der zweiten Anreise ein Jahr später schickte man sie ins Jordantal in einen Kibbuz, mitten in den syrischen Beschuss – in einen Kampf, der im Grunde bis heute andauert. Unser Leben scheint mit Blutvergießen verbunden zu sein. Ist das Schicksal? Können wir die Zukunft beeinflussen? Mir scheint fast, wir wiederholten die jüdische Existenz in der Diaspora, weil wir auch in Israel von starken Feinden umgeben sind. Unsere Stärke hingegen ist nichts als Fassade. Wir sind in Israel zwar eine Mehrheit von fast sechs Millionen jüdischen Einwohnern, inmitten des arabischen Raums sind wir jedoch eine winzige Minderheit. Um zu überleben, müssen wir die Risse in der imaginären Mauer um uns herum finden und unsere Ängste bekämpfen.«

Während Yizhar einen erfrischenden Salat serviert, kommt sein Sohn, das jüngste seiner drei Kinder, nach Hause. Er ist in einem Alter, in dem man sich für Erwachsene noch nicht besonders interessiert, und zieht sich bald in sein Zimmer zurück. »Ich bin in einem kleinen Dorf auf dem Land in Galiläa geboren«, fährt Yizhar fort. »Mein Vater Efraim war Landwirt, und ich wuchs mitten in der Natur, mit Schafen und anderen Tieren auf. In vielerlei Hinsicht verkörpert mein Vater die Geschichte des 20. Jahrhunderts – seine Emigration von Polen nach Palästina 1936, seine Jahre im Kibbuz, sein zionistischer Anspruch, als ›neuer Jude‹ seinen Lebensunterhalt mit den eigenen Händen zu erwirtschaften, ohne andere auszubeuten. Efraim war ein ausgesprochen ehrlicher Mensch und sehr idealistisch. Sein Vorbild waren die Schäfer aus der vorbiblischen Zeit. Wir lebten von Beduinen umgeben und kannten viele Araber. Ich hörte ihre Sprache, liebte ihre Traditionen, ihren Lebensstil, ihre Gastfreundschaft. Sie schienen mir den Juden aus vergangenen Zeiten viel ähnlicher als den modernen Juden zu sein. Ich kannte sie gut und hatte keine Angst vor ihnen. Mein Vater hatte einen arabischen Schäfer, der für ihn arbeitete, und wenn meine Eltern unterwegs waren, war er wie mein Ersatzvater. Mit Efraim war es für mich nicht immer leicht – er verlor nicht viele Worte und war zugleich sehr direkt. Ich werde nie vergessen, wie ich als 25-Jähriger nach einem Jahr Rucksackreise durch Südamerika aufgeregt am Ben-Gurion-Flughafen landete und von meiner Familie in Empfang genommen wurde. Mein Vater schüttelte mir wie ein Politiker förmlich die Hand, und dann ging er emotionslos dazu über, mir mitzuteilen, der Mandelbaum sei krank, die Schafherde habe einen Virus, mit Syrien könne es Krieg geben, und im Übrigen wolle mein Bruder nach Afrika reisen. Ich habe sofort entmutigt nach der Abflugtafel gesucht, bereit, mit der nächsten Maschine wieder abzufliegen.

Doch ich habe große Hochachtung vor meinem Vater, weil er ein aufrechter Mann ist – sehr intelligent, autodidaktisch gebildet und voller weiser Ansichten über sehr komplexe Vorgänge.

Bis ich mit 18 Jahren zur Armee eingezogen wurde, war ich ein naiver junger Mann, der sich nicht für Politik interessierte – bis zu diesen beiden Zwischenfällen: Als Soldat war ich im Norden der Westbank, in Nablus, stationiert. Beim Training führte uns unser Vorgesetzter durch Felder, die Palästinensern gehörten. Auf denen wuchsen zarte Sprossen. Und wir marschierten einfach quer darüber. Als Bauernkind war es mir völlig unverständlich, warum wir die Jungpflanzen zertrampelten, anstatt zwischen den Anpflanzungen zu gehen, um nichts zu zerstören. In diesem Augenblick begriff ich den Zusammenhang zwischen der militärischen Besatzung und Macht. Als Besatzer hat man die Macht, willkürlich alles zu tun, was man will, ohne dass sich die betroffenen Menschen dagegen schützen können. Die zweite einschneidende Erfahrung hatte ich im Libanonkrieg 1982, ich war gerade ein Jahr aus Südamerika zurück«, sagt Yizhar, und ich höre weiter angespannt zu. »Ich war als Reservist eingezogen, und ich kann dir sagen, ich habe viel gesehen. Als der Waffenstillstand ausgerufen wurde, befand ich mich mit meiner Einheit auf einer strategisch wichtigen Straße zwischen Beirut und Damaskus. Plötzlich bekamen wir von Ariel Sharon den Befehl, die Straße zu besetzen. Im Radio hörten wir zur selben Zeit, wie der stellvertretende Ministerpräsident – Begin weilte in den USA – in der Knesset verlauten ließ, seit dem Waffenstillstand habe sich kein einziger Panzer von seiner Position bewegt. Ich sah mich um: Hunderte von rollenden Panzern wirbelten Staub auf! Rauch und Lärm, Krieg, wohin ich nur sah. Ich war schockiert. Als Kind hatte ich gehört, Araber seien Lügner. Aber jetzt hatte der israelische Ministerpräsident höchstpersönlich eine Lüge verbreiten lassen. Im Sechstagekrieg 1967 haben die Araber Durchhalteparolen von sich gegeben und über die wahre Situation ihrer Armeen nicht die Wahrheit gesagt. Es war eine prägende Erfahrung für mich, zu erkennen, dass wir Israelis nicht besser waren.«

Jetzt schenkt Yizhar auch sich ein Glas Wein ein. »Ich war schon vorher ein Kriegsgegner gewesen, immer hatte ich den Eindruck, wenn man eine Uniform anzieht, wird man ein anderer Mensch. Aber als Offizier hatte ich stets meine Pflicht erfüllen wollen. Damit war jetzt Schluss. Ich sollte eine Medaille bekommen und beschloss, die Auszeichnung bei der Zeremonie nicht anzunehmen. So wie ich es erbeten hatte, überging man mich bei der Ehrung – als einzigen von 300 Soldaten! Die anderen hatten doch dasselbe gesehen wie ich, warum reagierten sie nicht genauso? Ich bat meine Vorgesetzten, in meine Akte schreiben zu lassen, dass ich weder im Libanon noch in den besetzten palästinensischen Gebieten jemals wieder Militärdienst leisten wolle. ›Rufen Sie mich nicht wieder an!‹, habe ich gesagt. Nach dem Militärrecht muss man auch für partielle Verweigerung ins Gefängnis, aber mein Fall wurde nicht weiter verfolgt, vermutlich, weil ich Offizier war und man keinen Lärm um diese Angelegenheit machen wollte. Ich wurde stattdessen von meinem Posten versetzt. Ich sollte für die Israelischen Verteidigungskräfte Bildungsmaterial schreiben, vor allem zum Thema Araber!« Yizhar lacht und ich nutze den Moment, um noch ein Stück Brot zu essen. Sein Sohn ist gerade wieder in die Küche gekommen, um sich Cornflakes zu holen.

»1982 wurde ich Journalist«, fährt Yizhar fort, und ich höre weiter fasziniert zu. »Ich war gegenüber offiziellen Verlautbarungen und Darstellungsweisen immer misstrauisch. Die ›Wahrheit‹ ist sehr wichtig für mich, denn ich kann es kaum ertragen, wenn

Yizhar Be‘er

Menschen Lügen konsumieren und die Realität nicht kennen. Die Wahrheit auszusprechen ist aber meist sehr unpopulär. Als ich bei der Tageszeitung ›Ha'aretz‹ arbeitete, beschwerte sich der Militärsprecher fast täglich über meine Berichte. Andauernd musste ich meinem Chefredakteur Rede und Antwort stehen. Ich erhielt viele Drohungen. Das ging so weiter, als ich die Menschenrechtsorganisation ›B'Tselem‹ leitete, die während der Ersten Intifada in Israel eine der wenigen israelischen Quellen über die Vorgänge in den palästinensischen Gebieten war. Viele radikale Israelis beschimpften mich als ›Verräter‹. Mir konnte das nichts anhaben, ich empfand es als Auszeichnung, gegen den Strom zu schwimmen. Einmal hat jemand meinen Wagen manipuliert und Schrauben am Reifen gelöst. Ich fuhr damals ahnungslos mit meinem kleinen Sohn zum Kindergarten und habe es gerade noch rechtzeitig gemerkt – du kannst dir vorstellen, was für ein Glück wir hatten, dass nichts passiert ist. Hinter dem Anschlag stand die extremistische jüdische Organisation ›Kach‹; viele ihrer Mitglieder lebten in meinem Stadtviertel. Die Sicherheitsbeamten rieten mir, ich solle meine Adresse, meine Arbeit und meinen Wagen wechseln. Gewechselt habe ich daraufhin aber nur meine Berater.

Kurz nach dem Mord an Rabin wollte mich ein Krimineller mit einem Felsbrocken durch die Windschutzscheibe meines Autos erschlagen. ›Wir werden dich wie Rabin umbringen!‹, schrie er, als er sich auf mich stürzte. Ein Palästinenser aus der Westbank, ein Tagelöhner, der mir gerade beim Hausbau half, sah den Angreifer, packte ihn von hinten und hielt ihn fest: Ein Araber rettete mich davor, von einem anderen Juden umgebracht zu werden! Du siehst, wie komplex die Situation ist. Wenn ich bei Palästinensern recherchierte, deren Kinder von der israelischen Armee getötet worden waren, griffen sie mich zunächst als Vertreter Israels verbal an. Für sie war ich das Symbol für die andere Seite. Und doch war ich stets tief beeindruckt, dass diese Leute mich trotz ihrer Trauer in ihr Haus ließen und mir, nachdem sie ihrem Kummer und ihrer Wut freien Lauf gelassen hatten, Kaffee und Süßigkeiten anboten. Ich kenne wenige israelische Familien, die über ihren Schatten gesprungen sind und Palästinenser bei sich empfangen haben.

Mir ist bewusst geworden, wie ungeheuer wichtig es ist, den Anderen zuzuhören, selbst wenn sie dich anfangs beschimpfen. In dem Moment, in dem du zuhörst, erkennst du sie an und nimmst sie wahr. Gewalt und Terror sind ein Instrument der Schwachen, um auf sich aufmerksam zu machen. Doch mitunter täuschen wir uns: Auch wenn wir Israelis gegenüber den Palästinensern eindeutig überlegen sind, so sind wir in gewisser Hinsicht schwächer, weil wir Angst haben. Die jüdischen Siedlungen werden durch Zäune, Wachpersonal und Flutlicht geschützt. Palästinensische Dörfer oder Flüchtlingslager haben nichts dergleichen. Wenn man innerlich schwach ist und seiner Identität nicht sicher, ist es scheinbar einfacher zu kämpfen, als einen Dialog zu führen. Unser Konflikt ist nicht nur ein Kampf um Land. Es geht auch um Ängste, verschiedene Perspektiven, Bilder und Selbstbilder. Eine riesige Rolle spielt die gegenseitige Wahrnehmung«, sagt Yizhar und erzählt mir von einem Beispiel aus der Zusammenarbeit mit den palästinensischen Partnern bei »Miftah«: »Vor einigen Jahren hatten wir eine Arbeitssitzung mit unseren palästinensischen Kollegen in Ramallah. Es war der jährliche Gedenktag für die jüdischen Gefallenen und Terroropfer im Nahen Osten seit 1860, ein Tag, der für Israelis ebenso wichtig ist wie der Gedenktag für die Opfer der Shoah. Es entstand eine sehr peinliche Situation, denn unsere palästinensischen Partner waren nicht einverstanden damit, die offiziellen Schweigeminuten zu befolgen und innezuhalten, um unserer Toten zu gedenken. Einer der Palästinenser erklärte, er wolle sich nicht von den Israelis vereinnahmen und sich vorschreiben lassen, wann er was denken solle – die Besatzung bedeute wahrlich schon genug Dominierung. Er sei allerdings durchaus bereit, der Opfer beider Seiten zu gedenken, das täte er sowieso jeden Tag. Im Raum war eine unangenehme Spannung entstanden. Lily hatte dann eine einfache, aber gute Idee: Sie schlug den Kompromiss vor, gemeinsam der Opfer beider Seiten zu gedenken, und zwar 15 Minuten vor dem offiziellen Ereignis. Das taten wir dann auch. Auf diese Weise wurde dem Bedürfnis beider Rechnung getragen, und die Palästinenser hatten das Gefühl, dass auch ihre Perspektive zur Geltung kam. Mir ist dadurch klar geworden, dass wir diese durch Symbolik oder Rituale oft überfrachteten Hindernisse, die die Konfliktgegner von einer Einigung abhalten – vor allem wenn es um so sensible Themen geht –, überwinden können, wenn Vertrauen existiert. Ein Großteil unseres Konflikts beruht auf Psychologie. Nach über 25 Jahren in diesem Geschäft bin ich immer wieder sehr erstaunt, wie sehr dieser Konflikt auf Gefühlen beruht. Die Politiker verstehen diesen emotionalen Part nicht, dabei müsste ihn jeder politische Ansatz berücksichtigen.«

Yizhar schenkt uns den Rest Wein ein. Wir sind uns einig, dass Konflikte meistens ein Element der Missachtung des Anderen beinhalten und materielle Streitigkeiten oft eine emotionale Grundlage haben. Ängste, ob auf einer realen Gefahr beruhend oder nicht, und Spaltungen in »Gut« und »Böse«, »Freund« und »Feind« feuern jede Auseinandersetzung an. Kritisch kann es in einem Konflikt auch werden, wenn das eigene Leid von der anderen Seite nicht wahrgenommen wird und schließlich nur noch darüber gestritten wird, wer mehr gelitten hat. Viele Male fanden

Begegnungen zwischen Palästinensern und Israelis statt, die allein dadurch motiviert waren, die Gegenseite vom eigenen Leid zu überzeugen – »die Politik des Leidens«: »Streitereien darüber, wer eher recht hat, wer mehr berechtigt ist und mehr Anspruch auf das Land Israel beziehungsweise Palästina hat, gehören zu den regelmäßigen und herausragenden Charakteristika von Diskussionen zwischen israelischen Juden und Palästinensern«, sagen die Psychologen Dan Bar-On, Ifat Maoz und Siham Yihya. Der Holocaust lauere allgegenwärtig im historischen und psychologischen Hintergrund der jüdisch-palästinensischen Beziehungen und sei deshalb ein häufiges Thema bei Begegnungen zwischen den beiden Seiten – und nicht selten Ursache für das Scheitern eines Dialogs. Entweder fühlen sich die Palästinenser dadurch nicht wahrgenommen, manipuliert und dominiert und wehren dieses für Juden so zentrale Thema ab, oder sie instrumentalisieren es selbst, indem sie den Israelis Nazi-Methoden vorwerfen. Vor allem entzündet sich daran immer wieder diese Frage, wer mehr gelitten habe – eine Frage, die rasch in die Sackgasse führt. Dan Bar-On verwies stets darauf, wie sehr Israelis und Palästinenser noch mit den Traumata beschäftigt sind, die ihre Familien in der Vergangenheit erlitten haben. »Man kann diese Traumata nicht ausradieren«, sagte er. »Jeder misst sein Leiden auf subjektive Art und Weise; objektiv kann Leiden nicht gemessen werden. Deshalb ist es unsinnig, sich mit Vergleichen zu beschäftigen. Relevant ist es indes, darüber zu sprechen, was uns an Vergangenem heute bedrückt und wie sich das auf die aktuellen Ereignisse auswirkt.«

»Ich bezeichne mich als Patriot«, sagt Yizhar, »und wir könnten viel erreichen, wenn wir in der Lage wären, gegenüber der anderen Seite großzügiger zu sein. Wir müssen unseren Anteil an der Verantwortung für das Leid der Palästinenser übernehmen – so wie sie unsere Vernichtungsängste anerkennen müssen.« Yizhar und ich sind uns ebenfalls einig, dass das Private unser politisches Handeln prägt – dass unsere Vergangenheit oft unbewusst bestimmt, wie wir uns heute verhalten. Er erzählt mir, dass seine Mutter Miriam fast gar nichts über ihre Vergangenheit preisgab, es sei denn, er drängte sie sehr – und das tat er selten, denn das Zuhören fiel ihm noch schwerer als ihr das Berichten: »Da war ein großes schwarzes Loch.« Mirale habe nie geklagt oder schlecht über andere gesprochen, sie habe ihn aber durch ihr Schweigen stark geprägt. »Sie hatte die Angewohnheit, nie die Tür zu schließen, wenn sie zu Hause das Badezimmer aufsuchte. Das hat mich als Jugendlichen irritiert und nervös gemacht, ich konnte das nicht verstehen und lehnte ihr scheinbar distanzloses Verhalten ab, das sie mir auch nie erklärt hat. Erst später habe ich begriffen, dass sie seit dem Konzentrationslager unter Klaustrophobie litt. Aus demselben Grund wollte sie als junge Ehefrau auch nicht zu meinem Vater in den Kibbuz ziehen, denn das Gemeinschaftsleben dort erinnerte sie an diese schreckliche Zeit. Während des Krieges hatte sie in den Sommerferien ihre Schwester in Vilnius (Litauen) besucht. Draußen im Wald zwangen die Litauer die Juden, ihre eigene Grube auszuheben, bevor sie sie erschossen. Ich habe mir diese Stelle vor einigen Jahren angesehen. Als meine Mutter in Vilnius ankam, besetzten gerade die Deutschen das Land, und sie geriet in eine Selektion der Nazis. Auf die linke Seite kamen die Juden, die arbeiten, auf die rechte die, die in die Gaskammern sollten. Meine Tante, ihr Baby und ihre ganze Familie wurde nach rechts beordert, meine Mutter nach links. Miriam wollte nicht von ihrer Familie getrennt werden und floh auf die Seite ihrer Schwester – vom Weg des Lebens zu dem des Todes. Ein Nazi hatte sie beobachtet, zog sie an den Haaren, schlug sie und schubste sie in die Reihe nach links zurück. Welche Ironie des Schicksals: Ein Nazi hat meiner Mutter das Leben gerettet. Deshalb bin ich ein ›Linker‹«, sagt Yizhar mit seinem trockenen Humor, den er selbst in diesem Moment nicht verliert. Seine Mutter musste in einer Munitionsfabrik in Norddeutschland hart arbeiten, bis sie ins KZ kam und durch Zufall überlebte. Heute ist Yizhars Familie groß: Er und einer seiner beiden Brüder haben mehrere Kinder, Enkelkinder gibt es auch. »Ich merke immer wieder, dass ich nach einem inneren Warnsystem funktioniere, als ginge es ums Überleben, selbst dann, wenn gar keine Gefahr besteht«, fährt Yizhar fort. »Ich will nicht damals und heute oder gar die Nazizeit und die Besatzung vergleichen. Das ist absolut nicht vergleichbar! Wahr ist indes, dass ich von meiner Mutter einen stillschweigenden Auftrag übernommen habe, mich für die Schwächeren einzusetzen«, sagt er mit Nachdruck.

Ich komme durch meinen Großvater zwar von der entgegengesetzten Seite – jener der Täter –, doch ich kann mich mit Yizhars Aussage gut identifizieren. Auch ich habe diese Lehre aus der Geschichte und meiner Familienvergangenheit gezogen, anfangs allerdings durchaus unbewusst. Die Zusammenhänge meines biografischen Hintergrunds mit meinem professionellen Schaffen sind mir erst später aufgegangen. Bevor ich Yizhar von dieser Gemeinsamkeit erzählen kann, setzt er von Neuem an: »Man kann natürlich ganz andere Lehren aus der Vergangenheit ziehen – ›Nie wieder!‹ oder ›Die ganze Welt ist gegen uns‹ sind häufige Reaktionen von Juden. Meine Mutter war ganz frei von Hass oder Vergeltungsgedanken. Einmal war sie jedoch vollkommen außer sich: Da hatte mein Vater eine Gruppe von Deutschen zum Übernachten in unser Haus eingeladen. Das allein war für Mirale schon schwierig genug, aber sie hat es geduldet. Als die Deutschen abreisten, schenkte ihr eine Dame ihre Schuhe: Welche Symbolik!

Und zu groß waren sie auch noch. Das war so, als wenn man einem Zahnlosen Mandeln schenkt. Meine Mutter, deren Traumatisierungen von früher plötzlich sehr spürbar wurden, war jedoch in der Lage, zu abstrahieren und die Situation von damals nicht mit heute zu verwechseln – sie verstand, dass die Deutsche keine bösen Absichten hatte und sie nicht verletzen wollte.

Mirale ist später an Krebs erkrankt. Als sie schon fast völlig paralysiert und des Sprechens unfähig auf dem Sterbett lag, habe ich ihr die Zeitung mit der Meldung von den Osloer Friedensvereinbarungen gezeigt. Da hob sie trotz ihrer Schwäche den Daumen hoch und lächelte mich an.«

Akt der Befreiung

Dalia Golomb hält Wache an den Checkpoints, und die palästinensische Schauspielerin Rawda Sliman spielt sich auf der Bühne frei

Der Lärm von Autos und schweren Lastfahrzeugen reißt mich am nächsten Morgen, noch bevor der Wecker klingelt, jäh aus dem Schlaf. Nebenan scharren und gackern die Hühner. Verschlafen erhebe ich mich vom Bett und packe meinen Koffer. Heute fahre ich zu meiner letzten Station vor der Heimreise, nach Tel Aviv. Es macht mich ein wenig wehmütig, »mein Tsimer« in Jerusalem zurückzulassen. Seit Yizhar mir so viel von sich erzählt hat, ist unsere Freundschaft weiter gewachsen. Unsere Lebensgeschichten, die Geschichten unserer Familien, sind sehr unterschiedlich verlaufen, und doch gibt es Parallelen. Manches wird wegen dieses anderen Ortes, von dem wir kommen, nie vereinbar sein, aber wir haben eine Brücke zwischen uns geschaffen, auf der wir uns immer wieder begegnen und austauschen können. »Die Vergangenheit ist stark präsent, auch wenn wir darüber nicht nachdenken oder sie verdrängen«, sagte Yizhar gestern, bevor wir schlafen gingen. »Ich habe die Erfahrungen meiner Mutter unbewusst auch an meine Kinder weitergegeben. Als dritte Generation leiden sie, ohne dass sie es wissen, und sie werden die nächste Generation damit ebenfalls prägen. Viele Israelis tragen das

Erbe des Holocaust in sich und fühlen sich bis heute wie Flüchtlinge.«

Auch bei uns Deutschen gibt es diese transgenerationellen Aspekte – die Erlebnisse des Zweiten Weltkriegs sind weitgehend nicht verarbeitet und viele Menschen leugnen weiterhin, dass ihre Verwandten an der Ermordung der Juden beteiligt waren. Schuld, Schuldgefühle, Verdrängung, Komplizenschaft und Scham wirken bis heute subtil in unsere Gesellschaft hinein. Diese ungeklärten Gefühle übertragen sich auf die Haltung vieler Deutscher zum Nahostkonflikt und drücken sich in einer Überidentifikation mit der einen oder der anderen Seite aus. Der eigene Konflikt mit der Vergangenheit wird auf einen Nebenschauplatz übertragen, wodurch die Auseinandersetzung mit sich selbst erfolgreich vermieden wird. Mitunter gewinnt man auf Nahost-Veranstaltungen den Eindruck, manch Außenstehender bräuchte diese öffentlich reproduzierte Spannung geradezu, um von sich selbst und seiner Vergangenheit abzulenken. Das Tragische dabei ist, dass dies als Dynamik auf den Nahostkonflikt einwirkt.

Nun heißt es Abschied nehmen. Yizhar sagt manchmal sarkastisch: »Bevor du gehst, erzähl ich dir noch einen politischen Witz: ›Schalom!‹« Schalom bedeutet sowohl »Auf Wiedersehen« als auch »Friede«. Er umarmt mich und wünscht mir eine gute Reise: »Bis bald! Du weißt, dass dein ›Tsimer‹ stets für dich da ist«, sagt er mit der warmen Art, die er wohl von seiner Mutter geerbt hat. Bamba stupst ihre Nase an mein Bein, und ich wünsche ihr viel Spaß mit dem Federvieh, das sie zum Zeitvertreib gelegentlich ein wenig scheucht. Auf der Straße wartet bereits mein Taxi zum zentralen Omnibusbahnhof »Hatahana Hamerkazit«. Der ältere Fahrer hört im Radio ein Klavierkonzert von Beethoven, das ist ungewöhnlich, denn seine Kollegen sind meist nicht so kultiviert. Und auch nicht so höflich: Er liebe klassische Musik, sagt er in freundlichem Ton. Der Verkehr ist noch immer dicht, die Menschen fahren zur Arbeit. Es geht nur langsam voran. Neben uns schiebt sich ein Jeep vorbei, aus dessen Fenster ein großer weißer Hund hechelnd seine Schnauze hängt. Plötzlich meldet das Radio Bombenalarm, die Jerusalemer Busstation sei eine Weile gesperrt. Meine Zeit ist knapp, deshalb handle ich mit dem Taxifahrer einen Festpreis aus und leiste mir – Beethoven hat mich überzeugt – die ganze Fahrt direkt nach Tel Aviv. Um diese Tageszeit werden wir wohl eine gute Stunde brauchen.

Am Stadtrand geht es steil die Berge hinab. Zur Rechten blickt man über die Grüne Linie bis zur Westbank und erkennt einige der Wohngebiete, die für die meisten Israelis als Stadtteile Jerusalems gelten. Für die Palästinenser indessen sind das illegale jüdische Siedlungen auf ihrem Grund und Boden. Wie eine Kreuzfahrerburg thront auf einem Hügel eine solche umstrittene Ansiedlung namens Ramot. Weiter geht es vorbei an »Reliquien« des »Unabhängigkeitskriegs« von 1948, zum Beispiel einem verrosteten primitiven Militärwagen, den man seines musealen Werts wegen am Wegesrand hat liegen lassen. Die israelischen Verteidigungskräfte durchbrachen hier am Berg den arabischen Kessel um Jerusalem; einer der Hauptkommandeure war Yitzhak Rabin. Am Gedenktag für die Gefallenen werden an diesem Ort Flaggen gehisst und Blumen gestreut, um an die Schlacht zu erinnern, bei der viele junge Soldaten ums Leben kamen. Nirgends eine Erinnerung an die Naqba, die Vertreibung der Palästinenser.

Unten im Tal angekommen, geht es flotter voran, schon bald steuern wir auf Tel Aviv zu. Diese Hightech-Metropole hat einen vollkommen anderen Charakter als Jerusalem mit seiner großen Altstadt: Hochhäuser und viele moderne Gebäude. Im Zentrum, wo auch viele alte Wohnhäuser im Bauhausstil zu finden sind, brodelt das Leben. Kulturell und kulinarisch gibt es in dieser Stadt am Meer viel Abwechslung. Rund ums Jahr tummeln sich am Strand sonnenhungrige Urlauber, Beachvolleyballspieler oder Spaziergänger. Jerusalem ist dagegen ein verschlafenes Nest – für viele ein Grund, auf Tel Aviv zu schwören und die »Heilige Stadt« abzulehnen.

Am Rande eines Parks lässt der Fahrer mich schließlich aussteigen: »Wir sind angekommen«, sagt er, und zeigt auf ein Wohnhaus aus den 1970er-Jahren, das wie die meisten Häuser in Tel Aviv mehrere Stockwerke hat und im Parterre auf Säulen steht. Ich klingele bei Appartement 19 im fünften Stock. Sogleich surrt der Türöffner, und ich trete ein. Oben erwartet mich bereits Dalia Golomb: eine zierliche, äußerst sportliche 81-Jährige mit halb kurzen, fast schwarzen Haaren, die ihr ebenmäßiges Gesicht umrunden und fein betonen. Sie trägt eine rosa Bluse und dunkle Hosen. Wir begegnen uns zum ersten Mal, aber Dalia ist sofort sehr herzlich und heißt mich in ihren vier Wänden willkommen. In der Küche bereitet sie ein paar Kleinigkeiten zum Essen vor und ermuntert mich, mich zu bedienen: »Bitte keine falsche Bescheidenheit!« Auf Dalia bin ich durch die palästinensisch-israelische Schauspielerin Rawda Sliman aufmerksam geworden. Rawda ist eine der Darstellerinnen im Theaterstück »Dritte Generation«, das im März 2009 in Berlin seine Premiere feierte. Als ich sie im Jahr zuvor traf, um mich über die Fortschritte bei den Proben zu erkundigen, empfing sie mich in Dalias Wohnung, ihre Gastgeberin selbst war gerade unterwegs. Rawda lebt eigentlich in Haifa, aber wenn sie in Tel Aviv am Theater arbeitet, wohnt sie stets bei Dalia. Weil ich über die beiden Frauen mit so unterschiedlichen Lebenswegen mehr erfahren möchte, sitze ich nun hier am Esstisch – Rawda wird später kommen.

Im angrenzenden Wohnzimmer ist ein großes Fenster mit Blick zum Park geöffnet, und auf dem Balkon blühen rote, weiße und rosa Geranien. Es weht eine winterlich frische, aber angenehme Brise herein. An den weißen Wänden hängen einige Gemälde des Malers Yehoshua Eshel, Dalias Onkel. Wir setzen uns an den Wohnzimmertisch, die Gastgeberin auf einen Sessel, ich auf das Sofa. Vor mir stehen ein frischer Kaffee und Kekse, Dalia versorgt mich geradezu mütterlich. Aber nicht nur deshalb fühle ich mich wohl in ihrer Nähe. Sie wirkt auf mich sehr sensibel, menschlich und intelligent. Als ich sie bitte, mir über sich zu erzählen, sagt sie fast entschuldigend: »Da muss ich aber weit zurückgehen, bis ins Jahr 1882!« Ihr Großvater Ya'akov Shertok war in der Ukraine einer der Mitbegründer der jüdischen Gruppe »Bilu«, die in den 1880er-Jahren die ersten säkularen zionistischen Einwanderer in Palästina waren, 15 Jahre bevor Theodor Herzl den Ersten Zionistischen Kongress in Basel gegründet hatte. Die Bilu'im wollten sich im Land Israel ansiedeln und ein Heim für das jüdische Volk in ihrer Heimat errichten, so Dalia. In jungen Jahren schon sei ihr Großvater Ya'akov ein Intellektueller gewesen. Doch kurz vor dem Beginn seines Universitätsstudiums änderte ein tragischer Vorfall sein Leben: Eines Tages, er lief die Straße entlang, hörte er das Schreien betrunkener Kosaken im dritten Stock eines Hauses. Plötzlich landete ein winziges Bündel direkt vor seinen Füßen. Zu seinem Erschrecken sah er, dass es ein Baby war, das die Kosaken vom Balkon heruntergeworfen hatten. Es waren die Tage der großen Pogrome und Judenverfolgungen in der Ukraine in den 1880er-Jahren. Nach diesem erschütternden Erlebnis schrieb er seinem Vater: »Ich bin ein Jude.« Dieses Erwachen seines jüdischen Bewusstseins führte ihn zu seiner zionistischen Tätigkeit in der »Bilu«-Bewegung und zu seinem Entschluss, nach Palästina auszuwandern. Seine Erfüllung fand der Intellektuelle Ya'akov

Dalia Golomb

dort jedoch nicht – und wohl auch keine Frau. So ging er in die Ukraine zurück, wo er sich weiterhin für die zionistische Bewegung einsetzte und endlich auch sein Glück in der Liebe fand. Im Jahr 1905 kehrte er abermals mit seiner Ehefrau und fünf Kindern nach Palästina zurück.

Ein guter Freund von Ya'akov, Eliezer Ben-Yehuda, der Erneuerer der hebräischen Sprache, wusste, dass ein kleines arabisches Dorf in der Nähe von Ramallah, Ein Sinyeh, einen Verwalter für seine Mühle suchte. Dalias Großvater nahm diese Gelegenheit wahr, und die Familie Shertok zog mit ihren fünf Kindern für zwei Jahre nach Ein Sinyeh. Die ganze Familie, außer Ya'akov, sprach bald fließend Arabisch. Die Mühle zu betreiben bedeutete, praktisch die gesamte Wirtschaft des Dorfes zu leiten. Ya'akov machte sich sofort an die Arbeit, doch er konnte das nur mit der Unterstützung seines 13-jährigen Sohnes Moshe, der in Kürze so perfekt Arabisch sprach, dass man ihn von der einheimischen Bevölkerung kaum noch unterscheiden konnte: »Dieser Bub wurde Jahre später de facto Außenminister der zionistischen Bewegung auf dem Weg zum Staat und 1948 Israels langjähriger erster Außenminister mit dem hebräisierten Familiennamen Sharett. 1954 folgte er David Ben Gurion in das Amt des Ministerpräsidenten«, erzählt Dalia. »Du kannst sein Gesicht auf der alten 20-Schekel-Banknote sehen. Er war der Bruder meiner Mutter Ada.«

Dalias Vater Eliyahu stammte ebenfalls aus dem russischen Reich. Er war im »Jüdischen Bund« organisiert, der den Kommunisten nahestand. 1909 emigrierte er im Alter von 16 Jahren alleine nach Palästina, wo seinerzeit noch die Osmanen regierten, um am ersten hebräischen Gymnasium Herzliya in der im selben Jahr gegründeten Stadt Tel Aviv zu studieren. Dort freundete er sich mit Dov Hoz und Moshe Sharett an, die ihm fortan ihr ganzes

Leben mit gemeinsamen Idealen und naher Familienfreundschaft verbunden blieben. Eliyahu lebte kurze Zeit im ersten Kibbuz Deganya, wo er in der Landwirtschaft arbeitete. Zufällig betrieb auch sein Vater eine Mühle in Jaffa, die er nach dessen Tod übernahm. Eines Tages ordnete der osmanische Militärgouverneur Jamal Pascha an, die Mühle solle selbst am jüdischen Ruhetag, am Shabbat, für das türkische Militär Brot backen. »Mein Vater war nicht religiös, seine Arbeiter aber schon«, sagt Dalia. »Als stolzer Jude weigerte er sich, seine Angestellten am Shabbat zur Arbeit zu zwingen.« Daraufhin wurde er verhaftet und an den Füßen ausgepeitscht. Die Demütigung sei schlimmer als der eigentlich Schmerz gewesen, sagt seine Tochter und fügt lachend hinzu: »Er beschloss daraufhin, Jamal Pascha umzubringen! Er war gerade dabei, seine Pistole zu reinigen, da kam sein Freund und Schulkamerad Dov Hoz vorbei. Hoz redete ihm aus, überstürzt zu handeln. Die beiden diskutierten die gesamte Nacht hindurch und beschlossen, eine paramilitärische Untergrundorganisation zu gründen, um die Juden in Palästina, den Yishuv, zu schützen. Daraus entstand 1920 die legendäre Haganah, die jüdische Untergrundarmee, ohne die wir 1948 überhaupt nicht gegen die arabischen Armeen hätten kämpfen können. Aus der Haganah ist im selben Jahr die Armee des Staates Israel hervorgegangen, die bis heute ›Israels Verteidigungskräfte‹ genannt wird.«

Dalia bricht ab – über ihre Familie gebe es genug für Tage zu erzählen, sagt sie. Ich ermutige sie, weiterzusprechen, sie kennt so viele interessante Geschichten und Anekdoten, die zum Verständnis des Landes wichtig sind. Dov Hoz und Eliyahu Golomb heirateten Moshe Sharett Schwestern Rivka und Ada, weshalb die drei Freunde auch als »die Schwager« bekannt wurden. 1927 kam Dalia als Tochter von Ada und Eliayahu zur Welt. »Ich bin archäologisch«, sagt sie und lacht hell auf, dabei merkt man dieser hübschen Frau ihr Alter gar nicht an. Ihre Eltern widmeten sich ganz der zionistischen Bewegung, deshalb wurde aus dem geplanten Kibbuzleben nichts. Eliyahu hatte keine andere Wahl, als in die Stadt zu ziehen, um »im Dienste der Nation« sein Leben der Haganah zu widmen. Die Golombs lebten im unteren Teil eines Hauses auf dem Rothschild-Boulevard in Tel Aviv, das einem Onkel der Familie Shertok gehörte. »Wir teilten uns zu acht zwei Schlafzimmer, doch niemand beklagte sich. Mein Vater war viel unterwegs, die meisten seiner Sitzungen aber fanden in unserem Haus statt. In dieser Atmosphäre bin ich aufgewachsen«, so Dalia. Nicht weit entfernt, auf der Allenby-Straße, lag das Hauptquartier der Gewerkschaften, der »Histadrut«, sowie die Redaktion der Arbeiterzeitung »Davar«. Das Zuhause der Golombs entwickelte sich zum Zentrum der Haganah und der Histadrut und wurde das Zuhause der Gründerelite der israelischen Arbeiterbewegung. Heute ist das Gebäude, in dem Dalia 20 Jahre ihres Lebens verbrachte, »Beit Eliyahu«, das Haganah-Museum.

»Merkwürdig, dass ich bei dieser Erziehung selbst so gar nicht politisch orientiert war«, bemerkt Dalia. In ihrer Erinnerung pflegte man in ihrer Umgebung stets einen freundlichen Umgang mit Palästinensern. Dov Hoz war besonders begabt darin, seine Beziehungen auf der hohen politischen Ebene mit den rein menschlichen Freundschaften zu verbinden. Er hatte denselben natürlichen Bezug zu einem britischen Lord wie zu einem Fischer in Jaffa. (Ben Gurion wusste diese einzigartige Eigenschaft zu nutzen, um wichtige internationale politische Verbindungen zu knüpfen.) Hoz hatte einen Freund in Jaffa, einen arabischen Fischer Namens Hassan, der ihn liebte und fast vergötterte, erzählt Dalia. Als Hoz 1940 bei einem tragischen Autounfall mit seiner

Frau ums Leben kam, fand Hassan bei Dalias Familie Trost. Auch Hassans Söhne, Mahmoud und Ali, fühlten sich bei den Golombs wie zu Hause. Der ältere Sohn Ali hatte zwar eine ganze Schar von jüdischen Freundinnen, doch er war seiner Tradition so verhaftet, dass er an Liebesehen nicht glaubte und sich schließlich auf eine von seinem Vater arrangierte Ehe einließ. »Ali konnte diese beiden Welten nicht integrieren, er zerbrach daran und brachte sich später um«, sagt Dalia. Sein jüngerer Bruder, Mahmoud, war Dalias Mutter Ada und auch ihr selbst eng verbunden. Doch auch dessen Leben fand ein tragisches Ende. »Eines Abends saß ich mit meiner Mutter in ihrer neuen Wohnung in Tel Aviv, als ein Anrufer aus dem Gefängnis in Akko ihr mitteilte, dass Mahmoud dort schon einige Tage in Untersuchungshaft sei und darum bitte, sie möge ihn dringend besuchen. Da es schon Abend war, wollte meine Mutter erst am nächsten Morgen dorthin fahren. Kurz bevor sie in der Frühe aus dem Haus gehen wollte, erreichte sie ein zweiter Anruf: ›Wir bedauern, Ihnen mitteilen zu müssen, dass wir Mahmoud heute früh aufgehängt in seiner Zelle gefunden haben.‹ Wir beide erlitten einen fürchterlichen Schock. Meine Mutter konnte sich bis an ihr Lebensende nicht verzeihen, dass sie nicht noch am selben Abend nach Akko gefahren war. Wir erfuhren erst später, dass Mahmoud, der wie sein Vater Fischer gewesen war, seine palästinensischen Freunde aus Jaffa viele Male mit Palästinensern aus Gaza auf dem Meer zusammenbrachte und unter Verdacht stand, Verbindungen zu Fatah zu hegen.«

Dalia kämpft mit den Tränen, als sie von Mahmouds Selbstmord erzählt. Er hinterließ seine Frau und drei Kinder. »Ich habe erst spät in meinem Leben begriffen, wie Ali und Mahmoud zwischen zwei Welten zerrissen waren und dauernd in einem Konflikt zwischen zwei Loyalitäten leben mussten. Damals waren mir die Probleme der Araber in Israel nicht bewusst. Okay, hier gibt es Araber im Land, aber wir tun ihnen ja nichts Böses, heißt es gemeinhin. Ich war wie die meisten hier von der zionistischen Ideologie durchdrungen. Wie nach einer Gehirnwäsche kam ich gar nicht auf die Idee, dass hier etwas nicht stimmt.« Sie schweigt eine Weile und denkt nach. »Ich möchte in einem demokratischen Land leben, das eine Heimat für das jüdische Volk ist und gleichzeitig allen Bürgerinnen und Bürgern dieselben Rechte gewährt und die Rechte aller Minderheiten anerkennt.« Dalia seufzt und verharrt in ihrer Erinnerung an die scheinbar guten Zeiten der Koexistenz. Während des Zweiten Weltkriegs war sie ganz normal zur Schule gegangen und hatte sich in der zionistisch-sozialistischen Jugendbewegung engagiert. Die Familie war vom Holocaust nicht direkt betroffen, aber sie war aktiv daran beteiligt, gegen das Weißbuch der britischen Mandatsmacht zu protestieren, das die Einwanderung der europäischen Juden nach Palästina wesentlich einschränkte. Dalias Vater starb 1945 – die Gründung des Staates hat er nicht mehr erlebt.

Dalia heiratete 1949 und ging mit ihrem Mann, Asher Yadlin, in einen Kibbuz. Anschließend zog das Paar für die zionistische Arbeiterbewegung für drei Jahre in die USA. Sie kehrten 1953 mit ihrer kleinen Tochter in den Kibbuz zurück, blieben dort jedoch nur ein paar Jahre, bis Asher seine politische Tätigkeit in der Arbeitspartei aufnahm. 1977 sollte er zum Vorsitzenden der Bank von Israel ernannt werden, wurde aber wegen Betrugsverdacht zu fünf Jahren Gefängnis verurteilt. Dalia und Asher waren schon einige Jahre getrennt, und er lebte mit einer anderen Frau namens Talia zusammen. Während Ashers Untersuchungshaft und der Gerichtsverfahren kämpften beide Frauen, Dalia und Talia, gemeinsam für die Anerkennung seiner Unschuld.

Dalia ließ sich scheiden und blieb allein mit zwei schon bald erwachsenen Kindern, die beide heute beruflich sehr erfolgreich sind – ihr Sohn ist ein angesehener Juraprofessor und ihre Tochter eine bekannte Chorleiterin. »Willst du wirklich hören, was ich beruflich gemacht habe?«, fragt sie mich. Natürlich will ich! Diese zierliche, durchsetzungsfähige Frau mit ihrer großen Geschichte ist wirklich sehr beeindruckend. Alles in ihrem bisherigen Leben habe mit Bildung zu tun gehabt, sagt sie, und alle zehn Jahre habe sie wie nach einer inneren Uhr den Beruf gewechselt: Kindergärtnerin, Musiklehrerin, pädagogische Sekretärin in der Musikakademie an der Tel Aviver Universität, Leiterin des methodischen Musikzentrums im Bildungsministerium und als Rentnerin gar noch die Ausbildung zur Feldenkrais-Therapeutin, ein Beruf, den sie ebenfalls zehn Jahre ausübte.

Sechs Jahre ist es jetzt her, seit Dalia sich »Machsom Watch«, der Initiative von »Frauen gegen die Besatzung und für Menschenrechte« anschloss, in der rund 250 Israelinnen aktiv sind. Jeden Mittwoch fährt diese sanft-energische ältere Dame in Begleitung von ein bis zwei weiteren Aktivistinnen nach Nablus in die Westbank und stellt sich neben den Checkpoint. »Wir wollen damit gegen die Besatzung protestieren. Sinn und Zweck dieser Aktion ist zugleich, dass die Soldaten sich von uns beobachtet fühlen und sich deshalb fair verhalten; sie fühlen sich von uns kontrolliert, deshalb mögen sie uns meistens nicht besonders. Drittens wollen wir den Palästinensern zeigen, dass es auch andere Israelis gibt, die keine Waffen tragen und an ihrem Leid teilhaben. Wir wollen zeigen, dass von unserer Seite nicht nur Schlechtes kommt.« Nach jedem Besuch an den Machsomim, den Checkpoints, schreiben die Frauen einen Bericht und senden ihn mit Fotos, oft auch einem Video, an die für die Veröffentlichungen zuständigen Mitstreiterinnen. Diese stellen das Material ins Internet auf die Webseite www.machsom.org und informieren gezielt alle relevanten nationalen und internationalen Organisationen, die sich mit Menschenrechten befassen, ebenso wie militärische und juristische Einrichtungen. »Manchmal werfen uns Soldaten anschließend vor, wir hätten ihre Handlungen falsch dargestellt«, sagt Dalia und lacht: »Das freut uns, weil wir merken, dass sie uns ernst nehmen.« Sie finde diese Form von Aktion mittlerweile viel sinnvoller, als auf den Straßen zu demonstrieren, erklärt sie. »Weil wir etwas Positives tun und nicht nur gegen die Besatzung protestieren.« Sie sei öfters von den Eindrücken am Checkpoint so schockiert und aufgewühlt gewesen, dass sie nachts nicht schlafen konnte. Alte Menschen, die schikaniert werden, Kranke, die schier endlos warten müssen, bis sie endlich ins Krankenhaus dürfen oder zurückgeschickt werden, Tausende Tagelöhner, die in Israel arbeiten wollen und demütigenden Leibesvisitationen unterzogen werden – all dies und noch viel mehr passiert an diesen militärisch bewachten Übergängen. Wenn Dalia sich anschließend nach einer Woche endlich beruhigt hatte, ging es weiter: die nächste Wache. Mittlerweile schlafe sie besser, sagt die mutige Rentnerin, es verhalte sich eben wie bei einem angehenden Doktor: Er müsse sich an den Anblick von Blut erst gewöhnen.

»Demütigungen kann ich nicht dulden«, sagt Dalia, »Da springe ich sofort auf.« Die Besatzung beraube die Palästinenser ihrer Würde. »Eine humane Besatzung gibt es ebenso wenig wie eine ›humane Armee‹«, so die »Machsom Watch«-Aktivistin in Anspielung auf das Image, das die israelischen Verteidigungskräfte von sich als »einer der menschlichsten Armeen der Welt« geschaffen haben. »Wenn ich sehe, wie wir die Palästinenser im eigenen Land schlecht behandeln, fühle ich das Blut meines Vaters schreien«, sagt Dalia in leicht gebrochenem Englisch. Ihr Engagement bei

»Machsom Watch« bedeute für sie, der Vision ihres Vaters Eliyahu zu folgen. Eine jüdische Streitmacht zu schaffen sei sein Lebensinhalt gewesen. Er habe jedoch stets die Sorge gehabt, dass daraus ein Ungeheuer entstehen könnte, das letztlich gegen sich selbst agiert. »Mein Vater hat die Haganah – was ›Verteidigung‹ bedeutet – gegründet, und er hatte dabei wahrlich keine Besatzung im Sinn. Die Haganah sollte das Land verteidigen! Mit der Zeit haben die israelischen Verteidigungskräfte sich jedoch in die ›israelischen Besatzungskräfte‹ verwandelt. Ich glaube, mein Vater wäre entsetzt, wenn er sähe, was heute vor sich geht. Von ihm habe ich gelernt, Menschenrechte und Völkerrechte zu würdigen«, sagt Dalia, und es ist ihr anzumerken, dass die Entwicklungen in ihrem Staat sie aufregen. Vor vier Jahren war sie als ältestes Mitglied von »Machsom Watch« eingeladen, bei der Zeremonie, die die »Kämpfer für Frieden« (Combatants for Peace) alternativ zum israelischen Unabhängigkeitstag veranstalteten, eine der zwölf Fackeln zu tragen. Sie verlas bei diesem Anlass einen Text ihres Vaters aus dem Jahr 1925, den ein betagter Historiker, der gegenwärtig am zweiten Band der Biografie von Eliyahu Golomb schreibt, während seiner Recherchen gefunden hatte: »Kann man gesunden Verstandes heute wirklich noch annehmen, Gewalt könne die problematischen Beziehungen zweier Völker lösen, die dazu bestimmt sind, dauerhaft als Nachbarn zu existieren – in Eretz Israel (Palästina) eng nebeneinander lebend und von arabischen Staaten umgeben? Eine gewaltsame Lösung würde die inneren Ressourcen jeder der beiden Nationen eher zerstören anstatt sie zu beleben und auf die nationale Befreiung vorzubereiten.«

Dalia wechselt unruhig die Position auf ihrem Sessel. »Wir haben einen Staat und das Recht, unser Land zu verteidigen. Viele wissen nicht, dass der Staat Israel eigentlich nur vom Meer bis zur

Grünen Linie reicht, die ja die Waffenstillstandsgrenze von 1949 ist. Nach dem sogenannten Sechstagekrieg ist die Grüne Linie bald von den Landkarten verschwunden. Wir sind zu Eroberern geworden und halten an der Westbank fest. Doch obwohl man die Grüne Linie auf den Landkarten abgeschafft hat, besteht sie eindeutig bis heute. Auf der westlichen Seite der Grünen Linie gibt es ein ziviles, demokratisches Regime, aber auf der östlichen Seite besteht ein israelisches Militärregime, dessen Oberkommandant zugleich der befehlshabende General der Zentralregion, der Gesetzgeber, der Richter und der Vollstrecker ist.«

Um Einfluss auf die öffentliche Meinung zu nehmen, organisiert »Machsom Watch« Gruppenreisen zu den Checkpoints und zu den »Apartheidstraßen« – selbst viele Linke hätten wenig Ahnung, wie sich die Besatzung praktisch auswirke, sagt Dalia. Auf diesen Busfahrten referiert Dalia mit Mikrofon und Landkarte über den historischen Hintergrund des Konflikts und über die Situation am Ort; außerdem arrangiert sie Gespräche mit Palästinensern, deren Lebenszusammenhalt durch die Mauer und die Checkpoints zerstört wurde. »Nach jeder dieser Fahrten bekomme ich interessante Rückmeldungen von den Mitreisenden«, berichtet Dalia. Viele derer, die sich zu dieser Tour entschlössen, modifizierten hinterher ihre Meinung. Einmal sei ein älterer Mann auf sie zugekommen, der sich auf der Reise sehr reserviert verhalten und viel geschwiegen habe. Dalia hatte nebenbei erfahren, dass er ein KZ-Überlebender ist. »Dieser Mann sagte mir: ›Uns hat damals keine Gruppe von Frauen wie ihr hier aufgesucht. Ich wünschte, Leute wie ihr wären auch zu uns gekommen.‹ Ich habe sofort verstanden, dass er von den KZs sprach, ich war tief bewegt«, sagt Dalia.

Vor knapp zwei Jahren sprach eine Mitstreiterin von »Machsom Watch« sie an, ob eine Schauspielerin aus Haifa bei ihr übernachten könne. Dalia sagte gleich zu, sie nahm an, es sei für eine Nacht. Tatsächlich aber war es für länger gedacht. So trat Rawda Sliman in das Leben der kämpferischen und zugleich ausgesprochen herzlichen Friedensaktivistin. »Der große Altersunterschied zwischen uns spielte keine Rolle«, sagt sie. »Wir haben uns sofort gut verstanden und lange Gespräche miteinander geführt. Politisch sind wir dennoch keineswegs immer einer Meinung, aber das ist normal, denn unsere Ausgangspunkte sind so verschieden.« Rawda sucht nach Wegen, ihre arabische Identität in Israel zu leben und auszudrücken. Und Dalia, die Zionistin, sieht darin keinen Widerspruch, respektiert und unterstützt Rawda in ihren Ansichten und Gefühlen. »Gleichzeitig glaube ich weiterhin, dass wir Juden einen Staat brauchen, weil es Antisemitismus in der Welt immer geben wird«, sagt Dalia. »Juden brauchen ein Zuhause und den Schutz, den es bietet. Aber auch die Araber, die hier seit hunderten Jahren leben, haben das Recht auf volle Staatsbürgerschaft und auf volle Anerkennung ihrer Rechte im Staat Israel. Was die Flüchtlinge von 1948 betrifft, so können wir das Rad der Geschichte nicht zurückdrehen. Sie haben einen Anspruch auf eine entsprechende Entschädigung. Ich habe mich sehr gefreut zu entdecken, dass mein Onkel Moshe Sharett schon im Jahr 1951 eine ähnliche Meinung hatte. In einem Buch, das die Debatten über die Wiedergutmachungszahlungen Deutschlands an den Staat Israel dokumentiert, habe ich das folgende Zitat von Sharett in einer Kabinettsitzung vom 8. Februar 1951 gefunden: ›Wenn wir Entschädigungen von den Deutschen erhalten, werden sie es uns ermöglichen, auch den Arabern großzügige Entschädigungen zu zahlen.‹«

Dalia atmet tief durch und sieht mich direkt an: »Wie kann man den Widerspruch zwischen einem Staat, der immer ein Zufluchts-

Dalia Golomb und Rawda Sliman

ort und ein Heim für Juden bleiben soll, mit einem demokratischen Staat aller Bürger vereinen? Darauf habe ich noch keine wirkliche Antwort gefunden.« Sie könne jedenfalls nicht akzeptieren, dass der israelische Staat solches Unrecht ausübe. Menschen wie Rawda müssten dieselben Rechte wie sie bekomme. Sie und ihre Freundin seien sich vollkommen einig, dass Israel ein besserer Staat werden müsse – hier treffen sich ihre Identitäten. »Zwischen uns beiden gibt es keine Grenzen«, sagt Dalia und strahlt: »Rawda ist meine beste Freundin geworden, und wenn es von uns beiden abhinge, wäre dies ein wunderbares Land!«

Kaum hat Dalia den letzten Satz ausgesprochen, hören wir den Schlüssel in der Haustür. Auftritt Rawda: »Ahlain! Hallo, ihr beiden!«, begrüßt sie uns auf Arabisch und strahlt. Dalia umarmt die jüngere Frau, die von der Autofahrt aus Haifa erschöpft ist: »Willst du etwas essen?«, fragt sie. Rawda winkt ab, nein, kein Hunger, aber sie habe arabisches Essen von zu Hause mitgebracht, vielleicht wolle Dalia ja etwas zu sich nehmen? Die beiden Frauen gehen sehr entspannt und vertraut miteinander um, man merkt, dass sie schon eine Weile zusammengewohnt haben. Rawda ist eine hübsche Frau mit schwarzen Haaren, dunklen Augen und einer starken Aura. Heute trägt sie ein halblanges Wollkleid mit Dekolletee und hohe schwarze Stiefel. Sie ist nur wenig jünger als ich, Mitte 40, hat aber zwei schon fast erwachsene Söhne. Einer von ihnen hat gerade in Hannover Deutsch gelernt und möchte in Berlin studieren. Nachdem Rawda ihre Reisetasche in ihrem Zimmer abgesetzt und sich frisch gemacht hat, setzt sie sich zu mir. Im Frühjahr war ich ihr an der »Berliner Schaubühne« begegnet, als sie mit ihren palästinensisch-israelischen, jüdisch-israelischen und deutschen Kolleginnen und Kollegen für das Stück »Dritte Generation« recherchierte. Die Dramaturgin Irina Szodruch hatte mich gebeten, der Gruppe von meinen Erfahrungen mit meinem Buch »Schweigen tut weh« und über meinen Umgang mit der Vergangenheit und Gegenwart als Enkelin eines Nationalsozialisten zu berichten. Rawda fiel mir auf, weil sie unter den palästinensischen Darstellern die einzige Frau und zudem die Einzige war, die sich an der anschließenden Diskussion beteiligte – die Männer in der damaligen Besetzung hielten sich fast demonstrativ aus dem Diskurs heraus. Es hatte mich neugierig gemacht, von ihr zu erfahren, wie es sich für sie als Palästinenserin in der sehr emotionalen Dynamik zwischen Juden und Deutschen anfühlte: Wut, Tränen, Schweigen, Empathie und Antagonismus. Bei unserem letzten Treffen im Sommer gestand mir Rawda, sie habe sich im Laufe des Prozesses manchmal manipuliert gefühlt. Ihr fielen die Schuldgefühle der Deutschen gegenüber den jüdischen Kollegen auf und auch, wie schwierig Letztere es fanden, sich in Deutschland aufzuhalten. Sie habe ihnen begreiflich machen wollen, dass es für sie auch nicht leicht sei, als Palästinenserin in Israel zu leben. Sie störte, dass die Israelis sich ständig als Opfer fühlten; und die Palästinenser auch. Es war hinderlich für sie gewesen, sich nicht so präzise ausdrücken zu können, wie sie es wollte, weil Englisch ihr als dritte Sprache nach Arabisch und Hebräisch noch nicht leicht von den Lippen geht: »Die Sprache war wie ein Checkpoint.«

In der Beschreibung des Projekts, das die »Schaubühne« gemeinsam mit dem »Habima Theater von Israel« (Tel Aviv) als »work in progress« und beißende Satire konzipiert hat, steht über Rawda: »Als sie 19 war, sprang sie aus dem zweiten Stock und hat sich mit Ausnahme eines kleinen Kratzers nicht verletzt. Sie sprang, weil sie in einen Kerl mit dem falschen Glauben verliebt war und nicht wollte, dass jemand sie in seinem Haus ertappte. Rawda ist Feministin, aber sie beseitigt noch immer ihre Haare an allen strategischen Stellen.«

»Erzähl mir von dir«, sage ich jetzt zu ihr. Rawda setzt an und will mit dem 11. September 2001 beginnen oder besser: mit einem Stück, das sie als Monolog über ihr Leben geschrieben und in Tel Aviv uraufgeführt hat. Doch dann ändert sie ihre Meinung und beginnt mit dem Dorf ihres Vaters: Ein Hawd. Es war ein Ort mit rund 900 Einwohnern auf dem Berg Karmel südlich von Haifa, mit guter Luft, vielen Quellen und fruchtbarer Landwirtschaft – Oliven, Getreide, Sesam. 1948 widersetzten sich die Bewohner der israelischen Armee, doch die meisten flohen schließlich in die Flüchtlingslager in der Westbank oder Jordanien. Ein Hawd wurde nach der israelischen Staatsgründung in Ein Hod umgetauft und ist seit 1953 eine jüdische Künstlerkolonie. 35 palästinensische Familien harrten während des Krieges jedoch aus. Sie gründeten zwei Kilometer von ihrem ehemaligen Dorf entfernt ein neues, Ein Houd, das allerdings erst im Jahr 1992 amtlich und 2005 endlich auch in der Praxis anerkannt wurde, jedoch bis heute nur teilweise mit Elektrizität versorgt ist. Rawdas Familie hatte ihr gesamtes Land verloren und war im Dorf Daliat el Karmel untergekommen, das von Drusen bewohnt war. Dort kam Rawda zur Welt. Die Drusen waren Muslimen gegenüber sehr feindlich eingestellt, und das bekamen sie und ihre Verwandten zu spüren. Sie zogen 1972 schließlich weg, als Rawdas Cousin starb und nicht begraben werden konnte, weil es keinen Friedhof für Muslime gab. Er hatte für ein Kibbuz auf den Feldern gearbeitet – auf demselben Stück Land, das früher seiner Familie gehört hatte.

Rawda war zehn Jahre alt, als sie, die Zweitgeborene, mit ihren Eltern, ihren vier Schwestern und sechs Brüdern in das arabische Dörfchen Tamra zwischen Haifa und Akko umzog. »Ich war froh, dass wir weggingen, weil die Kinder mich in der Schule immer damit aufgezogen hatten, dass ich Muslimin bin und meine Mutter aus dem Libanon stammt. In Tamra gab es viele Esel. Ganze Tage saß ich vor der Haustür und zählte, wie viele von ihnen an unserem Haus vorbeitrotteten. Meine Großmutter blieb in Daliat el Karmel, und ich besuchte sie dort oft. In Tamra ließen die Leute uns fühlen, dass wir Flüchtlinge sind, so wie die Leute in Daliat el Karmel sich von uns als Muslime distanziert hatten. Dennoch vermisste ich Daliat el Karmel, wenn ich in Tamra war, und umgekehrt. Vom Zeitpunkt unseres Umzugs an war mein Leben nicht mehr stabil. Ich war nirgendwo mehr richtig zu Hause.«

Nach dem Abitur wollte Rawda Schauspielerin werden, doch ihre Eltern waren dagegen – das sei kein seriöser Beruf. Deshalb begann sie, in Haifa Medienwissenschaft zu studieren. Nebenher erlernte sie aber heimlich doch die Schauspielkunst. »Über den arabisch-israelischen Konflikt dachte ich damals nicht viel nach, ich war mehr mit meiner Rolle als Frau beschäftigt. Zudem sprach ich anfangs noch kein Hebräisch, weil ich das bei uns auf dem Dorf ja nie gebraucht hatte. Mein Vater allerdings sprach es fließend, da er mit Juden zusammenarbeitete«, sagt sie. »In jener Zeit äußerten wir Palästinenser in Israel uns selten politisch, wir hatten Angst. Am Theater spielte ich nur Komödien oder Liebesgeschichten.« Daheim wurde über sie viel getratscht – sie gehe mit Männern aus, trage nicht die richtige Kleidung … Ihre Eltern kamen wiederholt, um nach dem Rechten zu sehen, und holten sie öfter nach Tamra zurück, damit sie nicht »auf die falsche Bahn« gerate. Auf diese Weise kam auch der Sprung aus dem zweiten Stockwerk zustande: Rawda hatte ihrer Tante, bei der sie während des Studiums in Haifa lebte, unter dem Siegel der Verschwiegenheit von ihrem christlichen Freund erzählt. Als sie am nächsten Tag aus der Universität kam, wurde sie im Wohnzimmer bereits von ihrer gesamten Familie mit bösen Gesichtern erwartet. Sofort

Rawda Sliman

war ihr klar, dass nur ihre Tante sie verraten haben konnte, sie flüchtete angsterfüllt auf den Balkon – und sprang. Zum Glück ist ihr nichts weiter passiert. »Ich habe dann beschlossen zu heiraten, um mich von der Kontrolle meiner Familie zu befreien. Freilich heiratete ich meinen Freund aus Haifa und keinen Mann aus Tamra, den meine Eltern ausgesucht hätten«, sagt Rawda. Das war der erste Akt ihres Emanzipationsdramas.

»Ich war aber immer noch nicht Rawda«, fügt sie nachdenklich hinzu, ihr schien es beinahe, als käme sie vom Regen in die Traufe. Zwei Shows für Kinder und Jugendliche habe sie jährlich auf die Bühne gebracht. Und täglich habe sie ihren Mann und ihre Kinder bekocht und den Haushalt geführt. »17 Jahre habe ich meine ›nationale‹ Pflicht erfüllt«, so Rawda sarkastisch. Dann trennte sie sich und ließ sich 2002 scheiden: »Ich beendete meine persönliche Besatzung und riss die Mauern nieder.« Wie schwer dieser Schritt für sie als Frau in der arabisch-muslimischen Gesellschaft gewesen sein muss, deutet sie nur an. Klar ist, dass es sie viel Kraft und Mut gekostet haben muss. »Schon als Mädchen hatte ich nicht dieselben Privilegien wie meine Brüder, und als Frau war ich unterdrückt. Ich sage meinen Leuten heute immer: ›Solange ihr nicht die Besatzung der Frauen beendet, könnt ihr kaum eure eigene Befreiung fordern.‹« Doch Rawda relativiert ihre Kritik: Eine jüdisch-italienische Kollegin habe dieselben Erfahrungen wie sie gemacht. »Unsere beiden Väter wollten nicht, dass wir Künstlerinnen werden, es ist ihr genauso wie mir ergangen.« Mit ihrem Mann hatte Rawda durchaus über Politik gesprochen, aber nur hinter verschlossenen Türen, weil er fürchtete, jemand könne mithören. Sie erinnert sich, dass die meisten jungen Männer aus ihrem Dorf in Saftfabriken arbeiteten, die von jüdischen Israelis betrieben wurden. Das sei ihr zwar merkwürdig vorgekommen, doch habe sie dies damals noch nicht als soziale oder politische Ungleichheit einordnen können. 2000 begann die Zweite Intifada: »Von diesem Moment an trugen wir palästinensischen Israelis unseren Kopf hoch und fingen an auszudrücken, was wir als Bürger in diesem Land als schmerzhaft empfinden. Endlich trauten wir uns, uns als Palästinenser zu zeigen. Die Zweite Intifada war meine erste politische Intifada.«

Zweiter Akt: Rawda wird politisch. Sie schrieb nun satirische Stücke, voll schwarzem Humor und Anspielungen auf die politische Situation. Ihre Entwicklung brachte sie auch beruflich weiter, und sie begann, am Arabisch-Hebräischen Theater in Jaffa zu spielen, später auch im renommierten Habima-Theater in Tel Aviv. Einige ihrer Freunde waren verärgert, weil sie sich als Vertreterin einer Minderheit – die arabische Bevölkerung macht etwas über 20 Prozent aller Einwohner Israels aus – dem »jüdischen Establishment« scheinbar anpasste. Doch davon ließ Rawda sich nicht einschüchtern: »Meine Freunde kennen meine Ansichten. Nicht aber die Anderen: Ich muss der jüdischen Bevölkerung vermitteln, was wirklich passiert ist.« Wir werden durch einen Anruf unterbrochen. Rawda spricht erst Hebräisch, dann Arabisch: Eine jüdische Freundin, die Arabisch lernt, erklärt sie mir anschließend. Ein Journalist habe sie nach ihrer Eine-Frau-Show über ihr Leben gefragt, wie sie es von ihrem kleinen Dorf so weit bringen konnte. Sie habe ihm geantwortet: »Ich habe den Apfel gegessen und bin aus dem Paradies geworfen worden. Nun hänge ich irgendwie zwischen den Welten und habe dennoch einen recht guten Platz gefunden, von dem aus ich beide Seiten mit einer gewissen Distanz betrachten kann. Ich fühle mich heute sehr viel wohler, weil ich Palästinensern, Arabern, Israelis und Juden sagen kann, was ich denke und wie ich fühle. Aber es strengt mich auch an. Ich warte rund um die Uhr darauf, dass mir jemand das Zeichen zur Flucht gibt. Ich bin immer auf dem Sprung.«

Sie lebe in einem »demokratischen Staat«, sagt Rawda mit Skepsis in der Stimme, aber wenn sie hier in Dalias Stadtteil im Geschäft Arabisch spreche, drehten sich ihre Mitbürger zu ihr um und schauten sie befremdet an – sie sehe gar nicht arabisch aus, bekomme sie oft zu hören. Es gebe so viele Klischees und Vorurteile! Die Männer, die gelegentlich mit ihr flirteten, würden das nicht tun, wenn sie wüssten, dass sie Araberin ist, und Nachbarn hier im Haus schnitten sie und vermieden es, Dalia zu besuchen, wenn sie da sei. Wieder klingelt ihr Mobiltelefon. »Ja, liebste Mama, ja, Habibiti«, beantwortet sie knapp und bestimmt die Fragen ihrer Mutter, um dann schnell wieder aufzulegen: »Entschuldige die Unterbrechung«, sagt sie und schaut aus dem Fenster in Richtung Park, um ihre Gedanken zu sammeln. »Als die israelische Armee und die Hizbollah sich im Juli 2006 bekriegten« fährt sie fort, »habe ich meine beiden Jungs gepackt und bin vom Norden nach Jerusalem geflohen. Seither kann ich diese Stadt nicht ausstehen – die Leute dort heiligen jeden einzelnen Stein. Wir brauchen ein Erdbeben, damit die Moscheen, die Synagogen und Kirchen, die Klagemauer und all das Religiöse in sich zusammenfällt, einen Tsunami brauchen wir! Wie viele Menschen sind durch diesen Konflikt bereits ums Leben gekommen! Niemand sollte dafür sterben müssen.«

Sie sei pessimistisch, was die Zukunft anbelange, so die Schauspielerin, der ich in Berlin bald wieder begegnen werde. In Wahrheit glaube sie kaum noch an die Zweistaatenlösung. Wie könne bei all den jüdischen Siedlungen und den Straßensystemen, die ausschließlich Siedler benutzen dürfen, bei den militärischen »Sicherheitsstraßen« und all den Checkpoints noch Raum für einen palästinensischen Staat sein? Die Siedlerbewegung bestimme den politischen Verlauf, selbst die Linke habe nicht den Mumm, deren Einfluss einzuschränken. »Weißt du«, sagt sie und sieht mich sehr ernst an, »ich hege keinen Hass gegen Juden und ich will sie auch nicht vertreiben. Das wird doch oft behauptet – die Araber wollten die Juden ins Meer treiben. Obwohl ich wenig zuversichtlich in die Zukunft blicke: Ich bin Israelin und gehöre hierher. Gewiss, ich wäre lieber in Europa oder anderswo zur Welt gekommen, aber ich bin nun mal hier geboren, und dies ist mein Zuhause, mit dem ich mich identifiziere. Meine Eltern sind noch traumatisiert von Krieg und Vertreibung – das hat ihre Familie auseinandergerissen und ihre ökonomische Situation radikal verschlechtert. Sie haben kein Selbstbewusstsein und fühlen sich noch immer als die Schwächeren. Ich habe mir und meinen Kindern beigebracht, anders zu sein und den Blick nicht mehr auf den Boden, sondern geradeaus zu richten. Wir schämen uns nicht, Palästinenser oder Araber zu sein. Mittlerweile respektieren meine Eltern, was ich mache, und sie sind stolz auf mich.« Nein, zu zwei Staaten werde es vermutlich nicht mehr kommen, aber sie glaube, dass man friedlich gemeinsam innerhalb eines Staates leben könne. Es gebe viele Gemeinsamkeiten. Nach ihrer Aufführung des Monologs kämen oft jüdische Israelinnen zu ihr, um ihr von ähnlichen Erfahrungen von Unterdrückung zu erzählen – bei ihnen zu Hause sehe es in puncto Emanzipation oft nicht anders aus als in arabischen Haushalten, auch dort gebe es viel Gewalt. Es entsteht eine längere Pause. Im Hintergrund hören wir Dalia, die in der Küche das Essen aufwärmt, das Rawda mitgebracht hat.

Wenn sie erlebe, wie Araber den Juden die Küchen einbauten und die Gärten pflegten, drehe sich ihr mitunter der Magen um. Für sie spielten Konfessionen keine Rolle, sagt Rawda, wichtig sei allein Menschlichkeit. Auf Demonstrationen zu gehen, das bringe doch nichts mehr. Sie wolle stattdessen praktisch helfen. Es gebe da ein Dorf in der Westbank in der Zone C unter israelischer Jurisdiktion. Dort wolle sie für die Ausbildung der Kinder sorgen, Bücher organisieren, vielleicht ein kleines Theater aufbauen – oder Lotto spielen, gewinnen und ihnen ein schönes Bildungszentrum bauen, sagt sie lachend.

Obgleich sie die Verhältnisse kritisiere, seien einige ihrer besten Freunde jüdisch, und sie vermittle ihren palästinensischen Freunden regelmäßig, dass es auch »andere Israelis« gebe. Dabei denke sie vor allem an Dalia: »Ich kann ihr alles sagen, was mich bewegt, ich kann mit ihr über meine Ängste sprechen und meine Wut äußern. Mit ihr komme ich viel besser zurecht als mit meinen Eltern. Dabei sind wir keineswegs immer einer Meinung. Trotzdem akzeptiert sie mich so, wie ich bin – und ich sie. Unsere Beziehung beruht auf Gleichberechtigung, Offenheit und Vertrauen. Wir führen einen wirklichen Dialog miteinander. Das ist möglich, weil Menschen wie Dalia die Wahrheit kennen und sich ihr stellen. Dalia ist durch und durch patriotisch. Sie ist bei ›Machsom Watch‹ aktiv, weil sie sich um die Existenz ihres Staates sorgt, den sie in Gefahr sieht, weil die Besatzung seine gesellschaftliche Substanz allmählich zerstört. Der Unterschied zu so vielen anderen Menschen in diesem Land ist, dass eine Frau wie Dalia nicht nur den Schmerz der Juden wahrnimmt, sondern auch unseren Schmerz, den Schmerz der Palästinenser.«

Visionen und Realpolitik

Ron Pundak prägte den Oslo-Friedensprozess und Ari Rath die israelischen Medien

Dalia trägt eine schwarze Sonnenbrille, die das knallige Rosa ihrer Bluse noch unterstreicht, und navigiert flott durch den dichten Tel Aviver Verkehr. Beeindruckend, wie sie mit 81 noch Auto fährt, an Pepp fehlt es ihr wahrhaftig nicht. Jetzt drückt sie aufs Gas, wir sind viel zu spät dran. Rawda sitzt vorne, auf dem Weg zu den Theaterproben, hinten auf der Rückbank ich, die beiden bringen mich freundlicherweise zu meinem nächsten Termin. Wir drei Frauen verstehen uns gut – die Israelin, die Palästinenserin und die Deutsche im selben »Boot«. Hinter einer stark befahrenen Kreuzung inmitten eines geschäftigen Hightech- und Bankenviertels vollführt Dalia einen rasanten U-Turn, bremst energisch, setzt ein Stück zurück und hält schließlich abrupt am Straßenrand. »Hier musst du raus, alles Gute, beeil dich!«, sagt sie, während hinter uns bereits ungeduldig gehupt wird. Ich verabschiede mich rasch und eile in das vor mir liegende Bürohaus. Der Aufzug bringt mich direkt zum »The Peres Center for Peace«, das Israels Präsident und Nobelpreisträger Shimon Peres 1996 gegründet hat.

Shimon Peres will mit diesem Zentrum seine Vision eines »Neuen Nahen Ostens« verwirklichen, in dem die Menschen auf der Basis sozioökonomischer Zusammenarbeit und Entwicklung friedlich miteinander leben. In der Gründungsschrift wird die Rolle betont, die »die zivilgesellschaftlichen Organisationen spielen können, um die Voraussetzungen für den palästinensisch-israelischen Friedensprozess zu schaffen … Wir wollen Vertrauen und Kooperation an der Basis herstellen, um eine breitere Friedensbewegung aufzubauen. Die sozialen, ökonomischen, kulturellen und politischen Bereiche beider Gesellschaften sollen auf dem Weg der Versöhnung mit einbezogen werden.«

In seinem Büro empfängt mich der Direktor, Ron Pundak – eine der Schlüsselfiguren im Oslo-Friedensprozess. Von und über ihn hatte ich bislang nur gelesen: Anfang 1993 war er einer der beiden Israelis, die fünf Monate lang insgeheim mit Vertretern der PLO verhandelten. Auch in der zweiten Phase der Verhandlungen hinter verschlossenen Türen gehörte Pundak zum israelischen Team, das Peres, Yossi Beilin und später Yizhak Rabin anführten. Er war durch diese Vorarbeiten maßgeblich daran beteiligt, dass am 13. September 1993 die Grundsatzvereinbarungen zwischen Palästinensern und Israelis in Washington unterzeichnet werden konnten – ein Meilenstein im Friedensprozess und Paradigmenwechsel bezüglich der gegenseitigen Anerkennung und des Prinzips der Teilung, zumindest auf dem Papier. Bis er 2001 die Leitung des »Peres Center« übernahm, war Pundak damit beschäftigt, die Blaupausen für die Verhandlungen über den endgültigen Status in Camp David II und Taba mit zu entwickeln. In jener Zeit war er der stellvertretende Direktor der israelischen Expertenkommission für Kooperation mit den Palästinensern, der »Economic Cooperation Foundation« (ECF). Aktiv war er ferner im israelischen Hauptausschuss für die »Genfer Initiative«, die in Zusammenarbeit mit Palästinensern am 1. Dezember 2003 vom früheren Justizminister Yossi Beilin und dem ehemaligen

Mitglied der palästinensischen Autonomiebehörde, Yasser Abed Rabbo, unterzeichnet wurde und umfassende Vorschläge für eine endgültige Lösung des Konflikts unterbreitete. Eine der vielen guten Initiativen, zu deren Umsetzung es bislang nie gekommen ist.

Ron Pundak ist zweifellos ein Insider des palästinensisch-israelischen Dialogs, der verschiedene Ansätze mit entwickelt und praktisch umgesetzt hat: die Track-1-Diplomatie zwischen Regierungen und vor allem die Track-2-Diplomatie zwischen Persönlichkeiten ohne offizielles Amt. Den Kontakt zu Pundak haben mir Yizhar Be'er von »Keshev« und Ziad Abu Zayyad vom »Palestine-Israel Journal« vermittelt – beide haben mit ihm zusammengearbeitet. Der freundliche 53-Jährige mit Brille trägt einen bunten Wollpulli und wirkt trotz seiner vielen Erfahrungen auf dem politischen Weltparkett bescheiden und lebensnah. Über das »Peres Center« hat er ganz offensichtlich schon unzählige Male berichtet, dennoch scheint er ungebrochen enthusiastisch: »Nichtregierungsorganisationen zu fördern, die unter einem Dach Friedensaktivitäten betreiben, war schon immer mein Traum«, sagt er. Mittlerweile sind 120 solcher Organisationen im Netzwerk des »Peres Center« zusammengeschlossen, 70 israelische und 50 palästinensische.

Pundak erklärt mir seine »zwei Grundlagen des Friedens«: Frieden schließen und Frieden festigen. Zum Frieden schließen gehört die offizielle Ebene: politische Verhandlungen auf Track 1 und 2 mit dem Ziel, Vereinbarungen zu unterzeichnen. Zum Festigen des Friedens bedarf es der Zivilgesellschaft – das heißt, »klassischer« Dialoge zwischen Menschen, wirtschaftlicher Entwicklung und Förderung all der Fähigkeiten, die für dauerhafte Zusammenarbeit und gegenseitiges Verständnis notwendig sind. Beide Ansätze ergänzen sich und müssen sich miteinander verzahnen. Das »Peres Center«, so Pundak weiter, arbeite auf fünf verschiedenen Gebieten, um die sozialen und wirtschaftlichen Leistungen in der Region zu steigern: Humanitäre Hilfsleistungen; Förderung von Kompetenz; Wirtschaft und Handel; Dialog und Interaktion; Bildung und Kultur. Konkret bedeutet das zum Beispiel, dass durch Kooperation zwischen israelischen und palästinensischen Ärzten schwer kranken Kindern geholfen wird, die in den palästinensischen Gebieten nicht angemessen behandelt werden können. Durch dieses gemeinsame Projekt werden rund tausend Kinder jährlich in israelischen Krankenhäusern medizinisch versorgt. »Wir wollen vermitteln, dass es Israelis gibt, denen die Palästinenser nicht gleichgültig sind«, so Pundak. Zu den zahlreichen Projekten gehört auch das Training von palästinensischen Ärzten. Die seien in der Theorie oft genauso kompetent wie israelische, nur fehle es ihnen in der Ausbildung oft an praktischer Erfahrung. Die circa 40 Ärzte, die jährlich in israelischen Krankenhäusern ausgebildet werden, bildeten später die Grundlage des palästinensischen Gesundheitssystems. Auch im Bereich von Kultur und Sport organisiert das »Peres Center« Friedenserziehung. An die 2000 israelische und palästinensische Kinder begegnen sich jährlich beim Fußball- oder Basketballspiel und in Sommerlagern. Die israelischen Kinder bekommen Arabischstunden, die palästinensischen lernen Hebräisch. Es wird zusammen gespielt und gegessen, und auch die Eltern begegnen sich dabei.

Sei es durch Vermittlung von Know-how, durch internationale Vernetzung oder israelisch-palästinensische Roundtables zu Themen wie Privatwirtschaft, Bankwesen, Technologie, Im- und Export, Psychologie, Diplomatie oder Medien: Stets steht das Prinzip von Gegenseitigkeit und Austausch im Vordergrund. Meiner

Frage, ob sich das Ungleichgewicht zwischen den beiden Seiten in der Projektarbeit zeige, weicht der erfahrene Politikmacher offensiv aus: »Wir gehen mit der Asymmetrie offen und direkt um. Das, was wir machen, hat nichts mit ›gutem Willen‹ zu tun, sondern mit Budgets.« Er empfände es als Pflicht der Israelis, mit den Palästinensern auf allen Ebenen zu kooperieren und im Dialog zu bleiben. Die Philosophie des Zentrums sei, dass Unterstützung besser durch den unmittelbaren Nachbarn Israel als durch Dritte, wie etwa Deutschland, komme. »Hinter unseren Aktivitäten steht der Leitgedanke der Zeit nach dem Zweiten Weltkrieg – der Nachbar soll stark, erfolgreich und gebildet sein«, sagt Pundak, der in politischer Geschichte in London promoviert hat.

Ja, stimmt er mir zu, es gehe darum, allmählich die Strukturen eines palästinensischen Staates zu schaffen, und zwar selbst dann, wenn es keinen korrespondierenden Prozess auf der Regierungsebene gebe. Diesem politischen Ansatz kann ich folgen. Doch ich frage mich, ob das Ungleichgewicht zwischen Israelis und Palästinensern tatsächlich im »psychologischen« Fokus des Zentrums steht? Ist es nicht von vornherein im Konzept angelegt, weil die Finanzen und die Durchführung allein in israelischer Hand liegen? Kritiker aus dem linken Spektrum werfen dem »Peres Center« vor, die meisten Projekte fänden innerhalb Israels statt und Palästinenser profitierten davon nicht nachhaltig, ja, die großen Geldbeträge dienten eher dazu, die Auswirkungen der Besatzung zu dämpfen, anstatt sie konsequent zu beseitigen.

Aus der Sicht von Pundak geht es bei dieser Arbeit jedoch nicht um schnell sichtbare Ergebnisse, sondern um Langzeiterfolge. Die Einstellungen von Menschen und die Werte von Gesellschaften zu verändern brauchten eben viel Zeit. »Eines Tages werden wir feststellen, dass unsere Aktivitäten und all die der Nichtregierungsorganisationen (wie zum Beispiel ›Keshev‹) zum Friedensprozess beigetragen haben. Denn all die Samen, die wir gepflanzt haben, werden aufgehen, weil wir die Einstellungen, die beide Seiten zueinander haben, positiv beeinflusst haben«, sagt er mit Überzeugung.

Ron Pundak konzentriert sich mehr auf die Erfolge als auf das, was nicht erreicht wurde. Seiner Meinung nach ist seit 1993 ungeheuer viel geschafft worden, weil es mittlerweile einen Konsens über fundamentale Punkte gebe, die vormals ein Tabu waren, wie etwa die gegenseitige Anerkennung: »70 bis 80 Prozent der Israelis und Palästinenser kennen die Lösungen für den Konflikt – die Siedlungen, Jerusalem, die Flüchtlingsfrage, Sicherheit. Im Grunde gibt es auf der politischen Ebene heute mehr Einigkeit denn je, bei den Differenzen handelt es sich nur noch um Nuancen. Ehud Olmert und Mahmoud Abbas haben sich sehr mutig vorwärts bewegt. Allein, sie haben nicht die Macht, ihre Entscheidungen durchzusetzen, weil sie in ihrem jeweiligen Lager zu schwach sind. Was wir momentan nicht haben, ist gegenseitiges Vertrauen.« Aber an der Basis, zwischen Projektpartnern, gebe es dieses Vertrauen doch, antworte ich: Warum sich das nicht auf die politische Ebene übertragen lasse? Mittlerweile hat sich auch zwischen dem Direktor des »Peres Center« und mir eine gute Gesprächsatmosphäre entwickelt. Wie in Israel meist üblich, nennen wir uns beim Vornamen. Ron lässt keinen Zweifel am Versagen der Politiker, dass der Friedensprozess bislang zu keinem abschließenden Ende gebracht worden ist: »Beide Seiten haben den Prozess unnötig in die Länge gezogen. Der größte Fehler der israelischen Politik war, die bereits getroffenen Vereinbarungen nicht umzusetzen. Das gilt insbesondere für die Siedlungen. Auf palästinensischer Seite waren es vor allem die Zweite Intifada und die Terroranschläge. Israel wiederum hat überproportional hart auf die Gewalt reagiert. Diese Entwicklung hat beide Seiten in den Extremismus getrieben.«

Dass im Jahr 2000 die Verhandlungen in Camp David scheiterten, schreibt der erfahrene Diplomat ohne offizielles Amt allen beteiligten Seiten zu: Die USA seien amateurhaft vorgegangen, ohne Strategie und diplomatisches Geschick. Arafat habe seine eigenen Leute nicht im Griff gehabt und nicht mit offenen Karten gespielt, habe sich nicht festlegen wollen und mit den militanten Gruppierungen geflirtet. »Diese Schwächen hätten allerdings überwunden werden können«, so Ron. »Als Israeli tut es mir leid, sagen zu müssen, dass unsere Rolle am meisten zum Zusammenbruch der Gespräche beigetragen hat. Ministerpräsident Ehud Barak hat dramatisch schlecht verhandelt und den Palästinensern viel zu wenig angeboten. Sein einziger ›Erfolg‹ war, dass er den israelischen Bürgern anschließend weisgemacht hat, es gebe keinen Partner für Verhandlungen: Darin war er ein Zauberer! Er hat den Rechten damit einen Ball zugespielt. Das hat auf palästinensischer Seite dazu geführt, das Vertrauen zu verlieren. So führt eine Reaktion zur nächsten und behindert Fortschritte.« Da die Medien der Richtung der Politiker folgten, hätten sie ihrerseits dazu beigetragen, eine negative Atmosphäre zu schaffen. Die Friedensanstrengungen an der Basis, auch die des »Peres Center«, hätten die Medienmacher in diesem Klima mehr oder weniger ignoriert, weil sie meinten, sie passten nicht in den Trend.

Unterdessen hätten die meisten Israelis sich nicht um das Leid der Palästinenser, um deren tägliche Schikanierung an den Checkpoints, den Raub ihres Landes oder um die Auswirkungen der Mauer geschert. »Im Herzen der Israelis gibt es keinen Platz für jene, denen man nicht trauen zu können glaubt. Wenn die Palästinenser Hamas wählen, unterstützen sie zwangsläufig auch die

Ziele dieser Bewegung, so die vorherrschende Meinung vieler Israelis: die Zerstörung Israels. Wenn sie aus diesem Grund Benjamin Netanyahu wählen, ist das sehr kurz gedacht. Die Palästinenser denken dann nämlich auch über uns: ›Denen kann man nicht vertrauen!‹«

Der Direktor des »Peres Center« gibt sich dennoch weiter optimistisch. Für ihn stehen alle Wege zum Frieden noch offen, denn der sei weiterhin das, was sich die Menschen auf beiden Seiten wünschten. Die Islamisten und extremistischen Rechten in Israel seien noch immer eine Minderheit. Für Hamas hätten zwar 40 Prozent der Palästinenser gestimmt, das habe jedoch rein pragmatische Gründe gehabt, weil man von Fatah enttäuscht war und verärgert, dass so viele Vereinbarungen von Oslo nicht umgesetzt worden sind. Ideologisch hingegen stünden weniger als 20 Prozent hinter Hamas. Auf die Siedler seien die meisten Israelis mittlerweile auch ganz und gar nicht mehr gut zu sprechen. »Als Ariel Sharon die Siedler aus dem Gazastreifen abzog, stand die Mehrheit der Israelis hinter ihm.« Das, was die Siedler und andere Rechte in Israel vertreten, habe nichts mit seinem Judentum zu tun, sagt Ron. »Mein Judentum als Israeli, der ich allem voran bin, ist säkular, ich bin Jude als Teil einer Nation und nicht einer Religion.«

Der Arabische Friedensplan von 2002 sei noch immer aktuell und eine positive Initiative, die nun dringend in den politischen Prozess integriert werden müsse. Dazu bedürfe es mutiger Politiker, die ihre Entscheidungen an ihre Wähler vermitteln können. Zugleich warnt Pundak, der Vater zweier Kinder ist, davor, den Prozess abermals zu verzögern. Die Gefahr bestünde, dass die extremistische Minderheit sich zu einer Mehrheit entwickeln könnte. Weder der Iran noch Hizbollah im Libanon seien durch ihre Verweigerungshaltung und Drohgebärden in dieser Hinsicht hilfreich. Der Konflikt könnte von einem politischen in einen nationalreligiösen umkippen; damit bräche eine grausame Phase von Gewalt an. Doch Ron glaubt fest an einen guten Ausgang, denn aus seiner Sicht ist der Boden auf politischer Ebene schon lange bereitet. Für ihn ist Frieden in der Region ein Lebensziel und Bestandteil seiner zionistischen Ideale: »Wir haben in Israel noch nicht zu Ende gebracht, was die Generation unserer Eltern begonnen hat.«

Der Direktor der »Stiftung Wissenschaft und Politik«, Volker Perthes, wird mir einige Wochen später in Berlin eine ähnliche Einschätzung wie Ron Pundak vermitteln: Die Blaupausen für Frieden lägen schon lange vor, die Unterschiede in den Positionen seien inzwischen gering. Es sei jetzt eine der Hauptaufgaben Barack Obamas, die Zweistaatenlösung durchzusetzen, um in der Region Sicherheit zu schaffen. Dabei sei die USA als starker Partner ganz im Interesse Israels, so Perthes.

Iran habe deshalb Einfluss im Gazastreifen erlangt, weil der Westen durch die Weigerung, mit Hamas zu sprechen, dort eine Tür offen gelassen habe. Gesprächsverweigerung sei zwar eine Haltung, aber sicherlich keine Politik. »Eine Regierungsbeteiligung ist für Hamas eine Möglichkeit, sich als verantwortlicher politischer Partner zu zeigen«, sagte Perthes. Die Palästinenser brauchten dringend eine einheitliche Regierung, bestätigt durch Neuwahlen und das Parlament. Wenn es dagegen mehrere palästinensische Verwaltungen bzw. Regierungen gebe, schwäche dieses die Verhandlungsposition gegenüber Israel und verhindere eine Zweistaatenlösung. Jede lokale Krise, wie zum Beispiel die Spaltung der palästinensischen Regierung in Gaza und Westbank, destabilisiere die Region. »Israel und die Palästinenser müssen sich jetzt schleunigst zusammenraufen.« Werde die Zweistaatenlösung nicht bald durch positive und negative Anreize von der internationalen Gemeinschaft, allen voran den USA, durchgesetzt, sei zu erwarten, dass die Palästinenser eine Form des Widerstands wählten, die sich am Apartheid-Kampf orientiert, und sie für die Einstaatenlösung kämpfen würden. Eine solche Lösung aber bedeutete das Ende des zionistischen Projekts, des jüdischen Nationalstaates. Es liege an der Bequemlichkeit von Demokratien, entscheidende Fragen über die Legislaturperiode hinauszuschieben und unbeantwortet zu lassen. In Israel diskutiere man deshalb nur taktische Fragen, nicht aber das zentrale Thema, wie die Existenz des Staates über Generationen hinweg gesichert werden könnte. Das sei ein Prozess, in den alle gesellschaftlichen Gruppen einbezogen werden müssten. Ein solcher strategischer Diskurs würde vermutlich zeigen, dass die Zweistaatenlösung die beste sei.

Doch zurück nach Tel Aviv: Zum Abschluss meines Gesprächs mit Ron Pundak gibt er mir noch Informationsmaterial über das »Peres Center« und gute Wünsche auf den Weg. Im Aufzug nach unten stelle ich fest, dass ich eben einen noch ganz anderen Zugang kennengelernt habe, der die Friedensarbeit an der Basis mit der offiziellen politischen Ebene auf intelligente Weise zu verbinden scheint – mit allen Vor- und Nachteilen. Jimmy Carter, Henry Kissinger, Helmut Kohl und Rita Süßmuth gehören zu den Vertretern von rund 40 verschiedenen Nationen im internationalen Vorstand des Zentrums. Mit diesen Schwergewichten müsste sich doch einiges bewegen lassen – und doch scheint sich nichts zum Besseren zu wenden.

Auf der Straße tost der Verkehr, und mir brummt der Kopf. Ein Taxifahrer bringt mich zum Rabin-Platz, dem Ort, wo Yizhak Rabin im November 1995 auf einer Veranstaltung der Friedensbewegung von einem fanatischen jüdischen Jura-Studenten ermordet wurde. Amira Hass ist gerade in der Stadt, und wir haben uns verabredet, um uns kurz zu verabschieden. Sie arbeitet konzentriert an einem neuen Artikel in einem Buchladen mit Café. Dort trinken wir einen frisch gepressten Orangensaft, während ich ihr von meinen Erfahrungen der letzten Tage berichte – dann eine herzliche Umarmung, »Lehitraot«, bis bald, auf Wiedersehen.

Draußen wartet Ari Rath im Wagen auf mich, um mich zum Ben-Gurion-Flughafen mitzunehmen. Wir haben dasselbe Flugzeug gebucht und werden gemeinsam reisen. Ari ist mittlerweile 84 Jahre alt, aber noch immer so wach und lebhaft wie ein junger Mann. Begegnet sind wir uns beim Österreichischen Rundfunk in einer Fernsehdiskussion anlässlich des 60. Jahrestages von Israel. Ari und ich diskutierten mit der palästinensischen Pädagogin und Theologin Viola Raheb und dem in Tel Aviv geborenen Wiener Schriftsteller Doron Rabinovici über den »Neuen Antisemitismus« – und waren uns in manchen Punkten bezüglich des Nahostkonflikts durchaus nicht einig.

Aus dieser ersten Begegnung entstand eine wunderbare Freundschaft. Aris Leben birgt den Stoff für einen Roman. Er kam 1925 als zweiter Sohn des Ehepaars Rath in Wien zur Welt. Seine Mutter starb, als er vier Jahre alt war, und wurde dort auf dem Jüdischen Friedhof begraben. Josef, sein Vater, betrieb mit seinem Bruder in Wien einen Papiergroßhandel, der Familie ging es materiell gut. »Ich zeigte schon als Kind politische Neugier, und seit meinem achten Lebensjahr las ich die Zeitungen, die der Vater mittags nach Hause brachte«, so Ari. Josef heiratete 1936 ein zweites Mal. Rita nahm seine beiden Söhne wie ihre eigenen an, ein Jahr später bekamen sie noch eine Tochter namens Henny. Im Gymnasium kam Ari in eine separate »Judenklasse«. »Obwohl man keinen offiziellen Grund für diese Klassentrennung angegeben hatte, wurde damals den Eltern der jüdischen Schüler ziemlich deutlich klar gemacht, dass sich die Christenklasse ohne die öfters ›vorlauten‹ jüdischen Schüler, die auch gerne ›Besserwisser‹ seien, vorteilhafter entwickeln würde«, erinnert sich Ari. »Die Öffentlichkeit in Österreich, auch in proisraelischen Kreisen, wird ungern an diese interessante und nicht uncharakteristische Episode erinnert. Genauso wie die verdrängte Nazi-Vergangenheit ist es eines der vielen verdrängten Themen des ›Austro-Faschismus‹ zwischen 1934 und 1938, mit denen sich die meisten Österreicher bis heute nicht wirklich auseinandersetzen wollen.«

Ari erinnert sich noch sehr genau an den 11. März 1938, als Hitlers Wehrmacht in Österreich einmarschierte: »Unsere Welt ist buchstäblich über Nacht in sich zusammengestürzt.« Plötzlich dröhnte das Horst-Wessel-Lied im Radio, und in der Stadt traten die Polizisten mit Hakenkreuz-Armbinden auf. Die Übernahme durch die Nazis war klammheimlich vorbereitet gewesen. Am schlimmsten war es, den Hohn der Bevölkerung gegen die Juden zu erleben. »Vom einen auf den anderen Tag waren wir zu ›Unmenschen‹ geworden.« Die Erde, in der Aris Mutter begraben war, war für ihn plötzlich fremder Boden. »Das schöne, verwöhnte Leben im Wien der 1930er-Jahre war zu Ende. Trotz unserer früheren Gleichgültigkeit gegenüber der zionistischen Idee war die instinktive Reaktion sofort, dorthin auszuwandern, von wo man nie wieder vertrieben werden kann.«

Im Mai 1938 verhafteten die Nazis seinen Vater und 3000 weitere jüdische Kaufleute und verschleppten sie nach Dachau; den Rath'schen Papiergroßhandel übernahmen sie auch. Ari und sein Bruder Maximilian entschieden sich, nach Palästina auszuwandern. Dazu war nicht nur eine große Portion Glück und Geschick notwendig, paradoxerweise half auch die Tatsache, dass ihr Vater mittlerweile im KZ Buchenwald einsaß und seinen Söhnen die Auswanderung nicht verbieten konnte – er war von der zionistischen Idee nicht sonderlich überzeugt. Am 8. November 1938 landete der 13-jährige Ari mit einem Kindertransport in der Fremde, wo er als verwöhnter Wiener Bub nie hatte sein wollen: in Palästina. »Hitler hat mich zum Zionisten gemacht«, sagt er. Nach einer landwirtschaftlichen Ausbildung schloss er sich bald der Kibbuzbewegung an und zog in das Kibbuz Chamadia am Jordan, wo auch Dalia Golomb lebte. Ari ist bis heute mit ihr befreundet. Er nennt sie »Dalika« und sagt, es sei »einer der Hoffnungsstrahlen Israels, dass die Tochter des Mitgründers der Haganah eine der führenden Damen von ›Machsom Watch‹ ist«.

Ari sah Josef, Rita und seine Schwester Henny erst acht Jahre später wieder. Sein Vater hatte überlebt, weil die Nazis ihn unter der Auflage freigelassen hatten, Deutschland sofort den Rücken zu kehren und ihnen sein gesamtes Vermögen zu überlassen. Über Kuba waren die drei nach New York gelangt. Als Ari sie dort endlich wieder in die Arme schließen konnte, hatte Josef bereits ein neues Papiergroßhandelsgeschäft gegründet. Das »dramatische Wiedersehen und die neue amerikanische Kultur- und Sprachwelt haben mein Leben verändert«, sagt er. Er war für 20 Monate nach New York gekommen, weil er die Aufgabe hatte, für die Arbeiter-Jugendbewegung junge amerikanische Juden zur Emigration nach Palästina zu bewegen. Zugleich arbeitete er als freier Journalist für die der Arbeiterbewegung nahestehende Tageszeitung »Davar« und durfte 1947 an der Sondersitzung der Vereinten Nationen teilnehmen, die beschloss, Palästina in einen jüdischen und einen arabischen Staat zu teilen. Dank seiner guten Kontakte konnte er als erster Reporter vermelden, dass die Ostblockstaaten den UN-Teilungsplan Palästinas und die Gründung eines jüdischen Staates unterstützten. »Ich hatte meinen ersten ›Scoop‹, ohne seinerzeit zu wissen, was das Wort eigentlich bedeutet.«

Die Gründung Israels erlebte Ari zu seinem Bedauern nur aus der Ferne. Während des Krieges von 1948 sollte er im Auftrag der »Jewish Agency« illegal Waffen beschaffen und für deren Lieferung sorgen. Unter der Leitung von Teddy Kollek organisierte er auf dem New Yorker Schwarzmarkt Granaten, die er, in Gurkendosen verpackt, nach Israel verschickte.

Nachdem er in seinen Kibbuz zurückgekehrt war, engagierte er sich weiter für die Arbeiter-Jugendbewegung und studierte Zeitgeschichte und Volkswirtschaft. Mitte der 1950er-Jahre trennten sich die Eltern. Rita blieb in New York, Josef wickelte sein Unternehmen ab und lebte fortan überwiegend in der Schweiz. 1958 gelangte Ari durch Vermittlung eines Studienkollegen als politischer und diplomatischer Reporter zur »Jerusalem Post«. Der politische Journalismus schien geradezu seine Berufung zu sein; er machte rasch Karriere. Wie ein »Fisch im Wasser« tummelte sich der ehemalige Wiener Bub unter bedeutenden Staatsmännern und Intellektuellen. 1960 schaffte er es durch Geistesgegenwärtigkeit, der einzige Journalist zu sein, der in New York der legendären Begegnung zwischen David Ben Gurion und dem deutschen Bundeskanzler Konrad Adenauer beiwohnte, die zum offiziellen Beginn der deutsch-israelischen Beziehungen führte. Es war eine Zeit des Aufbruchs und der großen politischen Veränderungen, und Ari trug zu diesem intellektuellen Klima bei. Er tauchte auch tief in die israelisch-palästinensischen Beziehungen ein und schloss Kontakte zu den politischen und intellektuellen Persönlichkeiten, die sich hinter den Kulissen um Verständigung bemühten.

Schon in den ersten Wochen nach dem Sechstagekrieg im Juni 1967 betrachtete er es als wichtige Aufgabe der »Jerusalem Post«, die Verständigung mit den palästinensischen Einwohnern Ost-Jerusalems zu fördern. So veröffentlichte er zum Beispiel Leserbriefe von Palästinensern in der »Jerusalem Post«, die zur Rückerstattung ihrer von israelischen Soldaten beschlagnahmten Autos führten. Später machte die Zeitung verschiedene Beiträge von palästinensischen Politikern und Journalisten publik, die natürlich auch Israels Verhalten in den besetzten Gebieten kritisierten. Ari knüpfte freundschaftliche Kontakte zu damaligen palästinensischen Schlüsselfiguren wie Anwar Nusseibeh, Elias Freij, dem Bürgermeister von Bethlehem, und Mohammed Abu-Zalef, dem Chefredakteur und Herausgeber der führenden palästinensischen Tageszeitung »Al Quds«, nachher auch mit Sari Nusseibeh, Hanna Siniora, Feisal Husseini und Ziad Abu Zayyad. Als eines Tages »Al Quds« das Druckpapier ausging, weil sich eine Lieferung verspätet hatte, rief Abu-Zalef in seiner Not Ari an, der als Chef vom Dienst sofort veranlasste, ihm zehn Ballen Druckpapier von der »Jerusalem Post« zu leihen. 1975 wurde Ari zum Chefredakteur und Herausgeber des Blattes ernannt, aus dem er eine liberale, unabhängige Zeitung machte. Als ein kanadischer Verleger die Zeitung 1989 der israelischen Gewerkschaft »Histadrut« abkaufte, konnte Ari nicht bleiben, denn es wehte ein anderer politischer Wind: Die »Post« veränderte sich politisch stark nach rechts.

Zu seiner Geburtsstadt hat Ari stets ein gespaltenes Verhältnis behalten. Erst nach vielen Jahre konnte er sich Wien wieder annähern. Mittlerweile ist er dort als unterhaltsamer Redner und Gast auf Podien sehr gefragt, und diese Einladungen nimmt er gerne an. Die Stadt schmückt sich mit ihm und hat ihn 2006 für die Verständigung mit Israel mit dem Goldenen Ehrenzeichen Wiens

Ein palästinensischer Junge beobachtet eine israelische Armeepatrouille, die die Schlachterei seines Vaters auf dem zentralen Markt von Hebron nach illegalen Waffen durchsucht hat.

ausgezeichnet. Zehn Jahre zuvor wurde ihm das Österreichische Bundesverdienstkreuz für Wissenschaft und Kunst verliehen. Es erzeugt ambivalente Gefühle, Ehrungen durch das Land zu erfahren, das seine Familie einst verstoßen und fast ermordet hat. Bei der Verleihung durch Bundeskanzler Viktor Klima sagte Ari, er habe sich entschlossen, »diese Ehrung im Namen einer ganzen Generation anzunehmen, der es verweigert wurde, jegliche Verdienste für dieses Land zu leisten«. Er fühlt sich gewiss irgendwie geschmeichelt, doch er wahrt seine Distanz und bleibt ein Mahner, der unermüdlich daran erinnert, dass die Österreicher aktiv an den Verbrechen des Nationalsozialismus beteiligt waren. Damit verdirbt er so manchem Österreicher das Gefühl von Gemütlichkeit: Eine Rückkehr zur Normalität kann es seiner Meinung nach nicht geben, solange so viele Österreicher ihren Anteil an der NS-Vergangenheit verdrängen und verleugnen und noch immer glauben, sie wären das erste Opfer von Hitlers Aggression gewesen.

Ari fordert konsequent die Konfrontation mit der Vergangenheit, und das tut er freilich auch in Deutschland, wo der Vielreisende immer wieder öffentlich auftritt. Mit seinen ausgewogenen klaren Positionen, seinem beeindruckenden Wissen und seinem Reichtum an Lebenserfahrung regt er seine Zuhörer und Leser zum Nachdenken an und vermag es, zwischen verschiedenen Standpunkten dialogisch zu vermitteln. 2005 hat auch die Bundesregierung ihm das Deutsche Bundesverdienstkreuz für Wissenschaft und Kunst verliehen, um seine Verdienste für die Verständigung mit Israel und für die deutsch-jüdische Zusammenarbeit zu würdigen.

Aris Vater Josef verbrachte seine letzten fünf Jahre in Israel. Ari kümmerte sich bis zu seinem Tod 1977 um ihn und ließ ihn auf dem Jerusalemer Ölberg beisetzen. Rita, mit der Ari stets eng in

Verbindung geblieben war, starb mit 91 Jahren in New York – und ist in Tel Aviv begraben. Jedes Mal, wenn Ari und ich uns treffen, erfahre ich mehr über ihn, und nie ist es langweilig. Seine ungebremste Neugier auf die Welt, auf die Menschen und die Politik ist ebenso ungewöhnlich wie berührend. Eines seiner Mottos lautet: »Nicht verzagen, Ari fragen«, und das ist keine leere Worthülse. Er ist hilfsbereit und verfügt über eine Auffassungsgabe und ein Gedächtnis, von denen 30 Jahre jüngere Menschen nur träumen können. Seine menschlichen und politischen Qualitäten machen ihn zum Vertrauensmensch und Vermittler, und dank seines Optimismus und Glaubens an die Menschen lässt er sich von Rückschlägen nicht betrüben. Von der politischen Entwicklung Israels ist Ari Rath allerdings enttäuscht, und er kritisiert die Besatzungspolitik, die, davon ist er überzeugt, nicht im Sinne der Gründerväter ist. Dennoch hält er den Zionismus für ein Erfolgsprojekt des letzten Jahrhunderts. Ungebrochen glaubt er an eine friedliche Lösung des Konflikts mit den Palästinensern.

Ari gehört auch zum Redaktionsausschuss des »Palestine-Israel Journal« und arbeitet in dieser Funktion mit Ziad Abu Zayyad zusammen. »Ich bin davon überzeugt, dass menschliche Kontakte und ein offener Dialog zwischen Israelis und Palästinensern auf verschiedenen Ebenen den Weg zu einem friedlichen Ausgleich bahnen können und werden«, sagt er. »Es gibt ja schon lange Zeit gemeinsam verfasste Pläne, wie das Westjordanland und der Gazastreifen einen palästinensischen Staat an der Seite von Israel beherbergen könnten. Die Konturen einer friedlichen Lösung sind beiden Seiten vollkommen klar. Man muss nur die richtige Schublade öffnen.« Das Kernproblem sind seiner Ansicht nach die weiter wachsenden jüdischen Siedlungen in der Westbank und das israelische militärische Besatzungsregime, die jede Möglichkeit eines halbwegs normalen Lebens und einer wirtschaftlichen Entwicklung der Palästinenser im Keim erstickten: »Die Grüne Linie bezeichnet die Waffenstillstandsgrenzen von 1949. Mit Ost-Jerusalem und Gaza sind das nur 22 Prozent des ehemaligen britischen Mandatsgebiets von Palästina und fast nur die Hälfte des Gebiets, das ein arabischer Staat gemäß dem UN-Teilungsplan von 1947 erhalten sollte. Die Palästinenser und fast alle arabischen Staaten sind heute bereit, ihre Fehler von 1948 einzusehen und sich mit so einem kleinen palästinensischen ›Rumpfstaat‹ zu begnügen. Da werden die meisten Siedler auf ihre Villen verzichten müssen, sonst kann es keinen Frieden geben, und die Moral der israelischen Gesellschaft wird weiterhin von der Besatzung zermürbt werden«, so Ari.

Am Flughafen angekommen, müssen wir zuerst an der Sicherheitskontrolle am Gebäudeeingang vorbei und im Terminal dann die oft enervierende und langatmige Sicherheitsprüfung über uns ergehen lassen: »Wohin fliegen Sie?«, »Woher kommen Sie?«, »Was wollten Sie in Israel?«, »Wen kennen Sie hier?«, »Wer hat das Flugticket gekauft, wer Ihren Koffer gepackt?« In Begleitung von Ari geht alles ganz rasch, vermutlich, weil Frauen, die mit älteren, Hebräisch sprechenden Herren reisen, nicht verdächtig sind. Ari erklärt, wer ich bin, woher er mich kennt, was ich mache. Die Beamtin stuft mich nach ein paar Fragen nicht als terroristische Gefahr ein und winkt mich freundlich durch. Alles wirkt in diesen Tagen sehr entspannt. Dann fragt sie Ari, wohin die Reise gehe und wie lange er schon in Israel lebe. Ari sieht fast väterlich auf die zierliche Beamtin hinunter und sagt in seinem fließenden Hebräisch mit leicht österreichischem Akzent: »Ich lebe seit 70 Jahren in diesem Land, junge Frau« und lächelt sie augenzwinkernd, fast ein bisschen stolz an.

Eine Woche nach meiner Rückkehr beginnt am 27. Dezember 2008 unerwartet die verheerende Großoffensive der israelischen Verteidigungskräfte auf den Gazastreifen. Bei dem erklärten Versuch, sich gegen den Raketenbeschuss von Hamas auf israelische Städte zu wehren und die Kommandostruktur der islamistischen Bewegung zu zerstören, kommen 1400 Palästinenser ums Leben (850 davon Zivilisten), 5000 werden verletzt und über 3000 Wohnhäuser und Gebäude zerbombt. Auf israelischer Seite sterben 13 Menschen. Die Israelis wählen infolge der Gesamtentwicklungen am 10. Februar 2009 eine rechtsgerichtete Regierung und den Hardliner Benjamin Netanyahu von »Likud« ins Amt des Ministerpräsidenten. Die Arbeitspartei erzielte kaum noch zehn Prozent der Stimmen.

Scham und Anstand

Rela Mazali kämpft gegen die Militarisierung Israels, und Or Sadan will als Soldat seine Menschlichkeit nicht verlieren

Rela Mazali ist Schriftstellerin, freie Forscherin und Friedensaktivistin aus Israel. 1948 in einem Kibbuz in Galiläa geboren, wuchs sie in Jaffa, Tel Aviv und den USA auf. Seit 1990 lebt sie in Herzlia und engagiert sich in der feministischen, antimilitaristischen Bewegung »New Profile«. Den folgenden Brief schrieb sie mir als Reaktion auf den Gazakrieg.

»Die meisten Menschen wollen von meiner Scham nichts hören. Ich merke, wie sie sich zurückziehen, sobald ich sie anspreche. Als ob das Aufdecken an sich eine größere Schande wäre als die Taten, die meine Scham hervorrufen – die Scham, die wir alle tragen, indem wir Zeugen der Katastrophe werden, die Israel, von den USA unterstützt, im Gazastreifen anrichtet, und die wir nicht stoppen.«

So begann mein Kommentar, den ich im Oktober/November 2006 in der Presse platzieren wollte. Ich beschrieb darin eine abweichende israelische Perspektive auf die israelisch-amerikanische Belagerung Gazas, die ungefähr schon sechs Monate dauerte. Diese Belagerung, die ich – unter anderem – als »abscheulich« bezeichnete, existiert tatsächlich heute noch, während ich an Dich, meine liebe Freundin Alex, schreibe. Auch meine Scham ist noch vorhanden und wird erfolgreich zum Schweigen gebracht. Nach wochenlanger Ablehnung gab ich meinen Versuch auf, meinen Beitrag zu veröffentlichen.

Ich schreibe das ausgerechnet an Dich, Alex, weil ich miterlebt habe, wie Du mit den Folgen einer schrecklichen Scham gerungen hast, wie Du gekämpft hast, den Mantel des Schweigens, des Verdrängens und der Zerstörung wegzuziehen, der innerhalb Deiner Familie über die Schande der Vergangenheit gehüllt war. In meinem unveröffentlichten Kommentar von 2006 stand auch: »Meine tiefe Scham, die ich heute als Israelin empfinde, plagt auch andere. Ein mir unbekannter Moshe Simhovitz aus Jerusalem veröffentlichte kürzlich ein persönliches Beileidsschreiben an die Familie Athamna, die mindestens 17 ihrer Mitglieder bei einem israelischen Bombenangriff in Beit Hanoun in Gaza verloren hat. Darin hieß es, sein Kopf sei gebeugt ›in unendlicher Scham und tiefem Kummer‹. Auf einem Symposium über Israels Aktionen in Gaza sagte mir ein junger Freund: ›Ich saß da und schämte mich so, jemals ein Soldat gewesen zu sein.‹«

Dasselbe hätte ich im Januar 2009 schreiben können, als israelische Politiker aufs Neue einen »Krieg« fabrizierten, Angst verbreiteten und ein polarisiertes Muster von »wir« gegen »die« manipulierten, um Stimmen für die nächste Wahl zu mobilisieren. Sie unterliefen den Waffenstillstand mit Hamas im Gazastreifen systematisch und ließen das Militär zerstörerisch gegen eine Bevölkerung vorgehen, die sie eingesperrt und der notwendigen Ernährung, laufenden Wassers, zuverlässiger Elektrizitätszufuhr, Heizung, Benzin, Kochgas, Gesundheitsversorgung und anderer grundsätzlicher Dinge entledigt hatten. Wie in 2006 wallte angesichts der zynischen, grauenhaften Gewalt, die gegen eingesperrte Menschen verübt wurde, mein Schamgefühl auf – Gewalt, ausgeführt von den gewählten Vertretern des Staates, in dem ich lebe, und von den Truppen, die vermeintlich mein Zuhause verteidigen.

Für mich ist es wichtig, meine Komplizenschaft bei den schändlichen Taten meiner Regierung(en) und der Armee wahrzunehmen und anzuerkennen. Obwohl ich seit 30 Jahren dagegen opponiere, sehe ich mich – und viele andere – in die Verbrechen verstrickt. Für mich ist die anerkannte Schuld ein bedeutender Teil meines Widerstands, doch ich finde darin keinen Trost oder gestatte mir gar die Blindheit, selbstgerecht und selbstgefällig zu sein. Ich lade den Schmerz der Scham freilich nicht bewusst ein, vielmehr versuche ich, ihn zu akzeptieren und mit ihm fertigzuwerden und eine Form von gesellschaftlichem Dissens zu schaffen, der nicht zum Spiegel der selbstbewussten Arroganz derer wird, die kollektiven Zwang ausüben. Während ich mich gegen die Politik und Taten der Machthabenden auflehne, versuche ich zugleich, die falschen Handlungen zu identifizieren und umzukehren, die ich durch meine eigene, persönliche Macht zulasse oder gar verursache, so begrenzt sie auch sein mag.

In diesem Zusammenhang nimmt »New Profile«, die feministische und antimilitaristische Bewegung, die ich 1998 mitgegründet habe, kontinuierlich unter die Lupe, inwieweit jede und jeder von uns im eigenen Leben und in den eigenen vier Wänden militarisierte Ansichten und Gewohnheiten beibehält. Wir wollen die Gesellschaft, an der wir als Bürger partizipieren, verändern. In unserem Gründungspapier unterstreichen wir, »dass der Kriegszustand in Israel durch die Entscheidungen von Politikern aufrechterhalten wird … und die Worte ›nationale Sicherheit‹ oft den kalkulierten Entschluss, militärische Aktionen zu wählen, kaschieren sollen.« Wir seien nicht länger bereit, an solchen Entscheidungen teilzuhaben, schrieben wir. »Wir werden nicht dazu beitragen, indem wir dem Militär folgsam und unkritisch Soldaten zuführen, die diese Entscheidungen ausführen. Wir wollen uns nicht weiter mobilisieren lassen, unsere Kinder für die Mobilisierung großziehen oder mobilisierte Partner, Brüder, Väter … unterstützen.«

Diese Absicht ist jedoch schwierig umzusetzen, sogar auf direkter, persönlicher Ebene. Was, zum Beispiel, muss ein Individuum tun, um sein beziehungsweise *ihr* Denken zu demilitarisieren? Wie gewöhnt es sich zentrale Wahrnehmungsmuster ab, die ihm durch die jüdisch-israelische Gesellschaft eingeschärft worden sind? Welche kleinen, täglichen Gewohnheiten kann und sollte es ändern, um die schleichende Militarisierung der intimsten Bereiche seines Lebens zu verhindern? Wie löst man das Dilemma, das wir in unserem Dokument beschrieben haben: »Eltern sind aktiv daran beteiligt, ihre Söhne und Töchter zu Soldaten zu erziehen«? Das sind einige der Fragen, die wir Mitglieder von »New Profile« nun schon seit über zehn Jahren stellen und in fortdauernder geteilter Anstrengung, uns selbst zu verändern und um uns herum Veränderungen anzuregen, wiederholt beantwortet haben.

»New Profile« besteht aus über tausend Unterstützern (die unsere alternativen Informationsdienste abonnieren) und mehr als 50 dauerhaft aktiven Freiwilligen zwischen 18 und 74 Jahren sowie sechs bis acht Aktivisten, die zwischen bescheiden bezahlten Teilzeitarbeiten rotieren. Alle Aktivisten werden ermutigt, sich gemeinsam an den Entscheidungsprozessen und an der radikal dezentralisierten täglichen Arbeit zu beteiligen: Internet- und Telefondiskussionen, Teamsitzungen und monatliche Plenarsitzungen. Auf diese Weise wollen wir unsere sorgfältig durchdachten, feministischen und egalitären Vorstellungen umsetzen. Mit dem Ziel, die Gesellschaft zu verändern, untersuchen, dokumentieren, analysieren, schreiben und sprechen wir »New Profile«-Mitglieder über die Mechanismen, die die fortschreitende Militarisierung Israels aufrechterhalten und reproduzieren. Unsere didaktische Wanderausstellung »Study War No More« ist ein frappierendes Exposé über die Normalisierung und Vermarktung des Soldatendaseins und infolgedessen von Konflikt und Krieg in Israels visueller Kultur. »New Profile« leitet Workshops, Seminare, Jugend- und Studiengruppen und Vortragsreihen, die von Pädagogen, Jugendlichen, Jugendberatern, Anti-Besatzungs-Aktivisten, sozialen Aktivisten und von der Öffentlichkeit besucht werden. Die tief greifende Militarisierung der israelischen Bildung steht meist im Mittelpunkt dieser Veranstaltungen. In diesem Gesamtkontext stellt »New Profile« auch den Bedarf und die offizielle Rechtfertigung für das Wehrdienstgesetz für alle jüdischen Jugendlichen in Israel infrage und betrachtet die obligatorische Wehrdienstpflicht teilweise als zentrales Instrument sozialer und politischer Kontrolle. »New Profile« ist innerhalb Israels Gesellschaft einzigartig wegen seiner jahrelangen systematischen Faktensammlung und -veröffentlichung über die Existenz einer breiten, weitgehend untergetauchten Bewegung von Wehrdienstverweigerern, wovon nur ein Bruchteil öffentlich politisch ist. Es will die antimilitaristischen Auswirkungen dieses von Jugendlichen angeführten Phänomens greifbar machen und das Menschenrecht auf Gewissensfreiheit aufrechterhalten. »New Profile« bietet Informationen, praktische und moralische Unterstützung sowie Rechtshilfe für junge Männer und Frauen, die sich entschlossen haben, zu verweigern.

Letzteres ist kürzlich zum Vorwand für Strafverfolgung geworden. Um potenzielle Verweigerer bloßzustellen und einzuschüchtern, wird »New Profile« zum Sündenbock gemacht und kriminalisiert: Der Generalstaatsanwalt und die Polizei führen derzeit eine strafrechtliche Untersuchung der Bewegung durch, verhören Aktivisten und stören Aktivitäten. Während ich dies schreibe, sind elf Aktivisten in Haft oder von der Polizei vorgeladen worden. Ihnen wird der erdichtete Vorwurf angehängt, junge Menschen aufgewiegelt und Beihilfe geleistet zu haben, damit diese auf betrügerische Weise den Ausschluss vom Militär erreichten. Anschließend sind sie gegen Kaution freigelassen worden und leben jetzt monatelang unter einschränkenden Auflagen. Anklagen und Gefängnisstrafen könnten jetzt die Folge sein. Ein privat initiiertes Gerichtsverfahren gegen »New Profile«, das zu dieser versuchten Kriminalisierung geführt hat, ist zeitgleich vor das Oberste Zivilgericht gebracht worden. Angestiftet von einer rechtsgerichteten politischen Aktionsgruppe, wird »New Profile« vorgeworfen, Verbrechen begangen zu haben, und es wird gefordert, der Staat solle den offiziellen gemeinnützigen Status der Bewegung annullieren, was bedeuten würde, die erforderlichen rechtlichen Kanäle für Finanzmittel zu schließen.

Obwohl soziopolitischer Wandel während eines Prozesses gewiss schwierig zu messen ist, gibt es meiner Ansicht nach starke Hinweise dafür, dass »New Profile« tatsächlich ein bedeutendes Maß an Veränderung in der israelischen Gesellschaft in Bewegung gesetzt hat. Das Interesse, das der Staat, angestiftet von militaristischen und rechtsgerichteten Gruppen, bei der Unterdrückung der Aktivitäten von »New Profile« an den Tag legt, scheint mir etwas über unseren Einfluss und unsere Wirksamkeit auszusagen. Allerdings bleibt der besagte soziale Wandel überwiegend unsichtbar, schrittweise und in dauerhaftem Konflikt mit gegensätzlichen Trends.

Einer der hässlichsten solcher Trends hat sich durch die letzten Wahlen in Israel manifestiert. Konfrontiert damit, was diese Wahlen an radikal rechtsgerichteter, militant kolonialistischer und unverblümt rassistischer Regierung hervorgebracht haben, spüre ich eine Mischung von Ekel, von betäubtem, gleichgültigem Leugnen, von schleichender Beklommenheit und abermals enormer Scham. Die Belagerung Gazas, die Angriffe auf den Libanon 2006, die fortwährende Expansion, der Landraub, die militärischen Eingriffe und Tötungen in der Westbank mit ständig verstärkten Angriffen auf Gaza, verbunden mit einer langen Geschichte systematischen, nur teilweise sichtbaren Staatsrassismus, hat diese Wahl letzten Endes die jüdische Überlegenheit zum legitimen politischen Programm erklärt.

»New Profile« ist Teil einer breiteren Bewegung in Israel, die gegen die Besatzung opponiert, Rassismus, Enteignung und Diskriminierung innerhalb des Staates widersteht, die die Militarisierung aktiv herausfordert und sich weigert, der Armee zu dienen. Obwohl diese gemischte Bewegung eine Minderheit jüdischer Israelis repräsentiert, zählt sie dennoch viele Tausende. Gegen den letzten Angriff auf Gaza etwa wurde an vielen Orten des Landes täglich protestiert, an Wochenenden sogar in beständigen, langen Märschen, ebenso wie während des Angriffs auf den Libanon 2006. Im Angesicht der übereinstimmenden Politik des Hasses fahren wir mit unserem Dissens fort, sowohl öffentlich als auch privat. Getrieben von meinen Überzeugungen und einem Stückchen Hoffnung, von beharrlicher Entschlossenheit, Entrüstung und Scham, werde ich mich weiter einsetzen. Doch ich fürchte ernsthaft um die Zukunft. Die Befürworter des militarisierten Nationalismus warnen mich und meine Mitstreiterinnen davor, meine eigene Existenz oder die des Staates zu gefährden. Ich hingegen sorge mich, dass sich die brutale Unterdrückung des Widerspruchs unter dem neuen Regime noch gewalttätiger gegen die Palästinenser wenden und sich intensiver gegen israelische Juden und Ausländer richten wird, die Widerstand leisten. Ebenso fürchte ich mich vor der schamlosen, arroganten Gemeinschaft, die die jüdisch-israelische Gesellschaft hervorzubringen scheint; vor den immer undurchdringlicheren Verbrechen, die sie weiter begehen wird, und schließlich vor der Zerstörung, dem Schmerz und der Schuld, die bereits für Generationen ihre Spuren hinterlassen haben.«

Or Sadan, Jahrgang 1987, lebt seit seinem zweiten Lebensjahr in Jerusalem. Trotz seiner linksliberalen Ansichten kommt Verweigerung des Militärdienstes für ihn nicht infrage. Ich hatte ihn gebeten, auf Rela Mazalis Brief eine Replik zu formulieren. Er beschreibt hier sehr authentisch die Dilemmata, mit denen liberale Israelis kämpfen, und spiegelt somit die politische und kulturpolitische Realität in Israel wider.

Im Jahr 2004, kurz nach meinem 16. Geburtstag, starb ein Freund meiner Familie, der israelisch-arabische Schauspieler Bassam Zo'amat. Da sich meine Eltern im Ausland befanden, beschloss ich, allein zu seinem Begräbnis zu fahren. Es war die zweite Beerdigung, die ich erlebte. Sie fand in einem kleinen Dorf namens Beit Hanina nahe Jerusalem, kurz hinter der Grenze von 1967, statt. Das war für mich eine merkwürdige Situation: eine kleine arabische Kirche gefüllt mit Arabern, darunter nur ein paar Juden. Ich fühlte mich aber nicht fremd, weil ich diesen Mann wirklich geliebt hatte und mit den Anderen die Trauer teilte.

Auf dem Rückweg nach Jerusalem unterhielt ich mich mit einer israelisch-arabischen Schauspielerin, und ich glaube, es war das erste Mal, dass ich mit jemandem über meinen anstehenden

Ein israelischer Soldat trifft an seinem freien Wochenende seine Freundin in Tel Aviv.

Militärdienst sprach. Sofort sagte sie: »Mach es nicht, geh da nicht hin.« Ich hatte noch nie darüber nachgedacht, der Armee nicht zu dienen, deshalb erzählte ich ihr vom allgemeinen Klischee über die israelischen Linken im Militär: Es besagt, dass es für die Araber im Allgemeinen und die Palästinenser im Besonderen besser sei, wenn eine Person wie ich Dienst leiste und nicht ein Irrer, der sie grundlos hasst. Sie war anderer Meinung, aber ich glaubte weiterhin an dieses Klischee.

Ich heiße Or Sadan und wurde 1987 in Schweden geboren; 1989 zogen meine Eltern mit mir nach Jerusalem. Ich wuchs in einem linksgerichteten Haus auf – meine Eltern sind Sozialdemokraten – und besuchte eine integrative Schule, die begabte und weniger begabte Kinder gemeinsam unterrichtet. Von früh an war ich bei der internationalen sozialistisch-zionistischen Jugendbewegung »Hashomer Hatzair« und fehlte bei keiner Demonstration. Die erste Demonstration, an die ich mich erinnern kann, war die mit dem Slogan »JA zum Frieden, NEIN zur Gewalt«, dieselbe Demonstration, bei der unser Ministerpräsident Yizhak Rabin von einem israelischen religiös-jüdischen Attentäter ermordet wurde. Das war für mich als Achtjährigen ein schockierendes Erlebnis. Mit 17 flog ich nach Polen, um an einer Holocaust-Gedenkfahrt teilzunehmen, die mich sehr beeindruckt hat. Ich begriff dadurch eine Menge über meine Überzeugungen.

Für mich sind die israelischen Verteidigungskräfte eine Notwendigkeit. Die Bürger sollten meiner Meinung nach nicht darüber entscheiden dürfen, ob sie dienen wollen oder nicht. Schließlich leben wir in einem demokratischen Staat mit Gesetzen, die uns dazu verpflichten, Militärdienst oder wenigstens Zivildienst zu leisten. Als die Regierung vor ein paar Jahren beschloss, die Siedlungen im Gazastreifen zu evakuieren, fand ich das Benehmen der Siedler, die die Anweisungen nicht befolgten, inakzeptabel. Die Gesetze zu befolgen ist in einem demokratischen Staat ein Muss. Ohne die Armee könnten wir hier leider nicht leben, wir würden nicht überleben. Wir müssen uns verteidigen. Allerdings muss ich hinzufügen, dass ich mit einigen Aktionen unserer Armee nicht einverstanden bin, wie beispielsweise mit einigen Checkpoints zwischen kleinen Dörfern außerhalb der Grünen Linie oder der Bewachung von Siedlungen. Was mich besonders abschreckt, ist das Verhalten einiger Soldaten.

Im November 2005 wurde ich zum Militär eingezogen. Obwohl ich ein bisschen Angst hatte und gar nicht genau wusste, was mir bevorstand, war ich entschlossen, hinzugehen. Nach acht Monaten wollte ich Kommandeur werden und belegte einen Kurs. Als Kommandeur, so glaubte ich, könnte ich das Denken meiner Leute beeinflussen. Ich wollte sie davon überzeugen, dass die Israelis auf der einen Seite und die Palästinenser auf der anderen alle Menschen sind.

Nach der Kommandeursausbildung schickte man mich zu einer operativen Kompanie. Das löste in mir gemischte Gefühle aus. Doch nach langem Training war mir klar, dass ich endlich etwas tun konnte. Ich wusste, dass ich das Beste tat, um mein Land zu verteidigen (ich würde jedenfalls mein Bestes geben), und das, nicht minder wichtig, auch für die andere Seite, die Araber. Denn jetzt kamen meine Werte zum Zug.

Nie werde ich den ersten Checkpoint vergessen, für den ich die volle Verantwortung trug. Es war nicht einfach, aber ich war mir meiner selbst gewiss, ich wusste, durch mein Verhalten würde alles ruhig bleiben, und so war es dann auch. Ich fühlte mich fabelhaft. In den Augen der Araber sah ich: Ihnen war klar, dass sie aus ihrem Wagen aussteigen mussten, wenn ich kam, um ihn zu untersuchen. Ich lächelte sie an und begrüßte sie stets mit freundlichen Worten wie »Salaam Aleikum« (Guten Tag) oder »Sabah el-Kheir« (Guten Morgen). Mir war freilich bewusst, dass sie mich – und vor allem meinen Job – nicht mochten, aber ich dachte, mit meinen freundlichen Worten und meinem Verhalten würden sie die bittere Pille schlucken. Dann kam die erste Verhaftung. Ich hatte damit kein Problem, schließlich ist es sinnvoll, jemanden festzunehmen, der den Terrorapparat unterstützt. Wieder war ich froh, derjenige zu sein, der die Verhaftung vornahm, und nicht ein Soldat, der das Gesetz in die eigene Hand nimmt und den Verhafteten schlägt oder etwas anderes mit ihm anstellt. Wie ich schon sagte, wir sind doch alle Menschen. Als ich die Handschellen anlegte und den Verhafteteten in den Verhörraum mitnahm, wusste ich aufs Neue, dass wir nur unsere Arbeit taten und niemand dabei zu Schaden kam.

Neben meiner alltäglichen Arbeit versuchte ich stets, mit meinen Soldaten zu sprechen und ihnen zu erklären, dass wir menschlich bleiben müssen. Es hat mich wirklich gewundert, zu erfahren, wie groß der Hass zwischen unseren beiden Nationen ist. Nach so vielen Jahren Blutvergießen haben bedauerlicherweise beide Seiten guten Grund, sich gegenseitig zu hassen. Vom ersten Tag in meiner Kompanie hatte ich ein ausgezeichnetes Verhältnis zu meinem Vorgesetzten. Er ist gewiss kein Linker, aber für ihn ist es ebenso wie für mich das Wichtigste, unsere Menschlichkeit zu bewahren. Wir haben nie zugelassen, dass unsere Soldaten über Araber schlecht sprachen. Wir haben sie angewiesen, sie an den Checkpoints gut zu behandeln, und haben das auch überprüft.

Es gibt hier verschiedene Dinge zu vergegenwärtigen: Vor 70 Jahren waren die Juden über die ganze Welt verstreut, ohne Land und ohne Respekt. Nach dem Holocaust bekamen wir endlich ein Land, aber da lebten schon viele Araber, und das sollten wir nicht vergessen. Ebenso, wie wir es verdienen, einen Staat zu haben und frei zu sein, sollten auch die Palästinenser einen eigenen Staat bekommen. Eines fand ich allerdings schwierig zu akzeptieren: die Siedlungen zu bewachen. Ich hätte gern Nein gesagt, auch gegenüber der Armee lehne ich die Idee der Siedlungen ab. Aber ich habe nie Nein gesagt, weil ich abermals dachte, es muss ja jemand tun, und dann schon lieber ich als jemand anderes. Es gilt auch zu bedenken, dass die palästinensischen Terrororganisationen noch immer Selbstmordattentäter nach Israel senden und Raketen auf unschuldige Zivilisten abfeuern. Nichts ist nur schwarz oder weiß.

Ab einem gewissen Punkt ging mir auf, dass das, was ich der Schauspielerin vor vier Jahren erzählt hatte, richtig war und meine Hoffnungen nicht umsonst gewesen waren. Ich habe keinen Zweifel daran, dass der Wandel von innen heraus kommen muss. Würden die Linken sich entscheiden, in der Armee zu dienen und in Schlüsselpositionen aufsteigen, würde sich vieles ändern, wenn auch vielleicht nicht in Bezug auf einen Staat für die Palästinenser. Ich bin überzeugt, so glücklich ich bei meiner Arbeit bin, wäre ich noch hundertmal selbstsicherer, wenn die Leute, die jetzt noch verweigern, an den anderen Checkpoints ihren Dienst verrichteten, anstatt solcher Kommandeure, die vergessen haben, wer wir sind und dass wir vor 70 Jahren noch nach einer Zuflucht gesucht haben. Wir müssen begreifen, dass auch wir für die Checkpoints verantwortlich sind. Wenn wir damit richtig und umsichtig umgingen, wäre alles anders. Ich glaube das wirklich, denn die Veränderung muss, wie gesagt, von innen kommen. Sie tritt nicht dadurch ein, dass wir das Problem umgehen, denn um ein Problem zu lösen, muss man sich ihm stellen.

Ungefähr anderthalb Jahre nachdem ich dieser Kompanie beigetreten war, bekam ich die Präsidentenmedaille für den besten Soldaten. Ich ging mit gemischten Gefühlen zur Ehrung, weil ich nicht fand, dass ich irgendetwas Besonderes getan hatte. Ich tat nur, was getan werden musste, und habe mich dabei bemüht, es richtig zu machen. Ich unterstützte die Kompanie dabei, ihre Aufgaben zu erledigen, denn schließlich müssen wir unser Land verteidigen. Als Kommandeur war das für mich selbstverständlich. Dann kam mir der Gedanke, dass mein Verhalten und meine Ehrung für meine Soldaten ein Vorbild waren und sie sich dadurch verändern und einen anderen Weg einschlagen könnten. Es war kein Geheimnis für sie, dass ich nicht an alles glaubte, was das Militär tut. Ich habe nie versucht, es vor ihnen zu verheimlichen, denn darum geht es doch: dass ich für mein Land etwas tue, weil ich muss, und das sogar, wenn ich nicht hundertprozentig daran glaube. Ich versuche mein Bestes und will dabei menschlich bleiben. In meiner Position als Kommandeur kann ich mich darauf verlassen, dass meine Soldaten sich genauso verhalten werden.

Sprache der verlorenen Jugend

Der palästinensische Schriftsteller Samir El-Youssef hat im Londoner Exil seine Identität gefunden

»Einmal mehr stehen wir vor der Herausforderung, eine Sprache zu finden, die uns sowohl die Schande des Schweigens als auch den Vorwurf des Verrats ersparen könnte. Eine Sprache, die trotz allem unsere Hoffnung auf ein friedliches Nebeneinander bewahren kann«, schrieb der palästinensische Schriftsteller Samir El-Youssef im Januar 2009 auf dem Höhepunkt des Gazakrieges in einem fiktiven Brief an einen israelischen Freund, den die »Süddeutsche Zeitung« abdruckte. Gaza ist weltweit eines der überbevölkertsten Stücke Erde: fast 1,5 Millionen Einwohner auf 360 Quadratkilometern. Die Arbeitslosenrate dort beträgt rund 50 Prozent, acht von zehn Haushalten leben unter der Armutsgrenze. Beim Anblick der Zerstörungen und des menschlichen Leids verschlug es vielen Beobachtern die Sprache. Ratlos fragten sich Betroffene und Außenstehende, wie man hier noch angemessen Stellung beziehen und einen konstruktiven, zukunftsgerichteten Ansatz formulieren könnte.

»Aufgeben dürfen wir niemals!«, schrieb Samir El-Youssef in der »Süddeutschen Zeitung«. Er rief beide Seiten zur Umsicht auf, damit nicht auch noch die Hoffnung auf Frieden unter den Trümmern Gazas begraben werde. El-Youssef findet passende Worte, immer wieder. Als palästinensisches Flüchtlingskind in einem Lager im Südlibanon aufgewachsen, hat er selbst Bombenangriffe erlebt. Wer das Trauma von Krieg überwinden konnte, gewinnt Abstand. Emotionale Distanz zum furchterregenden Ereignis zu schaffen ist eine gesunde Schutzreaktion, und im geschützten Raum lässt es sich besser rationalisieren, reflektieren, lassen sich Lösungen finden. Nicht zuletzt die Sprache dient diesem Prozess der Verarbeitung. Es ist deshalb kein Zufall, dass der Schriftsteller seinen palästinensischen Protagonisten im Roman »Die Illusion der Rückkehr«, der wie er in London lebt, sagen lässt, er spreche fast nur noch Englisch und kaum seine Muttersprache: »Ich genieße einfach die Anonymität. Außerdem würde das Arabische mich zwingen, Prämissen und Werte zu akzeptieren, die nicht mehr die meinen sind.«

Als ich den Schriftsteller gleich nach Ende des Gazakrieges in einem Café in Highgate Village, einem Londoner Stadtteil, treffe, fehlt ihm dieser Abstand. Seine Verzweiflung ist ihm anzumerken: Wozu weiter solche Gespräche führen oder gar Interviews geben, wirft er mir verärgert entgegen, es nütze ja doch nichts! Die allgemeine Berichterstattung der Medien über Israels Krieg gegen Hamas sei nichts als Heuchelei, schamlos dem Unterhaltungsterror huldigend. Wer eine Show sehen wolle, solle doch Kameras in Gaza aufstellen und die alltägliche Realität vor Ort filmen – die Realität des Alltags sei auch ohne Krieg schon schlimm genug! Samir El-Youssef sagt, ihn irritierten die unablässig reproduzierten Klischees, diese undifferenzierten Ansichten, die die betroffenen Menschen auf Schlagworte und Stereotype reduzierten. Stattdessen lege er Wert auf jene Zwischentöne, die der üblichen Rhetorik und der Propaganda etwas Greif- und Begreifbares entgegensetzten.

Samir El-Youssef

»Samir ist nicht nur ein einzigartiger Schriftsteller, sondern auch eine einzigartige Person«, schrieb mir der israelische Schriftsteller Etgar Keret aus Tel Aviv. »In seinen Romanen und Geschichten vermag er es, die Klischees, die über diesen Konflikt im Umlauf sind, zu durchbrechen und zu den viel tieferen Schichten menschlicher Wahrheiten durchzudringen.« Hier im Café erinnere ich mich an diese Worte und auch daran, dass Samir mir einmal erzählt hat, es sei für ihn akzeptabel, aus Leidenschaft während einer Diskussion lauter zu werden, wenn es gelte, seinen Standpunkt klarzumachen, nicht aber, wenn man die Auseinandersetzung damit beenden wolle. In Ordnung, denke ich, dann diskutieren wir eben ein bisschen lauter. Nachdem Samir seinem Ärger über die Medien Luft gemacht hat, holt er allerdings zum nächsten Schlag aus: Die Deutschen interessierten sich für das Schicksal der Palästinenser besonders wenig, sagt er. Warum also sollte er mir seine persönliche Geschichte erzählen? Jetzt bin ich an der Reihe, aufgebracht zu sein: Das sagt er ausgerechnet mir, die ich mich seit fast drei Jahrzehnten intensiv mit Palästina beschäftige?! Ich sei ebenso wenig »die Deutschen« wie er »die Palästinenser«, erwidere ich ihm beleidigt. Jetzt hangeln wir uns an Abgründen entlang und stehen mit unserem gerade begonnenen Diskurs kurz vor dem Absturz.

Dann wird mir bewusst, dass Samir sich dagegen wehrt, von mir vereinnahmt zu werden – schließlich sitze ich, eine fast Fremde, ihm hier gegenüber, um anschließend in einer deutschen Publikation über ihn zu schreiben. Es geht um die gegenseitige Wahrnehmung und um Wahrhaftigkeit. Ich blicke von meinem Cappuccino auf und sehe, dass Samir mich nun wieder als Individuum zur Kenntnis zu nehmen zu scheint. Und dann entsteht plötzlich ein echter Dialog: vom Konflikt zum Austausch.

»Eines der größten Probleme ist, dass beide Seiten Rassisten sind«, sagt er, ganz ruhig und nüchtern. Er weiß um die dunklen Seiten, die in uns allen schlummern, und hat das in seinen Werken immer wieder thematisiert. »Der erste Schritt zur Lösung dieses Konflikts ist Selbstkritik und die Erkenntnis, dass wir alle rassistische Elemente in uns tragen«, fügt er hinzu. Und dann wagt er sich noch weiter über die Grenze zum Anderen hinüber: »Es muss für die Israelis ein Albtraum sein, von der Umgebung ständig abgelehnt zu werden und isoliert zu sein.«

Mit dem Gefühl der Isolierung kann Samir sich identifizieren. 1975, als er zehn Jahre alt war, zog er mit seinen Eltern und acht Geschwistern vom Flüchtlingslager in die Küstenstadt Sidon um. Die Familie lebte von der Unterstützung des UN-Hilfswerks für Palästinaflüchtlinge und vom Lohn seines Vaters, der auf dem Bau und in der Landwirtschaft arbeitete. Seine Mutter hielt das Geld zusammen, sodass die El-Youssefs trotz der sozialen Not über die Runden kamen. Von früh an empfand sich Samir als heimatlos, und er begriff, dass das Leben voller Zweideutigkeiten und Ambivalenzen ist. Seine Mutter ist Schiitin, sein Vater sunnitischen Glaubens. Das ist zwar kaum die Ursache dafür, dass seine Eltern sich in seiner Kindheit ständig zankten, aber beides schulte ihn vermutlich, divergierende Standpunkte und Wahrnehmungen in sich zu integrieren. Er war 17, als die israelische Armee 1982 in den Libanon eindrang, um gegen die PLO vorzugehen. An manchen Tagen rannte er um sein Leben. 1985 begannen im Zuge des libanesischen Bürgerkriegs die Lagerkämpfe, in denen die schiitischen Amal-Milizen Palästinenser angriffen, weil sie die Kontrolle gewinnen wollten: »In den 1980er-Jahren war der Libanon grauenhaft – ein Staat, in dem jeder jedem an den Kragen wollte. Am Ende dieses Jahrzehnts Palästinenser zu sein war hoffnungslos, absolut hoffnungslos, erzählte El-Youssef der britischen Tageszeitung »Independent« vor zwei Jahren. Während des Bürgerkriegs schrieb er bereits Kurzgeschichten und Artikel; und er wollte nichts wie weg. »Kein Palästinenser wollte damals bleiben«, sagt er. »Alle träumten davon, den Libanon zu verlassen, aber niemand wusste, wohin er gehen sollte.«

Die meisten Menschen träumen ein Leben lang, doch manche nehmen ihr Schicksal selbst in die Hand: Samir El-Youssef riskierte mit 25 Jahren den Aufbruch. Er verließ Ende der 1980er-Jahre seine Familie, seine Freunde und Nachbarn, um ins Ausland zu gehen. Eine weitere Reise ins große Ungewisse. Zunächst fuhr er nach Zypern. Dort schlug er sich ein Jahr mit Schreibarbeiten durch, während er sich um ein Visum bemühte, das ihn weiterbringen sollte. Eigentlich wollte Samir nach Deutschland, doch dessen Grenzen blieben für ihn verschlossen. Die Briten indes nahmen ihn auf und unterstützten ihn in der schweren anfänglichen Zeit, arbeitslos im Exil. »Dafür werde ich ihnen immer dankbar sein«, sagt er.

Seit 1990 lebt er in London, wo er politische Philosophie studierte und als Schriftsteller arbeitet. Eine weitere Ambivalenz: Er fühlt sich zwar als Brite, aber auch der Palästinenser, Flüchtling und Exilant sind Teil seiner Identität geblieben. Zuhause oder Heimat sind Begriffe, mit denen Samir nicht viel anzufangen weiß – nie fühlte er sich an einen bestimmten Ort gebunden. Nicht an den Libanon, der sein Land nie war, und auch nicht an Palästina oder an das, was es in der Vorstellung der Altvorderen früher einmal gewesen ist. Als er 2005 mit der britisch-jüdischen Autorin Linda Grant das erste Mal nach Israel reiste, wo er auf die Jerusalemer Buchmesse eingeladen war, fuhr er mit israelischen Freunden zu der Stelle, wo einst das Dorf seiner Eltern gestanden hatte.

Von seinem Mobiltelefon rief er seine Mutter an – ein Anruf nach Sidon über die verfeindete Grenze hinweg, geografisch so nahe und doch, als wäre es am anderen Ende der Welt –, und sie bat ihn, dort, wo ihr Haus gestanden hatte, den Boden zu küssen. Samir empfand aber nichts für diesen Flecken Erde und entrichtete den Gruß seiner Mutter mit einer halbherzigen Handbewegung.

2004 veröffentlichte er zusammen mit Etgar Keret einen Band Kurzgeschichten – »Alles Gaza« lautet der deutsche Titel. »Wenn schon nicht auf der Erde, so haben Samir und ich doch in einem Buch unser eigenes Land geschaffen«, sagt Keret. Patriotismus und Nationalismus sind für Samir, der ein Jahr später den schwedischen Tucholsky-Preis des P.E.N. erhielt, befremdlich: »Ich habe mich nie mit irgendeiner Form von Nationalismus anfreunden können, vor allem, weil ich schon so viele Jahre in London lebe und die britische Staatsbürgerschaft habe. Man kann nicht einerseits nationale Gefühle für einen Staat hegen und gleichzeitig Bürger eines anderen sein, es sei denn, man genießt es, ein wandelnder Widerspruch zu sein«, sagt er.

In seinem neuen Roman »A Treaty of Love« (»Ein Vertrag der Liebe«) beschreibt Samir die Beziehung eines Palästinensers mit einer Israelin, die sich in London begegnen. »Wir glaubten, zu Recht oder zu Unrecht, dass unser unbewusstes Motiv, nach London gezogen zu sein, ein Akt der Rebellion gegen die Gesellschaften war, die uns daran gehindert hatten, unsere Jugend normal zu verleben«, sagt der palästinensische Protagonist. »Unser Zusammenkommen war weder eine Bestätigung dafür, dass die Zeiten sich geändert haben, noch eine Trotzhaltung gegen jene, die über solche Beziehungen noch immer die Stirn runzeln. Nein, es war eine Solidaritätsbekundung von zwei Menschen, die durch die geteilte Erfahrung der verlorenen Jugend zueinander gefunden haben.«

Der Leser ahnt beizeiten: Diese schwierige Liebe kann keine Erfüllung finden und ist eine Analogie für die gescheiterten politischen Friedensverhandlungen. »Unsere Beziehung beruhte auf dem unausgesprochenen Vertrag, ineinander verliebt zu sein, oder, um genauer zu sein, so zu tun, als seien wir verliebt. Genau das ist es – ein Vertrag der Liebe zwischen einem Palästinenser und einer Israelin. Und ebenso wie die vielen Verträge, die von Palästinensern und Israelis unterzeichnet wurden, war auch dieser Vertrag unbeholfen und wackelig, zu früh oder zu spät – zu spät, um einen Präzedenzfall und Tabubruch darzustellen, und zu früh, um nur eine ganz gewöhnliche Beziehung zwischen zwei Menschen unterschiedlicher Herkunft zu sein.«

Wahrlich, Samir hält nichts von Grenzen, Nationalismen, Religionen oder Dogmen. Das macht er auch in diversen Artikeln für den britischen »Guardian« deutlich. Allen Hindernissen zum Trotz baut er auf das Zwischenmenschliche. »Samir ist ein Visionär«, sagt der israelisch-amerikanische Fotograf Judah Passow aus London. »Er glaubt leidenschaftlich an die Einstaatenlösung zur Beilegung des israelisch-palästinensischen Konflikts, und zwar nicht, weil er die Rhetorik irgendeiner Ideologie nutzt, sondern weil er glaubt, dass Menschen dazu geboren sind, miteinander zu leben, Talente und Fähigkeiten auszutauschen und ihre gegenseitige Gesellschaft zu genießen.« Passow hat seine eigenen Erfahrungen mit Samir gemacht, weil die beiden für Judahs Nahost-Fotoband »Shattered Dreams« zusammengearbeitet haben und gelegentlich öffentlich miteinander diskutieren – und noch öfter gemeinsam Kaffee trinken und essen gehen: »In seinem selbst auferlegten Exil in London ist Samir der klassische Außenseiter, der von seinen eigenen Leuten mit einer Mischung aus Misstrauen und Neid betrachtet wird (seine Werke sind bislang nicht ins Arabische übersetzt worden)«, so der Fotograf. »Seine jüdischen Freunde schätzen ihn und seine Visionen für eine gemeinsame Zukunft.« Und Etgar Keret in Tel Aviv konstatiert, Samir mit seiner »Menschlichkeit, Aufrichtigkeit, Deutlichkeit und, vergeben Sie mir bitte meinen Postkolonialismus: seinem wundervoll jüdischen Humor, ist für mich der interessanteste lebende Schriftsteller, der sich mit dem palästinensisch-israelischen Konflikt auseinandersetzt.«

Kein Wunder, dass Samir bei so viel Lob vom »Feind« unter vielen Palästinensern aneckt. Doch er geht unverblümt offensiv damit um, wenn er sagt, ihm stünden Israelis aus der Friedensbewegung eben näher als Hamas-Aktivisten oder andere bornierte Ideologen. Besonders ärgert er sich über jene, die gegen die Normalisierung der Beziehungen mit Israel argumentieren und Kontakte zwischen Palästinensern und Israelis sowie Juden nicht billigen – für ihn sind das leere, verantwortungslose Slogans, die mit der Realität nichts zu tun haben. »Es geht nicht um die Wahl Israel oder Palästina, sondern um die Frage Krieg oder Frieden«, fasst er unsere Unterhaltung zusammen. Wer sich nur für eine Seite entscheide, rechtfertige den Krieg, sagt er, und ich stimme ihm zu, denn das gilt auch für die Haltung der Deutschen. Draußen auf der Straße hat es begonnen zu regnen – typisches Londonwetter im Winter. Am Ende unseres Dialogs sind Samir und ich beide gut gelaunt, denn abgesehen davon, dass wir ein konstruktives Gespräch geführt haben, haben wir auch eine Idee: Statt dass ich über Samir schreibe, schreibt er für mich einen Text über sich selbst. Als wir in die Kälte hinausgehen, die Mützen tief über die Stirn gezogen, denke ich: Schade, dass ich keine Israelin bin und wir beide keine Politiker sind – sonst wären wir dem Frieden heute ein großes Stück näher gekommen.

Einige Wochen später erreicht mich ein langer Brief von Samir El-Youssef:

Liebe Alex,
dieser Brief ist das Ergebnis unserer schwierigen, beinah schon konfrontativen Begegnung im Café in Highgate. Du wolltest, dass ich ganz frei über mich selbst spreche. Ich habe mich geweigert und bin dann aggressiv und sogar unhöflich geworden, um meinen Widerwillen zu untermauern. Warum?

Weil ich bezweifle, ob deine Leser sich für meine oder irgendeine andere palästinensische Lebensgeschichte interessieren. Wozu also meine und deine Zeit und Energie verschwenden? Ich habe weiter provoziert: Sobald dein Buch veröffentlicht ist, werden deine palästinensischen Interviewpartner ebenfalls ignoriert werden. Die deutsche Öffentlichkeit oder, um genauer zu sein, jene, die entscheiden, was Deutsche wissen oder nicht wissen sollten, werden deine palästinensischen Protagonisten als nichtexistent betrachten – warum also sich die Mühe geben? Die Deutschen interessieren sich nur für die Juden und die Israelis, was verständlich ist, weil die Juden in der modernen deutschen Geschichte eine große und tragische Rolle spielen. Palästinenser kennen die Deutschen nur durch Assoziation, als Gegner der Israelis; nicht die angenehmste Art, wahrgenommen zu werden, oder?

Das ist traurig für mich, denn Deutschland hat in meinem Leben und meiner Fantasie immer einen Platz gehabt – es gehörte zu meinen Versuchen, ein Zuhause zu finden. Verwandte, Freunde, Bekannte zogen in den späten 1960ern nach Deutschland um, um sich fortzubilden, zu arbeiten oder als Flüchtlinge von der Großzügigkeit des deutschen Steuerzahlers zu leben; wenn man schon Flüchtling sein muss, warum dann nicht an einem Ort leben, wo die Steuerzahler großzügig sind?

Mitte der 1970er-Jahre war im Libanon überall das Gerücht im Umlauf, die deutsche Gastfreundschaft gegenüber jungen Palästinensern sei Teil einer deutsch-zionistischen Verschwörung gegen unsere »gloriose palästinensische Revolution«, der gängige Name für die PLO. Angeblich sollte Israel Westdeutschland unter Druck gesetzt haben, so viele junge Palästinenser wie möglich aufzunehmen, um die Zahl derer niedrig zu halten, dich sich im Kampf gegen die »zionistische Entität« (Israel) der Revolution anschlossen. Die PLO reagierte darauf, indem sie die libanesischen Behörden dazu anstachelte, jedes palästinensische Reisedokument – eine Art Pass, den der Libanon ausstellt – so abzustempeln, dass es für die Einreise nach Deutschland nicht gültig war.

Ich kann Dir auch die Geschichte von den Deutschen erzählen, die uns einmal im Rashidia-Flüchtlingslager besuchten. Vier große blonde, blauäugige, ganz dem Klischee entsprechende Deutsche, drei Männer und eine Frau, in Jeans und langhaarig, die wie 68er wirkten. Mein Onkel, der in Deutschland studiert hatte, brachte sie mit und versprach ihnen ein üppiges Mahl. Meine Mutter bot ihnen Früchte an, und die hungrigen Deutschen fragten meinen Onkel scherzhaft, ob es palästinensische Sitte sei, den Nachtisch vor dem Essen zu servieren. Mein Onkel schob sich wie ein schuldiger Schüler hinter meine Mutter und fragte sie, ob sie Essen entbehren könne. Meine Mutter war verlegen: »Warum hast du das nicht gleich gesagt?« Sie beeilte sich, ihnen die Mahlzeit zu bereiten, die für ihren Mann und ihre Kinder gedacht war. (Keine Sorge, wir sind nicht hungrig zu Bett gegangen, sie kochte uns etwas anderes!) Noch Jahre später erzählte Mutter diese Geschichte, ja, sie erzählt sie sogar heute noch: »Diese großen blonden Deutschen saßen auf unserer Terrasse und aßen sich satt. Sie sagten, es sei köstlich gewesen. Sie liebten unser (»unser« bedeutet mein)

Essen und leerten ihre Teller bis auf den letzten Krümel.« Die törichte Frau wusste nicht, dass jedes Essen gut schmeckt, wenn man hungrig ist.

Wo wir schon beim Thema Essen sind, verrate ich dir noch einen Grund, warum ich meine Geschichte nicht erzählen will: Mich hat einmal ein Journalist nach meiner Geschichte gefragt, aber mir war rasch bewusst, dass er, seine Leser und vor allem seine Redakteure in der Zeitung sich um meine politischen Ansichten und darum, wie ich meine, dass soziale und politische Gerechtigkeit erreicht werden könnten, einen feuchten Kehricht scherten. Vielmehr wollten sie eine Seifenoper darüber hören, wie oft ich hungrig schlafen gegangen war; und wie lange ich barfuß laufen musste, weil meine extrem armen Eltern keine Schuhe für mich kaufen konnten.

»Erzählen Sie mir davon?«, fragte der Journalist mit feuchten Augen. »Nun, über das Essen berichte ich Ihnen später«, antwortete ich ihm. »Aber lassen Sie mich zunächst Ihren Sinn für das Bemitleidenswerte befriedigen, indem ich Ihnen von meinen frühen Leben *mit* Schuhen erzähle. Sie haben recht, ich bin oft barfuß gelaufen, aber nicht, weil meine Eltern sich keine Schuhe für mich leisten konnten. Im Gegenteil, sie kauften mir mehr Schuhe als alle anderen Eltern für ihre Kinder, aber ich hasste es, Schuhe zu tragen, und neigte dazu, sie zu verlieren. ›Schnür deine Schuhe zu, bevor du rausgehst‹, rief meine Mutter mir vom Schuppen hinterher, in dem sie wusch und unser Brot buk. Meine Mutter fand, man sollte seine Schuhe grundsätzlich zubinden, gleichgültig, ob man ausging oder zu Hause blieb; man sollte stets darauf vorbereitet sein, die Füße in die Hände zu nehmen. Das war in den 1970ern, als das Lager regelmäßig von israelischen Flugzeugen angegriffen wurde, sodass man sofort in Deckung gehen musste. Weglaufen gehört zur täglichen Berechnung eines Flüchtlings, immer auf dem Sprung.

Was das Essen betrifft, so zeigen mir alte und neue Fotos, dass die meisten meiner Familienmitglieder übergewichtig waren und wir vor allem eine strikte Diät gebraucht hätten. Flüchtlinge haben es an sich, mehr Geld für Essen als für irgendetwas anderes auszugeben, das ist eine der Lebensweisheiten, wenn das Flüchten an der Tagesordnung ist. Wenn man schon weg muss, verliert man das, was man im Magen hat, nicht wie seinen Besitz, sein Zuhause oder seine Möbel.«

»Verstehen Sie mich nicht falsch«, sagte ich dem Journalisten. »In einem Flüchtlingslager zur Welt zu kommen und aufzuwachsen ist kein Spaß. Das Leben dort jedoch auf eine Geschichte sozialen Elends zu reduzieren ist entwürdigend und entmenschlichend. Ein Flüchtling, insbesondere ein palästinensischer Flüchtling, braucht nicht nur Essen und Schuhe, sondern vor allem politische Rechte. Einen Flüchtling als jemanden zu definieren, für den Nahrung das einzig konstante Bedürfnis ist, heißt, seine Rechtlosigkeit festzuschreiben: Nahrung statt Politik. Deshalb galt unter Libanesen, Arabern und internationalen Mächten Politik in palästinensischen Flüchtlingslagern allgemein als schädliche Einmischung und als Akt der Sabotage. Diese Mächte legten alles darauf an, Politik aus den Lagern herauszuhalten, obwohl das Flüchtlingsdasein auf auffälligste und tragischste Weise ein Ergebnis, ja gar ein Beweis von Politik ist.«

Geht es bei der Staatenlosigkeit denn um Heimatlosigkeit? Was ich sagen will, Alexandra, ist, dass es hier nicht um Nahrung oder Schuhe oder nur um Politik geht: Das Persönliche und das Politische sind untrennbar. Ich habe den Libanon 1990 verlassen und bin erst 15 Jahre später wiedergekehrt. Einige Leute fragten mich:

Wie konntest du so lange wegbleiben und deine Familie nicht sehen? Warst du so herzlos?

Nun ja, lange dachte ich, dass ich es war oder sein musste, um mit meinen Interessen und meiner Arbeit weiterzukommen; nicht zurückschauen, damit ich nicht dahin zurückkehre, wovon ich weg wollte, ein Flüchtling in einer verarmten Umgebung, gebeutelt von Krieg und Gewalt. Aber dann ging mir etwas auf: Ich tat im Grunde nur, was meine Mutter von mir erwartete. Und Mutter wollte, dass wir fortgehen und solange fortbleiben, bis wir zu erfolgreich waren, um der Versuchung zu erliegen, zurückzukehren. Mutter war nie sehr eng an uns gebunden. Sie war unglücklich verheiratet; wir Kinder müssen für sie der Grund gewesen sein, sich mit einer schlechten Ehe zu arrangieren, jedenfalls behauptete sie öfter: »Ohne euch wäre ich schon lange weg!«

Außerdem gab es von uns Kindern so viele: fünf Jungen und vier Mädchen! Egal wie viele das Glück hatten, woandershin zu gehen, es blieben doch noch immer genügend von uns in ihrer Nähe. Weggehen war für sie ein Synonym für Erfolg. Weggehen war die einzige Art und Weise, erfolgreich davonzukommen. Die Einzigen, die Mutter wirklich liebte, waren ihre drei Brüder, die in der Fremde etwas aus ihrem Leben gemacht hatten. Wenn sie die Abwesenheit ihrer geliebten Brüder ertragen konnte, warum sollte sie dann nicht die derer ertragen, die sie weniger liebte? Wir sollten zu unseren Onkeln mütterlicherseits aufsehen und ihrem Vorbild folgen. Ich sollte meinem Onkel nach Deutschland folgen und dort für meine Karriere sorgen.

Nun sind wir, liebe Alex, irgendwie auf Deutschland zurückgekommen. Nationalistisch gesinnte Menschen verurteilen dieses drängende Bedürfnis, persönliche Ambitionen zu erfüllen. Sie betrachten das als Versuch, der Politik auszuweichen und von einem Schlachtfeld zu flüchten, das sie als genauso gefährlich und heimtückisch einstufen wie das Unterfangen, die Politik aus den Lagern herauszuhalten oder Flüchtlinge auf das Hungern und das nackte Dasein zu reduzieren. In einer berühmten Novelle des großartigen palästinensischen Schriftstellers Ghassan Kanafani ist Zerstörung das vorbestimmte und verdiente Schicksal derer, die dem politischen Ziel auf der Suche nach der eigenen Erfüllung untreu werden. Deshalb wollte die PLO junge Männer davon abhalten, sich von der deutschen Gastfreundschaft verführen zu lassen. Palästinenser meiner Generation, die wie ich in Flüchtlingslagern in arabischen Ländern aufgewachsen sind, sind von dem nationalen Projekt – einem palästinensischen Staat in der Westbank und dem Gazastreifen – allerdings ausgeschlossen. Sie lehnen folglich entweder alles ab und schließen sich einer extremistischen Gruppe an, oder sie versuchen, sich auf individuellem Weg vom Flüchtling zum Staatsbürger zu entwickeln. Ich bin jetzt britischer Staatsbürger, aber das bedeutet nicht, dass ich meine Vorstellungen aufgegeben oder meine Leute im Stich gelassen hätte. Im Gegenteil, ich schreibe mit der Fantasie und mit den Ängsten eines Palästinensers. Was ich meine, ist, dass meine Staatsbürgerschaft, ebenso wie die Millionen anderer Menschen, die ursprünglich aus anderen Ländern kamen, einer Weltordnung trotzt, in der die Menschheit in Nationen eingeteilt und durch Staatsgrenzen getrennt ist. Leute wie ich gehören zu Nationen, von denen einige, wie die Palästinenser, keinen Staat haben. Aus diesem Grund erzähle ich lieber die Geschichte eines Flüchtlings, der anstelle des nahe liegenden Schicksals, alles abzulehnen und fanatisch zu werden, das Risiko wählt, in einer Welt zu überleben, die halb real und deprimierend und halb unreal und hoffnungsvoll ist. Grenzen zu trotzen bedeutet, weiter auf eine faire politische Ordnung zu hoffen, in einer realen Welt, in der sich jede Minute zeigen kann, dass es zu viele und verschlossene Grenzen gibt, innerhalb derer Menschen wie ich keinen Platz mehr finden.

Du siehst, Alex, es ist eine Geschichte, belastet mit politischen Vorzeichen und Analysen, die zwangsläufig all jene enttäuscht, die nur über Armut und Hunger lesen wollen. Ich hoffe, ich habe dich nicht enttäuscht, ansonsten nimm meine Entschuldigung an.

Dein Samir

M*A*S*H und Mythen

Der Londoner Fotograf Judah Passow liebt die Lebendigkeit und Toleranz Tel Avivs

»Der Konflikt hat Samir ins Exil getrieben, und ich habe seinetwegen getötet. Realer als das kann es nicht mehr werden«, sagt Judah Passow und blickt durch seine braun umfasste runde Brille nachdenklich auf die Straße, auf der sich der Londoner Rushhour-Verkehr zäh voranschiebt. 1973 kämpfte Judah an vorderster Front im Jom-Kippur-Krieg; er war einer der ersten sechs israelischen Soldaten, die als Kundschafter in Ruderbooten den Suezkanal überquerten. Die Kämpfer des ägyptischen Widerstands waren geflohen, und so funkte seine Einheit an die Armee das Signal, die Militäroperation zu beginnen. Als Ariel Sharon schließlich den Waffenstillstand erklärte, war Judah mit seinen Leuten bereits tief ins Zentrum von Ägypten vorgerückt: »Wir konnten die Lichter von Kairo funkeln sehen.«

Wir sitzen bei »Raoul's« im Stadtteil Maida Vale, am Tisch neben uns zwei Spanisch sprechende Schönheiten, dahinter alte Herren beim Nachmittagstee. Judah trinkt Latte Macchiato und isst dazu einen Käsekuchen – guter Käsekuchen ist sein Liebstes –, ich genieße einen herrlich sauren Zitronensaft. Wir kennen uns seit einer Podiumsdiskussion im jüdischen Salon »Leonar« in Hamburg, die ich zwischen ihm und Samir moderiert habe, und sind uns seither immer wieder an verschiedenen Orten, die uns verbinden, begegnet – professionell und freundschaftlich. Gerade sprechen wir über die Diskussionen rund um das Thema Nahostkonflikt. Wenn Judah eines nicht leiden kann, dann sind es Menschen, die abstrakt und dazu oft noch ahnungslos über diesen Konfliktherd diskutieren und keine praktischen Lösungsmodelle entwickeln. »Viele Leute meinen, zur Beilegung des Konflikts etwas beitragen zu können. Dabei sind gerade jene, die das zu ihrem intellektuellen Hobby gemacht haben und in Abstraktionen reden, das eigentliche Problem. Sie haben nichts zu verlieren, aber verkomplizieren alles mit ihren Argumenten, die oft Anlass für Instrumentalisierungen bieten«, sagt er. Auch Juden in der Diaspora haben seiner Ansicht nach nicht selbstverständlich das Recht, sich einzumischen – Israel sei zunächst einmal eine Angelegenheit, die nur Israelis selbst etwas angehe. Es sei nicht Israels Aufgabe, die Identitätsfragen von amerikanischen, britischen oder deutschen Juden zu lösen. Freilich könne jeder, gleichgültig ob jüdisch oder nicht, seine Meinung äußern, schließlich lebten wir in einer Demokratie. Die meisten dieser Leute sollten sich jedoch von Israel fernhalten: »Das Letzte, was Israel gegenwärtig braucht, sind neurotische Immigranten aus dem Westen, die sich selbst nicht gut kennen und die sich in einem Land ein neues Leben aufbauen wollen, das wie Dallas aussieht, sich aber wie der Kongo benimmt.«

Ob ich dann nicht auch zu der Kategorie derer gehörte, die sich mit diesem Konflikt nicht befassen sollten, insbesondere, weil ich deutsch und sogar die Enkelin eines Nazis sei, frage ich ihn und wechsle unruhig meine Stellung auf dem Kaffeehausstuhl. Nein, bei mir sei das anders, sagt der Fotograf: »Du hast den Konflikt gelebt. Es ist keine theoretische akademische Übung für dich, sondern ein integraler Teil deiner Identität. Das macht dich im Gegensatz zu vielen anderen glaubwürdig.« Meine Anspannung weicht, ich atme unmerklich auf. Dennoch bleibt es an manchen Tagen ein Dilemma für mich, zumal ich schon lange nicht mehr in der Region lebe und es in Deutschland genügend anderen Konfliktstoff gibt, um den es sich zu kümmern gilt. »Wir Israelis und Palästinenser sind gut darin, uns mit Nebenschauplätzen zu beschäftigen, anstatt der Realität ins Auge zu sehen und Entscheidungen zu treffen«, sagt Judah und wirkt plötzlich etwas geistesabwesend. Vielleicht denkt er gerade an seine nächste Ausstellung: Gegenübergestellte Schwarz-Weiß-Porträts von Menschen aus aller Welt, darunter beispielsweise die junge Muslimin mit den faszinierenden Augen aus Brooklyn oder der Greis mit dem fliehenden Bart in Vietnam, der jungenhaft scheu in die Kamera lächelt. Judahs klare und ruhige Fotografien, deren Ausstrahlung und Tiefe man sich kaum entziehen kann, zeigen die unterschiedlichsten Realitäten und Perspektiven. Oft meint man etwas zu sehen, was sich auf den zweiten Blick als falsch herausstellt und die Ambivalenzen bloßlegt. Seine Fotos regen die Gefühle an, oft unbewusst.

Judah weiß um die Macht der Gefühle, vielleicht ist er gerade deshalb ein betont pragmatischer Mensch. Anders als Samir El-Youssef, dessen Thema die Komplexität ist, sucht er stets das Kondensat – Motive, die vordergründig einfach wirken, hinter denen sich jedoch komplexe Geschichten verbergen. Häufig zeigt er in seinen Bildern die asymmetrischen Machtverhältnisse von Palästinensern und Israelis. Als Samir noch ein Teenager war, war Judah bereits im Libanon unterwegs und dokumentierte den Bürgerkrieg – fast hätten sie sich damals schon begegnen können, denn Judah arbeitete auch im Lager, in dem Samir zu Hause war. Judah und Samir sind sehr verschieden: Historisch, kulturell und biografisch trennen sie Welten, und sie sind auch politisch keineswegs immer einer Meinung – zum Beispiel findet Judah Samirs Vorstellung vom binationalen Staat, den Israelis und Palästinenser teilen, unrealistisch. Bei genauerem Hinhören wird jedoch deutlich, dass die beiden Männer sich ergänzen und durch den gemeinsamen Wunsch miteinander verbunden sind, fern der üblichen Rhetorik, unabhängig von Parteiprogrammen und politischen Zwängen, eigene, kreative Wege zu beschreiten. Nicht zuletzt haben sie einen ähnlichen Sinn für Humor, Feingeistiges, Künstlerisches und Kulinarisches. Auf die Frage, ob ihr Leben in London, fern des aktuellen Geschehens, zur klärenden Distanzierung beitrage und Raum für Dialoge und Visionen schaffe, antworten beide entschlossen: Nein. Der geografische Abstand habe keinen Einfluss auf den Grad ihrer Betroffenheit.

Im Vorwort zu seinem Fotoband »Shattered Dreams« – Fotos aus 25 Jahren Nahostkonflikt – schreibt Judah, seine Bilder seien »das Produkt einer sehr persönlichen Forschungsreise durch die emotionale Landschaft eines Landes, in dem ich zur Welt kam und für dessen Überleben ich einst in einer Uniform kämpfte. Es ist ein Ort, an den ich immer wieder aus einem Gefühl von Sehnsucht und Zugehörigkeit zurückkehre.« Die Verbundenheit mit Israel spüre ich im Kontakt mit diesem dynamischen und liebenswerten, manchmal fast schüchtern wirkenden Mann deutlich. Melancholie und Begeisterung trennen und mischen sich in ihm wie die schwarz-weißen Kontraste auf seinen Aufnahmen. Dieser betonte Pragmatismus, so erscheint es mir plötzlich hier im Café, ist nicht nur Ausdruck höchster Professionalität, sondern stellt zugleich einen Schutzmechanismus dar. Judah entspricht für mich dem Klischee des typischen »Sabre«, des in Israel geborenen Juden, Leitbild der Zionisten – außen zäh und widerstandsfähig, innen weich und warmherzig.

Judah Passow

Wenn der 60-Jährige an die künstlerische und intellektuelle Szene Tel Avivs denkt, ist er ganz in seinem Element: Das ist Zukunft. Jerusalem hingegen symbolisiert für ihn die Antithese des modernen, säkularen, zionistisch-sozialistischen Staates, den er sich gewünscht hat. Zu religiös, zu ideologisch, intolerant, unkreativ: Für diese Stadt hat er nur notgedrungen Zeit zu verschwenden. Ich hingegen mag sie, weil sie die einzige Stadt ist, in der Palästina und Israel noch schwimmende Grenzen haben, voller Spannungen, Widersprüche und auch Chancen für Koexistenz. Vielleicht unterscheidet uns das – Judah sucht mehr die spannungsfreie Zone, ich das Gegenteil. »Raoul's« füllt sich zunehmend, die unterschiedlichsten Sprachen fliegen durch den Raum, bald geht die Tür im Minutentakt auf und neue Gäste kommen herein, begleitet von der kalten Winterluft – London ist und bleibt eine aufregende Weltstadt.

Im November 2008 ist Judahs Vater David in Jerusalem gestorben. David Passow war Amerikaner und gehörte zur ersten Generation zionistischer Israelis. Während des Zweiten Weltkriegs wurde er aufgrund seines Rabbinerstudiums am Hebrew Union College in Ohio als jüdischer Militärgeistlicher in die Marine eingezogen. Gegen Kriegsende begegnete er auf einem Treffen der Haganah in Washington seiner späteren Frau Aviva, die in der US Army gekämpft hatte. Die Haganah fand beide geeignet, bei der Schaffung ihrer angelsächsischen Brigade mitzuwirken. 1947 reiste Aviva nach Palästina, David nach Europa. Da er fließend Jiddisch sprach, hatte er die Aufgabe, in Polen in die Lager für die Heimatlosen zu gehen, um den Juden die Emigration nach Palästina nahezulegen. Getarnt als Journalist der Methodistenzeitung »The Zion Herald« verschaffte er sich Zutritt zu den Lagern. Dort vermittelte er den Überlebenden, dass es in Palästina eine sichere Heimstätte für sie gebe – und Hoffnung. Wer sich zum Aufbruch entschied, reiste über südeuropäische Häfen auf Schiffen in das »Gelobte Land«. »Mein Vater hatte eine sehr überzeugende Art«, sagt Judah, und man spürt, wie viel Respekt er für ihn hatte. Ich bezweifle, ob David ihm später viel über das seelische und körperliche Elend, das er in den Lagern erlebte, berichtet hat. War es schon für ihn schwer zu ertragen gewesen, so wird er seinen ältesten Sohn mit diesen traurigen Eindrücken vermutlich erst recht nicht belastet haben wollen.

Judah kam Anfang 1949 in Holon zur Welt, der Staat Israel war noch kein Jahr alt. Zu jenem Zeitpunkt lebten laut dem israelischen Historiker und Journalisten Tom Segev 350 000 Holocaust-Überlebende im Land, das war fast ein Drittel der Bevölkerung. Doch vom Leid der europäischen Juden wollte man nichts wissen, es herrschte, wie in der Bundesrepublik – wenn auch aus offensichtlich anderen Beweggründen –, »das große Schweigen«. Die einheimischen Israelis setzten sich mit allerhand abstrusen Verdrehungen gegen die Anschuldigungen der Überlebenden zur Wehr: »Sie beruhigten damit ihr Gewissen, das durch ihre Machtlosigkeit, ihre Gleichgültigkeit und vor allem durch die psychologische Distanzierung von den europäischen Juden während des Holocaust schwer belastet war«, so Segev. Im Vordergrund stand der Aufbau des zionistischen Staats, das Leitbild war das vom »Neuen Juden«, der – anders als die europäischen Juden angeblich während der Nazi-Diktatur – heldenhaft und wehrhaft sein sollte.

In dieser atmosphärischen Mischung aus Schweigen, Pioniergeist, lähmenden traumatischen Erinnerungen und Optimismus erlebte Judah seine ersten Lebensjahre. In seiner Erinnerung taucht zuerst das Wohnhaus seiner Eltern in Rehovot auf. Es war im Stil einer kalifornischen Ranch gebaut, von den Eltern selbst entworfen, und stand völlig isoliert außerhalb des Campus des berühmten Weizmann-Instituts für Naturwissenschaften. Judahs Vater leitete die Öffentlichkeitsarbeit der renommierten Institution, deren Direktor zu jenem Zeitpunkt kein Geringerer als Staatspräsident Haim Weizmann selbst war. Das Haus der Passows war das einzige Gebäude am Ort, denn Rehovot, das ungefähr einen halben Tagesritt von Tel Aviv entfernt war, entstand gerade erst – rundherum nichts als Sanddünen, kaum Straßen, eine rudimentäre Infrastruktur. In ganz Israel waren Nahrungsmittel und Benzin rationiert. Die Passows indes mussten sich nicht einschränken – auf dem Campus war alles vorhanden, was man zum Leben brauchte. Judahs Vater besaß zudem weit und breit das einzige Automobil. Er holte damit all die wichtigen Persönlichkeiten aus dem Ausland vom Flughafen ab, die das Institut besuchten. Dieser Wagen hatte sogar eine Sirene, damit die berühmten Gäste rasch durch jenen Verkehr navigiert werden konnten, den es zu jener Zeit noch gar nicht gab … Wenn Judah zu Streichen aufgelegt war, kletterte der Kleine auf den Fahrersitz und schaltete die Sirene an, und dann kamen alle möglichen Leute aus dem Campus gestürzt, um nach dem Rechten zu sehen. Judah ging in den winzigen Kindergarten von Rehovot. Den leitete eine Jemenitin, die gerade erst eingewandert war und ihre erste Anstellung hier gefunden hatte. »Diese noch ganz unerfahrene Frau aus dem fernen Jemen unterrichtete die Kinder der Nobelpreisträger«, sagt Judah lachend und beeindruckt zugleich. Seine Eltern schätzten die Kindergärtnerin so sehr, dass sie ihm als zweiten Vornamen den ihres Ehemanns gaben: Judah Sa'adyah Passow.

Das Leben rund um den Campus war in diesen Jahren losgelöst vom Rest Israels, es war eine Insel der Wissenschaften für die intellektuelle Elite. Als Judah fünf Jahre alt war, gingen die Passows in die USA, wo Vater David Vizepräsident eines College in

Philadelphia und später Vorsitzender des historischen Instituts an einem anderen College wurde. »Meine Eltern machten sehr deutlich, dass dieser Umzug nicht bedeutete, sich von Israel abzuwenden, es war lediglich eine kleine Veränderung in der Beziehung zu dem Land, das ihnen Sicherheit vermittelt hatte.« Leicht kann seinem Vater dieser Abschied nicht gefallen sein, denn im hohen Alter sagte er einmal, die Rückkehr in die USA sei sein größter Fehler gewesen. Sein Traum von Israel war »eine egalitäre Gesellschaft, in der harte Arbeit und kultureller Stolz irgendwann eine vorbildliche Nation mit sozialer Toleranz und wirtschaftlichen Erfolgen schaffen würden, eine Nation, die über die quälenden Erfahrungen der Geschichte ihrer Leute triumphieren würde«, so der Sohn.

In den USA begann Judahs zweite identitätsbildende Phase: die Sozialisierung à la New York. Nach Israel fuhr die Familie fortan nur noch in den Sommerferien – für Judah und seine beiden jüngeren Geschwister bedeutete Israel nunmehr Abenteuer. Einen Urlaub verbrachte er im Kibbuz von Verwandten, »wo man den Sozialismus pflegte, während das restliche Israel allmählich immer bürgerlicher wurde«, sagt Judah. »Israel war wohl der einzige Ort in der Welt, an dem man materiell erfolgreich sein und dennoch sozialistische Ideale hochhalten konnte – das, was man in London ›Champagnersozialisten‹ nennt, gab es dort nicht.« In seinem angenehm fließenden New Yorker Tonfall, den er sich in England bewahrt hat, spricht er auch über seine Ferien in den zionistischen Sommerlagern in Pennsylvania, die die israelische Jugendbewegung der Arbeitspartei organisierte. Sie kleideten die Kinder in blaue Hemden und rote Schals und versuchten ihnen Arbeitsethos zu vermitteln: Morgens mussten sie in der Küche oder in den Schlafzimmern aufräumen und putzen, nachmittags durften sie spielen. Zu den Mahlzeiten marschierten die Zöglinge, aufgeteilt in Altersgruppen und zionistische Lieder singend, gemeinsam zum Speisesaal. »Das war in den 1960er-Jahren der Versuch, die Ideale aus der Pionierzeit vor der Staatsgründung zu bewahren, und das zu einem Zeitpunkt, als Israel versuchte, Sand und Staub von sich abzuklopfen!«, sagt Judah. Dann wird er ein wenig ärgerlich: »Auf diese Weise entstand dieser riesige Graben zwischen der israelischen Realität und dem, was die zionistische Bewegung im Ausland von Israel vermittelte – einem Haufen Mythen; das hat viele der Probleme geschaffen, die es bis heute zwischen Israelis und den Juden in der Diaspora gibt, die diese Mythen unhinterfragt übernommen haben.«

Draußen ist es dunkel geworden, und Judah und ich machen uns auf in Richtung Paddington Station. Auf dem Weg dorthin erzählt er weiter: Nach dem Ende seines Filmstudiums an der Universität Boston, 1971, sollte er eingezogen werden und im Vietnamkrieg kämpfen. Er war jedoch mehr mit Protesten gegen diesen Krieg und mit der Hippiebewegung beschäftigt. Auf Rat seiner Eltern beschloss er, nach Israel zurückzukehren, nicht ahnend, dass dort zwei Jahre später auch Krieg ausbrechen würde. »Als ich auf dem Ben-Gurion-Flughafen landete, war ich mit meinen langen Haaren und meinen Einstellungen vermutlich der Letzte, den die israelischen Verteidigungskräfte gerne gemustert hätten«, sagt er amüsiert. Dass der Militärdienst ihm dann nicht nur Spaß gemacht hat, sondern auch dazu führte, ihn zu disziplinieren und zu festigen, ergibt sich aus seinen bildhaften Erzählungen. Absprünge aus Helikoptern, sich auf sich selbst und seine Freunde verlassen zu können, seine Grenzen zu testen und die Schwelle zwischen Leben und Tod kennenzulernen, das waren für ihn wichtige Erfahrungen. »Diese Armee war damals wirklich so wie in der amerikanischen TV-Serie ›M*A*S*H‹«, sagt der Fotograf. Man nannte sich beim Vornamen und diskutierte bei einer Tasse Kaffee am Lagerfeuer mit den Vorgesetzten Strategien: »Das war bis 1973 eine egalitäre und sozialistisch ausgerichtete Armee«, sagt er sichtlich angetan, und mir scheint, dass diese Phase seines Lebens auch prägend für seinen Bezug zu einem Israel war, das es heute so nicht mehr gibt, weil sich die gesellschaftlichen und politischen Werte stark gewandelt haben. Dessen ist er sich schmerzlich bewusst: »Soziale Toleranz ist von religiösem Eifer verdrängt worden. Kultureller Stolz hat sich in politische Arroganz verwandelt. Der Pioniergeist ist verschwunden und hat nichts als zerbrochene Träume zurückgelassen.«

Kaum hatte er den Militärdienst beendet, erhielt er 1974 einen Anruf: Bei der »Jerusalem Post«, deren Chefredakteur ein Jahr später Ari Rath wurde, suchte man ein Foto des Direktors einer Behindertenschule. Judah, der während seines Filmstudiums schon fotografiert hatte, schoss das Bild: Der Direktor hält ein behindertes Kind im Arm, und der Betrachter übersieht die Behinderung, weil das tiefe Vertrauen zwischen den beiden als Motiv dominiert. Am nächsten Tag stand das Foto groß aufgemacht in der Zeitung; und Judah hatte das Angebot, bei ihr als Fotograf zu arbeiten. Von da an ging es mit der Karriere steil aufwärts. Vier Jahre später zog der Fotojournalist, auf der Suche nach neuen Herausforderungen, in die Metropole London – seine amerikanische und seine israelische Staatsbürgerschaft nahm er ins Vereinigte Königreich mit. Er arbeitete bald für namhafte überregionale Zeitungen und Sonntagszeitungen wie »The Times« oder »Sunday Telegraph«. Anfangs lichtete er nur Lokales ab: Feuer in London und ähnliche Ereignisse. Ende der 1970er engagierte ihn »Der Spiegel«, um den Konflikt in Afghanistan zu dokumentieren, und 1982 entsandte ihn der »Observer« in den Libanonkrieg, später kamen Bosnien und andere Krisenherde dazu. Risiken richtig einzuschätzen und schnell Entscheidungen zu treffen fiel ihm bei diesen gefährlichen Aufträgen nicht schwer – kühlen Kopfes und manchmal auch hart mit sich selbst zu sein, das hatte er in der israelischen Armee gelernt. Andere renommierte europäische und amerikanische Publikationen folgten als Arbeitgeber, darunter »Die Zeit«. Es gab wenige Krisen im Nahen Osten, kaum einen Krieg und nicht eine einzige Wahl in Israel, die Judah seit seinem Umzug nach London nicht fotografiert hätte – und er bekam viermal den World Press Photo Award für seine bewegenden Aufnahmen. »Die Menschen im Nahostkonflikt glorifizieren ihre Vergangenheit, verteufeln ihre Gegenwart und haben Schwierigkeiten, sich die Zukunft vorzustellen«, fasst er seine Erfahrungen zusammen.

Gefragt nach seiner Identität, sagt Judah: »Hotdogs, Sauerkraut und Cartoons sind facts of life, manche Werte der USA sind gut, andere nicht.« Kulturell sei er amerikanisch geprägt, seine Sprache jedoch sei Englisch, und seine Fotos entsprächen mittlerweile den ästhetischen Vorstellungen Europas. Obwohl er seit über 30 Jahren in der Ehe mit einer Malerin und mit einem Sohn in London lebt, ist Judah aber vor allem ein Israeli geblieben; ein Israeli, für den das Überleben des jüdischen Staates sowie Toleranz und Frieden mit den Nachbarn hohe Priorität haben; ein Israeli, der Hebräisch fließend, aber mit deutlich amerikanischem Akzent spricht.

Als sein Vater in Rente gegangen war, kehrten seine Eltern nach Israel zurück, wo David noch bis kurz vor seinem Tod mit 90 Jahren Geschichte an der Hebrew University lehrte. In Jerusalem lebt noch heute seine Mutter, obschon durch Blindheit mittlerweile stark behindert. Aviva hat trotz der Jahrzehnte im Land, wie übrigens viele Jekkes auch, nie Hebräisch gelernt – damit hat sie erst jetzt im Altersheim begonnen, um eine Beschäftigung zu haben. Mit seiner Schwester kann Judah sich über seine Vorstellungen von einer Koexistenz mit den Palästinensern nicht austauschen – sie wohnt in einer jüdischen Siedlung in der Westbank und hat einen ganz anderen Blick auf die Welt. Dialoge innerhalb von Familien sind bekanntlich oft die schwersten, Politik bespricht Judah deshalb lieber mit anderen Menschen wie Samir, dem Palästinenser, oder mir, der Deutschen. Da gibt es bei allen Unterschiedlichkeiten genauso viele Gemeinsamkeiten – Distanz und Nähe lassen sich regeln, nicht zuletzt, weil jeder sich seiner komplexen Identität bewusst ist und sich darin sicher fühlt. Die beiden Männer teilen den Traum von einem Café am Meer, von einem stillen Ort unter der Sonne, wo Individualisten wie sie sich wohlfühlen können. In diesem Café diskutieren, lachen oder schweigen sie miteinander. Besucher kommen nur gelegentlich vorbei, und die, die vorbeischauen, sind frei von stereotypem Denken; keine Salon-Zionisten oder Palästina-Nationalisten, keine radikalen jüdischen Siedler oder extremistischen Hamas-Anhänger.

Vielleicht hatte Judah dieses Café im Sinn, als er in Amerika einmal einen Wegweiser ablichtete, auf dem »Utopia« stand? Wohl eher nicht, erklärt er mir – Utopia ist ein gottverlassenes Nest von 250 Einwohnern, irgendwo in Texas, und Judah war der erste und vielleicht einzige Jude, dem die Leute dort je begegnet sind. »Bye, Kiddo, bis bald«, sagt er an der U-Bahnlinie angekommen. Und schon ist er im Londoner Underground verschwunden.

Geheimgespräche

Sheila Melzak hilft jungen Flüchtlingen, ihre Traumata zu überwinden, und Tony Klug fördert seit Jahrzehnten den jüdisch-palästinensischen Dialog

»Hast du deinen Freunden nicht verraten, dass sie in das Haus eines früheren Hippies kommen?«, fragt mich Sheila Melzak mit ironischem Beiklang und hochgezogener Augenbraue. Wir sind in ihrem Häuschen in Nord-London beim Aufräumen, weil wir am Abend gemeinsam zu einer Party eingeladen haben, und bis die Gäste kommen, ist noch viel zu tun. »We fill clean your place wiz German efficiency«, erwidere ich provokativ mit gespielt deutschem Akzent – »Wir werden dein Haus mit deutscher Effizienz aufräumen.« »Besser nicht!«, erwidert sie trocken: Sheila ist nicht »amused«. Ich schäme mich und komme mir wie eine deutsche Besatzerin vor, die in ihr Leben eingreift, will ich doch die Berge von Büchern und Papieren beseitigen, bevor die Freunde eintreffen.

Zwei unterschiedliche Lebensgeschichten und Herangehensweisen stoßen hier aufeinander: Sheilas Mutter hat Auschwitz und Bergen-Belsen überlebt, und auch ihr Vater, der aus Warschau stammte, war starkem Antisemitismus und Rassismus ausgesetzt gewesen. Die Nazis entfernten seiner Schwester bei medizinischen Experimenten sämtliche weiblichen Geschlechtsorgane, sodass diese unglückliche Frau, die einmal Pianistin gewesen war, nie wieder ein normales Leben führen konnte. Sheila wuchs mit Eltern auf, die Schreckliches erlebt und große Verluste erlitten hatten: »Das, was sie in meiner und in der Gegenwart meines jüngeren Bruders *nicht* sagten, war oft eindrücklicher als das, was sie sagten«, erinnert sich Sheila und verweist auf die nonverbale Kommunikation, die auf die emotionale Entwicklung von Kindern einen mindestens ebenso großen Einfluss wie die verbale hat. Im englischen Exil entwickelten ihre Eltern trotz all der tief beunruhigenden Erfahrungen große Widerstandskräfte. Ihr Vertrauen in Individuen oder Gruppen war jedoch nachhaltig geschädigt. Sozialistische Ideen oder Menschenrechte waren in ihren Augen lächerlich utopische Vorstellungen.

Trotz unserer entgegengesetzten Geschichten teilen Sheila und ich ähnliche Erfahrungen: Mein Großvater war Hitlers Gesandter in der Slowakei und mitverantwortlich für die Deportationen – eine Tatsache, über die in meiner Familie bis 60 Jahre nach dem Zweiten Weltkrieg Schweigen herrschte. Meine Mutter verlor ihren Vater 1947, am Galgen als Kriegsverbrecher gehenkt, und überwand weder das Trauma des Verlustes noch die fürchterliche Erkenntnis seiner Mittäterschaft. Ihre Gefühle von Scham und Schuld hat sie verdrängt und überwiegend nonverbal ausgedrückt. Freilich haben Sheila und ich nicht nur historisch einen anderen Hintergrund und andere Perspektiven, auch sonst sind wir sehr verschieden. Wir können die Spannungen zwischen uns jedoch gut aushalten und arbeiten auch jetzt Hand in Hand, auf dass der Abend vergnüglich werde. Das bringen wir nicht zuletzt deshalb fertig, weil wir im dreijährigen Storytelling-Trainingsseminar mit Dan Bar-On in der Körber-Stiftung viel Zeit miteinander verbracht und uns ein wenig kennengelernt haben. Im Übrigen verbinden uns die Erfahrungen mit dem Nahen Osten, unser Engagement für die Menschenrechte und unser dialogischer Ansatz im Zusammenhang mit dem palästinensisch-israelischen Konflikt.

Sheila ist Kinder- und Jugendpsychotherapeutin und hat täglich mit Konflikten zu tun: Jährlich kommen rund 3000 junge Menschen allein, ohne Verwandte, nach Großbritannien, in der Hoffnung auf Asyl und auf Schutz vor Gewalt. Sie arbeitet mit vielen dieser Kinder und Jugendlichen aus Bürgerkriegs- und Kriegsregionen, die Opfer wurden – und als Kindersoldaten oft gleichzeitig Täter. Die Mehrzahl von ihnen stammt aus afrikanischen Ländern, der Türkei und Afghanistan sowie aus dem Gebiet des ehemaligen Jugoslawien. Sie sind traumatisiert, entwurzelt und orientierungslos. Während ich den Besen aus der Kammer hole, macht Sheila sich daran, Kuchen zu backen. Zwischendurch tauschen wir uns aus. Meine Freundin ist eine mütterliche, gemütliche Frau, die anderen gerne hilft und sich gut in sie hineinfühlen kann; da bleibt oft nicht genug Zeit für sie selbst. Die Täter-Opfer-Thematik interessiert sie besonders, zumal sie gelernt hat, dass eine Person oft beides verkörpern kann. Sheila, die als Studentin noch Anna Freud, die Tochter des berühmten Psychiaters, erlebt hat, ist ebenso wie Judah Passow 1949 geboren. Sie allerdings kam in Buckinghamshire zur Welt und wuchs in einer Nachbarschaft auf, in der es keine Juden gab, weshalb Sheila auch eine nichtjüdische Schule besuchte. Von Kindesbeinen an war der Kontakt zum »Anderen« für sie von Bedeutung, und sie entwickelte feine Antennen für Rassismus. Dessen Anwesenheit empfanden ihre Eltern in England stark, wenngleich er subtil auftrat. »Ich gehöre zu einer Generation, die die Welt verändern wollte«, sagt Sheila und wirft ihren lila Schal über die Schulter. Sie und ihre Freunde seien alle von den Erfahrungen der Eltern während des Zweiten Weltkrieges geprägt gewesen und hätten nach einer pluralisti-

Sheila Melzak

schen Gesellschaft gestrebt. »Ich war entschlossen, mich gegen Rassismus, Antisemitismus und Fremdenhass einzusetzen.« Mit 18 Jahren beschloss sie, einige Zeit als Freiwillige nach Israel zu gehen, wo sie in einem Kibbuz lebte.

Anders als die Passows waren die Melzaks jedoch keine Zionisten. Das hieß allerdings nicht, dass Sheilas Eltern sich den jüdischen Werten nicht verbunden fühlten, ganz im Gegenteil: »Der Zweite Weltkrieg machte ihnen die Verwundbarkeit des Judentums akut bewusst.« Auch wenn Sheila sich bis heute als Nicht-Zionistin bezeichnet, ist sie aus historischen Gründen nicht gegen den Zionismus: »Mir ist sehr bewusst, dass viele Menschen sich in Israel sicherer als an jedem anderen Ort der Welt fühlen.« Das galt insbesondere auch für ihre Eltern: Kurz nachdem Sheila in den Nahen Osten gereist war – der Krieg von 1967, der zur israelischen Besetzung der Westbank und des Gazastreifens geführt hatte, war gerade beendet –, bekam ihr Vater das Angebot, als Neurologe im israelischen Gesundheitswesen zu arbeiten. Ihre Mutter fühlte sich in Israel sofort zu Hause, und sie fand dort viele Menschen wieder, die sie im Holocaust verlorengeglaubt hatte. Drei Jahre nach ihrer Ankunft starb ihr sehr viel älterer Mann. Sie lebte weitere 20 Jahre lang in Israel und kehrte erst kurz vor ihrem Tod nach England zurück.

Sheilas Verhältnis zu Israel blieb indes gespalten, in ihren Enthusiasmus für das Land mischt sich auch der Kummer über den Umgang mit den Palästinensern. Schon bei ihrem ersten Aufenthalt suchte sie Kontakt zu ihnen und fühlte sich ihnen verbunden. Nach ihrem Studium an der London University ging sie ein Jahr an eine Klinik in Haifa, um Kinder zu therapieren, die in ihrer emotionalen Entwicklung Defizite hatten. Danach kam sie regelmäßig nach Israel zurück. Als im Februar 1994 der jüdische Siedler Baruch Goldstein in Hebron 29 ins Gebet vertiefte Palästinenser erschoss, reiste die überzeugte Menschenrechtlerin in die von radikalen Siedlern besetzte palästinensische Stadt im Süden der Westbank. »Es war mir sehr wichtig, den Leidtragenden in dieser Situation zur Seite zu stehen«, sagt sie. Sie unterstützte damals die Kinder der Ermordeten bei der Trauerarbeit und unterrichtete palästinensische Sozialarbeiter im Umgang mit Verlust, Trauma und Veränderung.

Sheila atmet tief durch und holt den duftenden Schokoladenkuchen aus dem Ofen. Sie amüsiert sich über meinen Aufräumaktionismus, hat sich aber damit abgefunden, dass ich ihre unordentliche Ordnung durcheinanderbringe. Nun, da wir mit unseren Partyvorbereitungen voranschreiten, fangen wir an, uns zu entspannen und auf das Fest zu freuen. Sheila arbeitete bis vor kurzem 20 Jahre lang als Kinder- und Jugendtherapeutin für die Menschenrechtsorganisation »The Medical Foundation«, die sich um Folteropfer kümmert. Die Organisation wurde von der heute 84-jährigen Helen Bamber gegründet, die das KZ Bergen-Belsen mitbefreite. Diese Wohlfahrtsorganisation, die seit ihrer Gründung 1985 über 45 000 Opfer betreut hat, versteht sich auch als Institution, die Politik und Gesellschaft über Folter aufklärt und die Menschenrechtslage verbessern will. Es bedeutete Sheila viel, dass sie bei dieser Arbeit Psychotherapie und gesellschaftspolitische Aktivitäten verbinden konnte. Mittlerweile hat sie ihre eigene Organisation gegründet, das »Baobab Therapiezentrum für junge Überlebende im Exil«, und sucht dafür mit ihrem Team Förderer und Unterstützer.

»Sheilas Kinder« – es sind zur Zeit rund 60 – erleben tagtäglich Einsamkeit, Angst und Marginalisierung, denn sie haben ihren gesamten Lebenszusammenhang verloren und müssen zusätzlich zu diesen Belastungen in Großbritannien ungeheure Anpassungsleistungen erbringen, um sich in die neue Kultur einzufügen. »Wöchentlich erzählen mir mehrere junge Menschen, wie schwer es ist, ohne Familie und Freunde, die einen normalerweise spiegeln, eine Identität zu entwickeln«, sagt Sheila und streicht sich die dunklen Haare aus der Stirn. »Viele haben das Gefühl, ein Niemand zu sein, und in ihrer neuen Umgebung haben sie ihre Fähigkeit, sich selbst zu helfen, ganz verloren. Außerdem sind sie der grausamen Erlebnisse wegen gegenüber Menschen sehr vorsichtig geworden.« Storytelling ist ein Hauptbestandteil von Sheilas Arbeit. Zusammen mit dem israelischen Schauspieler, Stückeschreiber und Regisseur Shai Schwartz, der sich seit 1975 auch zum Kunsttherapeuten und professionellen Gruppenleiter für Storytelling hat ausbilden lassen, entwickelte Sheila vor zwölf Jahren ein Interventionsmodell für junge Folteropfer.

In den Gesprächskreisen werden die Kinder und Jugendlichen nicht aufgefordert, direkt über sich zu sprechen, denn das würde bedeuten, die Schrecken zu reaktivieren, ein zweites Mal den Verlust von Familienmitgliedern, Freunden oder Nachbarn zu durchleben und mit den Gefühlen von Gewalt und Ohnmacht konfrontiert zu sein. Stattdessen werden sie ermutigt, traditionelle Geschichte, Legenden oder Märchen aus ihrem Heimatland zu erzählen. Anschließend verbinden die Jugendlichen ihre Erzählung mit einem Rollenspiel. Dabei tauchen die unterdrückten Narrativen in anderer Gestalt wieder auf. Das, was so schmerzlich und deshalb nicht aussprechbar ist, erhält bei dieser ans Theater angelehnten Art von Storytelling eine Ausdrucksform. Hilflosigkeit, Terror, Wut, Täter-Opfer-Rollen, Schuld und Scham – und ganz besonders der Wunsch nach Erlösung – treten thematisch wiederholt auf. Auch die scheinbar passiven Zuhörer innerhalb einer Gruppe arbeiten ihre Erfahrungen in diesem Darstellungsprozess mit auf und beginnen, sich über Identifizierung zu öffnen und zu stabilisieren. Die Kinder und Jugendlichen finden wieder Kontakt zu ihrer Identität, die sie im Gastgeberland oft verleugnen und verdrängen. »Wir haben in all den Jahren viele sehr bewegende Sitzungen mit Kindern und Jugendlichen gehabt, die an ihre Kultur anknüpfen. Sie gewinnen Teile ihres familiären, nationalen und Stammeserbes zurück und heilen ihre Wunden«, wird mir Shai einige Monate später bei einem Arbeitsbesuch bei Sheila in London erklären. Der Therapeut lebt mit seiner Familie in der palästinensisch-jüdischen Kooperative »Wahat Al-Salam / Neve Shalom« zwischen Tel Aviv und Jerusalem. Gemeinsam mit seiner Frau und seiner jüngsten Tochter engagiert er sich im »Sulha-Friedensprojekt«. Sulha ist das vorislamische Konzept von Vermittlung. Dabei legt jede der beiden zerstrittenen Parteien einem neutralen Dritten ihre Sicht des Konflikts dar. Der Vermittler agiert dann wie ein Diplomat und versucht, eine Schlichtung und Befriedung zwischen den verfeindeten Seiten herzustellen. Das in Israel gegründete, internationale »Sulha-Friedensprojekt« besteht aus Juden, Arabern, Israelis und Palästinensern, die von der Basis her durch Mediation und interkonfessionelle Verständigung die politische und diplomatische Ebene unterstützen und ergänzen wollen. »Nach so vielen Jahren der Erfahrungen und der Leitung des jüdisch-palästinensischen Dialogs hat es für mich eine sehr heilsame Wirkung, an einem Dialog teilzunehmen, der nicht nur politisch, sondern auch spirituell ist und Hoffnung sowie guten Willen schafft«, sagt Shai.

Ich stehe mit dem Besen in der Hand da und habe über Sheilas Bericht vergessen zu fegen. Wir machen uns einen Tee und reden weiter. »Besonders berührend sind Jugendliche, die als Kinder von Rebellengruppen entführt wurden und Soldaten sein mussten«, sagt Sheila. »Sie haben so viel Furchtbares erlebt, Mord, Vergewaltigung, Armut und Korruption, und trotzdem haben sie ein sehr nachdenkliches Wesen, machen sich Gedanken über die Welt und verstehen, dass Gewalt keine Antwort ist. Viele von ihnen sind auf ganz natürliche und spontane Weise sehr menschlich. Sie haben ein erstaunliches Vertrauen in Gemeinschaften und einen starken Bezug zu Menschenrechten.« Man merkt, dass diese kleine, weitgereiste Frau mit den hellblauen Augen viel menschliches Elend gesehen hat – das Leid vieler Kinder, die schutzlosesten Opfer jeglicher gewaltsamer Auseinandersetzung. »Es ist sehr beeindruckend«, so Sheila weiter, »wie fähig diese jungen Menschen trotz allem sind, sich gegenseitig zuzuhören und in der Gruppe über moralische und ethische Dinge zu diskutieren. Sie reflektieren über sehr sensible Themen, wie zum Beispiel über den Selbstmord eines früheren Nachbarn und über eigene Selbstmordgedanken.«

Für sie ist es eindeutig, dass die verschütteten, versteckten, unterdrückten Narrativen ein Hindernis für Frieden sind. Erst wenn sie zu Tage gebracht und wahrgenommen werden, kann ein Heilungsprozess eintreten, davon ist sie überzeugt. Dies gelte nicht zuletzt auch für den palästinensisch-israelischen Kontext, sagt sie. Zu viele politische Fehler seien in Israel über Jahrzehnte gemacht worden, und besonders schlimm findet sie, wie die Sprache des Holocaust die Gesellschaft durchdrungen habe und häufig zu unpassenden, verzerrten Aussagen verleite. Dass Juden und Nichtjuden den Holocaust mitunter politisch missbrauchen, macht die Tochter von Überlebenden besonders ärgerlich und traurig.

In der israelischen Tageszeitung »Ha'aretz« schrieb Gideon Levy am 23. April 2009 über diesen häufigen Missbrauch der Shoah für politische und persönliche Zwecke: »Die gezielten Tötungen (von

Palästinensern), die Trennmauer, die Massenverhaftungen (einige ohne Gerichtsverfahren), die schamlose und systematische Diskriminierung auf dem Arbeitsmarkt und im Rechtssystem, der allgegenwärtige Rassismus – all das muss als Frühwarnung wahrgenommen werden. In Deutschland ist die Gesellschaft damals auch in ein Koma versunken. Dagegen muss Alarm geschlagen werden, so viel wie möglich. Aber das ist kein Holocaust. Sogar Kambodscha, Ruanda oder der Kongo waren nicht Deutschland oder Polen. Es ist fast peinlich, dass man Leute daran erinnern muss, dass es (in Israel) keine Politik des Genozids und keine Endlösung gibt. Es gab ethnische Säuberungen, es gibt Massentötungen und systematischen Raub, aber das ist kein Holocaust.«

Für den israelischen Politiker Avraham Burg, einst Knesset-Abgeordneter der Arbeitspartei und Vorsitzender der Jewish Agency und der Zionistischen Weltorganisation, herrscht in Israel ein »paranoider Verfolgungswahn«: »So wie die Dinge heute liegen – das absolute Monopol und die Dominanz der Shoah über alle Aspekte unseres Lebens –, wird das heilige Erinnern in ein lächerliches Sakrileg verwandelt und verkehrt den stechenden Schmerz zu Hohlheit und Kitsch ... Israel ist heute mehr vom Holocaust beeinflusst als drei Jahre nachdem die Tore zu den Nazi-Todesfabriken geöffnet wurden.« Dieser Staat, der als sicherer Ort für Juden gegründet wurde, sei heute der für Juden unsicherste Platz zum Leben.

Sheila sagt, es habe sie auf ihrer letzten Reise in die Region während des Gazakriegs betroffen gemacht, festzustellen, dass viele Israelis bereit seien, sich mit Palästinensern zu treffen, andere hingegen sie dämonisieren und sich niemals mit ihnen in einen Raum begeben würden. Ein Dialog setze voraus, dass beide Seiten den Wunsch hätten, die Probleme zu lösen und auf dem Weg dahin Kompromisse zu schließen, um weitere gewalttätige Konflikte zu vermeiden. Zunächst einmal müssten die Beteiligten aber ihre eigenen inneren Hindernisse in sich selbst wahrnehmen und überwinden. »Über die palästinensische Freundin, die meine Mutter in Israel hatte, muss ich dir ein anderes Mal erzählen«, sagt Sheila. Ihr Blick zur Uhr sagt mir, warum: Uns bleibt nicht mehr viel Zeit, bis die Gäste eintreffen.

Wenige Stunden später ist Sheilas englisches Reihenhaus gefüllt mit Menschen unterschiedlichster Herkunft. Samir El-Youssef und Judah Passow sind dabei, aber auch der Khomeini-Biograf und ehemalige Leiter des Persisch-Dienstes der BBC, der gebürtige Iraner Baqer Moin, außerdem die griechische Menschenrechtsspezialistin Katerina Dalacoura von der London School of Economics, der Philosoph Brian Klug und viele andere – eine bunte Mischung von Menschen, die man in Deutschland an einem Abend selten so ungezwungen zusammenbekommt. London ist ein Schmelztiegel, der trotz vieler sozialer und anderer Probleme viele kulturelle, religiöse und ethnische Differenzen erträgt und ebenso oft überbrückt.

Auch Brian Klugs älteren Bruder Tony treffe ich auf der Party. Tony Klug gilt in England als eine Koryphäe des jüdisch-palästinensischen Dialogs, denn er kommentiert den Konflikt seit über 40 Jahren. Der Experte für internationale Beziehungen war schon in den 1960er-Jahren als Präsident der Studentenvereinigung an der Universität im Zentrum der Diskussionen. »Als junger Mann fand ich immer das Argument dessen, der gerade sprach, am überzeugendsten«, sagt er lachend. Tony ist ein Gentleman, der mich mit seinem typisch nüchternen englischen Humor aus der Reserve lockt. Wir verstehen uns auf Anhieb gut. Tonys Doktorarbeit behandelte die israelische Besatzung der Westbank. Schon 1973 veröffentlichte er bei der renommierten Fabian Society, ein seit

Ende des 19. Jahrhunderts bestehender Thinktank, der der britischen Labour Party nahesteht, eine Schrift über den »Nahostkonflikt und die Geschichte zweier Völker«. Ungewöhnlich war, dass er bereits damals die arabische und die israelische Sichtweise auf die historischen Ereignisse getrennt untersuchte und damit einer der Vorläufer derer war, die verstanden hatten, dass es bei diesem Konflikt keine gemeinsame Geschichte gibt. Dan Bar-On und sein palästinensischer Kollege und Freund, der Soziologe Sami Adwan, haben später etwas Ähnliches, aber praktisch Orientiertes an Ort und Stelle unternommen: 2002 und 2006 gaben sie ein palästinensisch-israelisches Geschichtsbuch heraus, das Lehrer der verfeindeten Seiten in mühsamer Dialogarbeit miteinander entwickelt hatten: »Learning each others historical narrative«, erschienen im palästinensisch-israelischen »Peace Research Institute in the Middle East« (PRIME). »Während der Arbeit zum zweiten Handbuch«, berichteten Dan und Sami, »wurden die Lehrer beider Seiten sensibler für die Sorgen und Bedürfnisse der Anderen, ohne dabei den Kern ihrer eigenen Erzählung aufzugeben. Sie waren williger, sich den Standpunkt der Anderen anzuhören, und entwickelten die Fähigkeit, verletzende Worte zu vermeiden.« In diesem Handbuch stellen sie historische Ereignisse rund um den Konflikt aus der palästinensischen und aus der israelischen Perspektive auf jeweils einer Buchseite nebeneinander vor, angefangen mit der Balfour-Erklärung, in der die Briten 1917 den Juden die Schaffung einer jüdischen Heimstätte in Palästina zusagten. »Einige Wissenschaftler haben uns kritisiert, dass wir zwei verschiedene Geschichten aufgeschrieben haben und nicht lediglich eine einzige, die die Unterschiede überbrückt. Wir vertreten die Ansicht, dass beide Gesellschaften an diesem historischen und politischen Punkt zunächst die Zweistaatenlösung umsetzen und einen palästinensischen Staat schaffen müssen«, so die beiden Initiatoren des Projekts. »Zunächst müssen sie ihre eigene Geschichte separat darstellen, um sich sicher zu fühlen und der anderen Seite die Gelegenheit zu geben, sie kennenzulernen. Für viele Erwachsene und Jugendliche ist es das erste Mal, dass sie auf so umfassende Weise mit der Narrative des Anderen konfrontiert werden. Sie brauchen Zeit, um das zu verarbeiten und vielleicht auch ihre eigene Geschichte noch einmal zu überprüfen. Die Möglichkeit, eine gemeinsame Geschichte zu schaffen, überlassen wir zukünftigen Generationen.« Dan sprach im Zusammenhang mit diesem Projekt oft von einem »Dialog unter Beschuss«, denn die Lehrer fanden sich ungeachtet der gewalttätigen Auseinandersetzungen, der politischen Rückschläge und vor allem ungeachtet des sozialen Drucks ihrer jeweiligen Gesellschaften immer wieder zusammen, um das Textbuch weiterzuentwickeln. Auch heute, nach weiteren Rückschlägen und ungeachtet von Dans Tod geht das Projekt der Lehrer unter der Anleitung von Sami Adwan weiter.

»Tony, ich möchte jetzt ein Glas Wein trinken«, sage ich geradeheraus. Die Intensität der Begegnungen in London und die feinfühlige Differenziertheit meiner Gesprächspartner erfordern viel Konzentration, nicht nur auf der intellektuellen Ebene – ich merke, dass ich müde werde, denn es gibt viel zu verarbeiten. Tony bringt mir einen Wein und Essen von Sheilas Büfett. Wir schweigen eine Weile und stärken uns. Dann erzählt Tony mir eine interessante Geschichte: »Alles fing mit Wurstaufschnitt an«, sagt er, und ich frage mich, was nun wohl kommen mag. Anfang der 1980er-Jahre verabredete Tony sich mit zwei Palästinensern in einem Pub: »Wir teilten neben einem kleinen Imbiss die Meinung, dass die Zeit reif war, uns nicht mehr die kalte Schulter zu zeigen.« Diese Initialbegegnung führte dazu, dass sich 1984 drei Palästinenser und zwei weitere britische Juden in Tonys Wohnung einfanden, um

Tony Klug

über den Konflikt zu sprechen. Die PLO war in Israel damals noch illegal und im Westen nicht anerkannt, galt sie doch als Terrororganisation. Die Palästinenser betrachteten Kontakte zu Juden als Verrat an der eigenen Sache, schließlich galt es, Palästina von der Besatzung zu befreien – wobei damals nicht nur Gaza und die Westbank gemeint waren, sondern auch Israel selbst. Das Treffen in Tonys Wohnung war demnach höchst geheim und die Unterhaltung verlief sehr steif und stockend. Unter den Palästinensern befand sich ein ehemaliges Mitglieder der PFLP, der »Palästinensischen Front zur Befreiung Palästinas«, das Gewalt für sich allerdings als den falschen Weg erkannt hatte.

»Wären wir damals formell nach einem Plan vorgegangen und hätten uns schon bewusst an die Prinzipen eines Dialogs gehalten, wären wir vermutlich weniger spontan und ziemlich befangen gewesen«, sagt Tony rückblickend. »Uns war gar nicht klar, dass das, was wir dort miteinander schufen, ein Dialog war.« Aufgeregt nippe ich an meinem Weißwein – Kontakte mit der PLO standen in Israel damals unter Strafe, erinnere ich mich, selbst im Ausland erforderte es viel Mut, dieses Tabu zu brechen. Allenthalben stand die Stimmung entschieden gegen solche Kontakte. Dennoch spürten viele Menschen, dass solche Begegnungen notwendig waren, wollte man den Konflikt konstruktiv angehen. Es gab deshalb an unterschiedlichen Orten zu verschiedenen Zeiten solche Geheimtreffen, die völlig unkoordiniert und unabhängig voneinander stattfanden. Zu den Ersten, die diesen Schritt wagten, gehörte der israelische Friedensaktivist Uri Avnery. Avnery hat diese Erfahrungen in seinem Buch »Mein Freund, der Feind« aufgearbeitet. 1978 war sein heimlicher Gesprächspartner, der PLO-Vertreter in Großbritannien, Sa'id Hammami, wegen seiner Kontakte zu Israelis und aufgrund seiner Befürwortung der Zweistaatenlösung in seinem Londoner Büro ermordet worden; 1983, nur ein Jahr bevor sich Tonys Gruppe traf, wurde das PLO-Mitglied Issam Sartawi aus denselben Gründen in einer Hotellobby in Portugal erschossen. Bis heute geht man davon aus, dass die radikale palästinensische Terrorgruppe von Abu Nidal für den Anschlag verantwortlich war. Die Fronten waren zu jener Zeit sehr hart und unnachgiebig.

Gespräche zwischen Israelis und Palästinensern, heute eine Selbstverständlichkeit, galten in jenen Tagen als radikal und subversiv. Kein Wunder, dass Tony und seine Mitstreiter verabredeten, ihre Begegnungen streng geheim zu halten. »Dieses gemeinsam gehütete Geheimnis hatte ganz unbeabsichtigt zur Folge, dass wir uns verbunden fühlten«, bemerkt Tony. Die Zusammensetzung seiner Gesprächsgruppe muss gut gewesen sein, denn instinktiv entschieden ihre Mitglieder gleich bei der ersten Begegnung, das Prinzip der Gleichberechtigung strikt einzuhalten. Das nächste Mal sollte das Treffen folglich in einer von den Palästinensern gewählten Wohnung stattfinden. »Das war zwar ein gutes Prinzip, ging aber von der falschen Voraussetzung aus, dass die neuere, kleinere und wenig etablierte palästinensische Gemeinde in England ebenso gut aufgestellt sei wie die alteingesessene Gemeinde britischer Juden«, so Tony. Zur nächsten konspirativen Sitzung fand man sich notgedrungen abermals in der Wohnung eines jüdischen Gruppenmitglieds wieder. »Für uns gab es keine Frage, dass das dritte Treffen entweder in einer palästinensischen Wohnung stattfinden oder verschoben werden müsste«, sagt der 65-Jährige. So kam es dann auch, und es dauerte sechs Monate, bis ein weiteres Treffen möglich wurde – dank der Quäker, die ihre Räumlichkeiten als neutralen Treffpunkt anboten.

Ein scheinbar unbedeutendes Detail, an das niemand gedacht hatte, entpuppte sich plötzlich als äußerst dienlich, um die Spannungen zwischen den Gesprächspartnern zu beseitigen und einen Dialog in Gang zu bringen: »Nun komme ich zu den Wurstschnitten«, sagt Tony, und ich sehe ihn etwas verdutzt an. Die Quäker hatten einen kleinen Imbiss vorbereitet, den ihre Gäste mit sichtlichem Appetit verspeisten. Allein, die Brote mit der Wurst blieben liegen, die wollte keiner haben. Da erst bemerkten Juden und Palästinenser eine Gemeinsamkeit – aus religiösen Gründen essen beide kein Schweinefleisch. Diese Erkenntnis entspannte die Atmosphäre spürbar, endlich begann ein richtiges Gespräch, das allmählich noch weitere Ähnlichkeiten aufdeckte. Plötzlich war man sich gar nicht mehr so fremd. Aus der Gruppe entstand der »Council For Jewish-Palestinian Dialogue«, und es kamen bald noch mehr Mitglieder dazu – 1992 bestand die Gruppe aus zwölf Personen. »Aber ihr müsst doch auch große Konflikte gehabt haben?«, frage ich. »Freilich«, antwortet Tony. »Anfangs waren wir besonders gut darin, uns gegenseitig Predigten zu halten und der Gegenseite zu erklären, was *sie* alles falsch mache. So mancher von uns mag zu diesen Gesprächen anfänglich überhaupt nur mit der Absicht gekommen sein, den Anderen zu belehren.«

Erfreulicherweise geht in diesem Moment einer der Gäste mit einer frisch geöffneten Flasche Wein an unserem Sofa vorbei und füllt unsere Gläser, doch er zieht sich sofort zurück, als er merkt, wie Tony und ich ins Gespräch vertieft sind. »Wir hatten uns in der Gruppe viel zu sagen. Der schwierigere Part war jedoch, uns gegenseitig zuzuhören«, fasst er den Prozess zusammen. Die meisten Teilnehmer seien von dem ehrlichen Interesse motiviert gewesen, die Ängste, Hoffnungen, Vorstellungen und Sichtweisen der Gegenseite zu begreifen. Mit der Zeit hätten die Vorwürfe und Belehrungen abgenommen, sagt er, auch wenn keiner von ihnen je Experte im Zuhören geworden sei. Ein Dialog bringe auch viele unangenehme Momente mit sich – etwa, wenn es darum gehe, die Überzeugungen der Gegenseite nachzuvollziehen und mehr noch: die eigenen zu überprüfen. Ein Dialog sei ein Prozess der Humanisierung, so mein Gesprächspartner. Sei es nicht viel einfacher, ein Stereotyp zu verachten und in Gedanken zu erniedrigen oder zu zerstören, als einen Menschen mit Gefühlen, Schwächen und Hoffnungen, die sich von den eigenen gar nicht so sehr unterschieden? »Was habt ihr durch eure Gespräche denn gelernt?«, will ich wissen. Er streicht sich die Brotkrümel von seinem dunkelblauen Blazer und denkt einen Moment nach. Keiner der »Council«-Mitglieder, sagt er, habe durch diese Zusammentreffen seine grundsätzlichen Überzeugungen geändert. »Was wir vor allem erreicht haben, war die beidseitige Erkenntnis, dass es zwei historische Narrativen gibt – selbst wenn die eigene die Wichtigere bleibt!« Einer der palästinensischen Gruppenteilnehmer beispielsweise, der heute ein hoher politischer Berater in Palästina ist, habe seinerzeit begriffen, welche Bedeutung der Zionismus und Israel für Juden hätten.

Er habe die Berechtigung des jüdischen Anliegens erkannt – dass der Zionismus für Juden nichts mit Postkolonialismus zu tun habe, sondern etwas sehr Persönliches und Positives sei. Deshalb habe er den Zionismus aber nicht akzeptiert, denn aus seiner Sichtwarte bleibe er negativ. Sa'ida Nusseibeh, die Schwester von Sari Nusseibeh, gehörte ebenfalls zur Gruppe. Sie konstatierte, dass Verstehen nicht bedeute, die Meinung des Anderen zu teilen. Über den »Council« sagte sie vor einigen Jahren: »Wir alle haben Vorurteile. Unsere individuellen Vorurteile sind nur ein winziger Part der schwierigen Aufgabe des Begreifens. Solange wir uns dessen aber nicht bewusst sind, sind wir wahrscheinlich eher ein Teil des Problems als der Lösung.« Tony gehörte im »Council« zu jenen, die schon zu Beginn recht offen für die palästinensische

Seite waren; auch er lernte durch diesen Kontakt viel: »Mir ist klargeworden, was Juden oft schwer nachvollziehen können: dass die Palästinenser grundsätzlich nichts falsch gemacht haben, außer dass sie leider zur falschen Zeit am falschen Ort waren«, sagt er und seufzt.

Der »Council« bestand mehr als sechs Jahre. »Paradoxerweise schlief unser Austausch bald, nachdem wir infolge der Madrider Nahostverhandlungen 1991 an die Öffentlichkeit gegangen waren, ein«, sagt Tony. Vielleicht habe diese Übergabe an die öffentliche, politische Ebene die Gespräche an der Basis überflüssig wirken lassen, fragt er. Ich erwidere, dass der Oslo-Prozess allenthalben dazu geführt habe, dass Bemühungen der Friedensbewegung und all derer, die sie im Ausland unterstützten, fast zum Stillstand gekommen seien. Man habe sich wohl etwas naiv in der Hoffnung gewogen, nun komme der Friede und bleibe. Es sei vermutlich ein Fehler gewesen, sich auf die Verständigung auf höchster politischer Ebene zu verlassen, anstatt parallel auch im außerparlamentarischen Bereich weiter in engem Kontakt zu bleiben und Basisarbeit zu leisten. Im Übrigen habe man beim Oslo-Prozess weder auf die Symmetrie der Machtverhältnisse noch auf die Bedürfnisse und Befindlichkeiten der betroffenen Menschen geachtet, darüber hinaus sei der Zeitplan schlecht gewesen.

Tony, der früher bei »Amnesty International« aktiv war und heute weiter in diversen Dialogprojekten und Organisationen zur Konflikttransformation, wie zum Beispiel der »Oxford Research Group«, tätig ist, gehört auch zum Beirat des »Palestine-Israel Journal« in Ost-Jerusalem. Tony sagt, diese Zeitschrift habe als palästinensisch-israelisches Projekt seit ihrer Gründung 1994 bis heute so gut funktioniert, weil sie von Anfang an auf Gleichberechtigung ausgerichtet war. Im Verlag sprächen nicht, wie leider so häufig, Israelis *über* Palästinenser, um mit einer unbewusst bevormundenden Haltung etwas für sie zu tun, sondern man spreche *miteinander*, um gemeinsam daran zu arbeiten, die politische Situation zu verbessern. »Es kommt sehr auf solche Details und auch auf die Sprache und Terminologie an, die wir benutzen«, sagt Tony.

Wir beschließen, endlich einen von Sheilas Kuchen zu probieren, und wählen den mit der Erdbeerhaube. Beeindruckt von Tonys Erfahrungen und tiefen Einsichten in den Konflikt und in Konfliktlösungsansätze, frage ich ihn, woher sein Engagement rühre. Tony kam 1944 als zweites Kind der Klugs zur Welt – kurz bevor die Nazis die Gaskammern im Konzentrationslager Auschwitz demontierten und die meisten Geheimakten verbrannten. Die Klugs verloren Angehörige im Holocaust, waren jedoch nicht unmittelbar davon betroffen. Tonys Großeltern von beiden Seiten seiner Eltern stammten aus Polen. Sein Großvater mütterlicherseits war der Einzige, der die Möglichkeit hatte, sich gut ausbilden zu lassen – er interessierte sich sehr für Politik und vertrat sozialistische und antifaschistische Ansichten. Dies hatte einen wesentlichen Einfluss auf die Entwicklung von Tonys Mutter. Tonys Vater wuchs in sehr bescheidenen Verhältnissen auf – dessen Vater war Tischler. Die schlechten ökonomischen Bedingungen und der Antisemitismus der Zeit prägten ihn entscheidend.

Seine Eltern hätten ihn und seine drei Geschwister traditionelle jüdische Werte gelehrt, sagt Tony, aber auch die jüdische Bildung an den Schulen hätte ihre Wirkung getan. Traditionelle jüdische Werte bedeuten für ihn: Gerechtigkeit, Frieden und Wahrheit. Die jüdische Tradition ermutige das Individuum dazu, selbst zu denken, nichts als gegeben hinzunehmen und alles zu hinterfragen – das stehe ganz im Gegensatz zum starren Denken, das in Israel und der jüdischen Welt in der Diaspora heute stark vorhanden sei, findet Tony. Vor allem mit seinem älteren Bruder und mit Brian habe er sich regelmäßig intensiv politisch auseinandergesetzt, so der »Veteran« der Nahostanalysen. Mit seinem ältesten Bruder war Tony früher auch in der Anti-Apartheid-Bewegung aktiv. Wegen einer feurigen Rede, die er auf einem Kongress der »National Union of South African Students« hielt, verwiesen die Südafrikaner ihn 1970 des Landes. Seine Schwester Francesca, die an der London School of Economics Menschenrechte lehrt, engagiert sich ebenfalls seit Jahren politisch und publizistisch. 2007 gründeten die Klug-Geschwister mit anderen Gleichgesinnten die »Independent Jewish Voices«, ein Netzwerk unabhängiger jüdischer Stimmen, die sich für Frieden und Menschenrechte im Nahen Osten einsetzen.

Ich merke, dass ich keine gute Gastgeberin bin, weil ich schon viel zu lange mit Tony spreche, anstatt mich auch den anderen zuzuwenden. Ich will von ihm aber noch wissen, wie er die politische Lage nach dem Gazakrieg, der Wahl Barack Obamas in den USA und Bibi Netanyahus in Israel beurteilt. »Die Israelis wollen zwar Frieden, aber ihre Regierung hat keine Strategie, wie sie das erreichen kann«, meint Tony. »Die Regierung unter Ehud Olmert nutzte zwar die Sprache des Friedens, aber ihre Taten sprachen dagegen, weil sie zum Beispiel die Siedlungen in der Westbank weiter ausgebaut hat. Die neue Regierung unter Netanyahu tut noch nicht einmal mehr so, als sei sie zu einem Kompromiss, geschweige denn einer Zweistaatenlösung bereit.«

»Der israelisch-palästinensische Konflikt wird bald nicht mehr lösbar sein und die internationalen Beziehungen langfristig vergiften«, sagt Tony. Die Zeit laufe aus. Er ist besorgt, dass nach Oslo und all den vielen anderen gescheiterten Friedensinitiativen, die seither auf dem Tisch gelegen haben, nun immer wieder neue Pläne ins Spiel kommen, ohne dass etwas geschieht. Es habe Jahrzehnte gebraucht, sagt er, um endlich einen Konsens für die einzig plausible Richtung herzustellen: die Zweistaatenlösung. Bislang wären jedoch die Strategien fehlerhaft gewesen, und es hätte zudem keine effektiven Mechanismen gegeben, sie durchzusetzen. »In der momentanen Situation wäre es sinnlos, die Verhandlungen wieder aufzunehmen – man würde nur vorgeben, etwas zu tun. Außerdem wäre es zwecklos zu versuchen, ein falsches gegenseitiges Vertrauen in einer Situation von Besatzung zu schaffen. Zunächst müssen klare Ziele definiert werden und die internationale Gemeinschaft müsste den Prozess leiten und Druck auf die verfeindeten Parteien ausüben. In diesem Kontext und in einem passenden Rahmen wird es den Zeitpunkt und die Notwendigkeit für Verhandlungen geben. Jetzt ist es wichtig, Zuversicht bezüglich der Zweistaatenlösung wiederherzustellen. Das lässt sich nur erreichen, indem man sich schnell darauf zubewegt«, sagt er. Tony schlägt vor, US-Präsident Obama solle eine internationale Initiative anregen: »Beide Seiten, inklusive Hamas, die durchaus eine pragmatische Seite hat und von der bürgerlichen Mitte akzeptiert werden will, würden dabei aufgefordert, innerhalb einer festgelegten, kurzen Phase realistische Vorstellungen für das Endspiel, beruhend auf zwei Staaten, vorzulegen. Die internationale Gemeinschaft sollte dann ihren endgültigen Plan zur Beendigung des Konflikts formulieren. Dieser Plan muss konkrete, vorläufige Ziele mit Eckdaten enthalten, ebenso wie angemessene positive und negative Anreize für jedes Stadium. Außerdem muss die internationale Gemeinschaft seine Umsetzung sicherstellen – unabhängig davon, ob die eine oder andere Partei den Prozess behindert oder die Fristen verpasst«, so der Experte. Der Konflikt könne nur enden, wenn das Bedürfnis und der Wunsch beider Seiten nach Selbstbestimmung befriedigt werde.

Sollte das nicht passieren, befürchtet er, dass in der Westbank eine gewalttätige sezessionistische Bewegung ausbrechen könnte, die wahrscheinlich zu einem palästinensischen Staat an der Seite Israels führen würde. Es wäre unnötig, sagt Tony mit Nachdruck, einen so katastrophalen Weg zu beschreiten, wenn dasselbe Ergebnis schneller und friedlicher zu jedermanns Vorteil durch einen klaren Plan erreicht werden könnte – das müsste nicht zuletzt auch im Sinne der Israelis sein.

Für den heutigen Tag habe ich genug über den Nahostkonflikt gehört. Mitunter gilt es, Abstand zu nehmen, um den Kopf wieder freizubekommen. Mit Tonys Bruder Brian spreche ich noch über das Theaterstück »Dritte Generation«, dessen Premiere wir demnächst gemeinsam in Berlin sehen werden. Anschließend geselle ich mich zu Sheila, die vor lauter Trubel vergessen hat, ihre Schürze auszuziehen: »Na, Scheindele, das haben wir beide doch gut gedeichselt heute«, sage ich und benutze den Kosenamen, mit dem ihre Eltern sie früher immer angesprochen hatten. Scheindeles blaue Augen blitzen, und sie lächelt mich zugleich schalk- und engelhaft an. Ich lege ihr meinen Arm über die Schultern und merke, dass sie ebenso erschöpft ist wie ich. Aus dem Nebenzimmer höre ich, dass einige Gäste ebenfalls über den alles beherrschenden Konflikt diskutieren – schließlich ist der Gazakrieg noch keinen Monat her. Samir erzählt gerade seinem Freund Judah vom korrupten Verhalten eines Mitglieds der palästinensischen Autonomiebehörde. Angeblich soll diese Person während des Gazakrieges mit dem israelischen Sicherheitsdienst zusammengearbeitet und gemeldet haben, wo sich die politischen Köpfe von Hamas aufhalten, sodass sie gezielt ermordet werden konnten. Gerüchte über die enge Zusammenarbeit der Autonomiebehörde mit den israelischen Besatzungsbeamten gibt es immer wieder.

Der Nahe Osten ist voller Gerüchte und Verschwörungstheorien, verschleierter Fakten und Klischees. Je weniger man direkt miteinander spricht, umso wildere Sprünge macht die Fantasie, umso bedrohlicher wirkt der fremde Feind.

Es gibt bei all dem Durcheinander jedoch viele unterschiedliche Kommunikations- und Verständigungswege und immer wieder große menschliche Gesten. Über seine Gespräche mit dem Feind hat Uri Avnery geschrieben:

»Dialog, das Wort ist zu einer kultischen Phrase geworden, einem Klischee, einer leeren Worthülse in Pamphleten. Aber in Wirklichkeit ist der Dialog eines der elementarsten menschlichen und politischen Instrumente. Man wechselt nicht nur Worte, man tauscht Blicke aus, unfreiwilliges Mienenspiel, unbewusste Gesten. Man überredet und wird überredet auf vielfache Weise, bewusst und unbewusst. Man erspürt Wahres und Falsches. Man nutzt die Intuition.

So ist es zwischen Freunden und Liebenden. So ist es noch mehr zwischen Feinden. Man schließt nicht anders Frieden als mit Feinden, und man schließt nicht Frieden mit Feinden, die man verabscheut oder als unmenschliche Monster betrachtet … Politische Entscheidungen werden von Menschen gefällt. Die Handlungen der Menschen werden von ihren Begriffen bestimmt. Bloße Politiker verstehen nichts von den verborgenen psychischen Realitäten der Welt, in der sie sich bewegen. Unsere Aufgabe ist es, diese Realitäten auf beiden Seiten zu ändern, um den Lauf der Ereignisse vom Krieg zum Frieden zu wenden.«

Das hat der unermüdliche Friedensaktivist 1986 geschrieben, aber es ist heute noch so wahr wie damals.

Keine Vergleiche!

Palästinensische, israelische und deutsche Schauspieler der dritten Generation zeigen, was Naqba und Holocaust für sie bedeuten

März 2009, Premiere an der »Schaubühne« Berlin. Eine Kulisse aus nacktem Beton, zehn Schauspieler und ebenso viele schlichte Stühle mit Plastiksitzen und Metallbeinen. Einsatz Orit Nahmias aus Israel, Enkelin von Überlebenden: »Wir vergleichen nicht. Palästinenser sind Palästinenser, Deutschland ist Deutschland und der Holocaust ist der Holocaust. Der Holocaust war ein einzigartiges Ereignis in der Geschichte der Menschheit. Natürlich gab es auch andere Genozide wie zum Beispiel ...«

Einwurf Niels Bormann (nicht verwandt mit Hitlers Stellvertreter Martin Bormann): »... wie zum Beispiel der Genozid an den Kurden, der Genozid an den Armeniern, das Morden im Sudan, in Ruanda.«

Orit weiter: »... oder der Massenmord im ehemaligen Jugoslawien. Aber bitte, wir vergleichen nicht!«

Aufs Neue sprudelt die energische junge Frau mit den schwarzen Haaren ihre Gedanken monologisch heraus, sodass die anderen neun Darsteller – zwei jüdische und drei palästinensische Israelis, vier Deutsche – nicht mehr zu unterbrechen wagen. Man müsse daran erinnern, dass der israelisch-palästinensische Konflikt nichts mit Rassismus zu tun habe wie der Holocaust – der Holocaust sei im Übrigen kein Konflikt gewesen: »Das bedeutet aber nicht, dass die Israelis nicht rassistisch sind. Sie sind sehr rassistisch. Die orthodoxen Juden hassen die zionistischen Juden; die zionistischen Juden hassen die Araber. Die Araber hassen alle Juden. Muslimische Araber hassen christliche Araber. Die Europäer hassen die Muslime – und die Juden. Und die ganze Welt hasst die Deutschen. Aber es wird oft vergessen, dass die Deutschen auch Menschen sind [Blick ins Publikum]: Ja, ja, Sie sind auch Menschen, wie die Belgier – aber lasst uns nicht vergleichen. Natürlich waren nicht alle Deutschen Nazis. *Aber* auch nicht alle Araber sind Terroristen. *Aber* einige sprengen sich selbst in die Luft und töten unschuldige Frauen und Kinder, *aber* die israelische Armee tötet auch unschuldige Frauen und Kinder, *aber* sie tut es, weil die Terroristen sich hinter ihren Familien verstecken, *aber* die Terroristen tun es, weil sie meinen, keine Wahl und nichts zu verlieren zu haben, *aber* die Israelis haben auch keine Wahl, *aber* es gibt immer eine Wahl. Sogar die Nazis hatten eine Wahl. *Aber* heute: Die Deutschen haben die Wahl, hinter die Fassade einer perfekten Demokratie zu blicken, in der Ausländerfeindlichkeit und Antisemitismus ihr hässliches Haupt wieder erheben, und es ist ein sehr sehr hässliches Haupt, also lasst uns nicht vergleichen.«

Endlich mischt Judith Strössenreuter sich in das komplexe Gemenge ambivalenter Gedanken. Blonde Haare, blaue Augen – ganz das Klischee einer Deutschen. Vorsichtig fragt sie, was Orit mit »nicht vergleichen« meine? Sofort ergießt sich ein neuer Schwall von Überlegungen auf die Bühne – über das Leugnen und Schweigen der Deutschen, über die Mauer an der Grünen Linie, die Ignoranz und Gleichgültigkeit der Israelis gegenüber dem Dasein der Palästinenser, aber bitte, wir vergleichen nicht.

Orit, atemlos: »Die Deutschen lieben es, zu vergleichen, ihr wollt uns doch glauben machen, der Holocaust hätte überall und durch jeden stattfinden können. Tatsache ist aber, dass er nicht in der Schweiz oder in Belgien passiert ist, oder? Die Palästinenser wollen auch, dass ihr vergleicht, um der Welt zu zeigen, dass die Juden rein gar nichts vom Holocaust gelernt und ihn deshalb verdient haben. Aber die Palästinenser haben ihre Lektion auch nicht gelernt, richtig? Und die Israelis sagen, man solle nicht vergleichen, dabei tun sie es selbst immerzu, um der Welt weiszumachen, die Araber wollten doch nur beenden, was die Nazis nicht fertiggebracht hätten. Also bitte, lasst uns nicht vergleichen!«

Erschöpft setzt Orit sich auf einen der Plastikstühle. Judith sagt etwas verwirrt, sie habe vieles verstanden oder vielleicht auch nur ganz wenig: »You know, my English is very bad, weil, ich komm ja aus dem Osten und hab halt Russisch gelernt, kein Englisch. Deshalb war dieses ganze Projekt auch sehr schwierig für mich. Ich hab mich halt wie ein Außenseiter gefühlt. Und auch … mit den Holocaust-Diskussionen, da hab ich mich auch wie ein Außenseiter gefühlt, weil, ich bin ja aus dem Osten, und wir waren da nicht dabei.«

Die Schauspieler sind alle barfuß, tragen einfarbige Trainingshosen und rote T-Shirts mit der Aufschrift »3 G« – Dritte Generation. In diesem »schwierigen Projekt« geht es um die dritte Generation nach Auschwitz, nach dem Nationalsozialismus und der Naqba, genauer ausgedrückt, um die Enkelkinder von Holocaust-Überlebenden, von Nazis und vertriebenen Palästinensern. Die Schauspieler, die ihre richtigen Namen tragen, spielen ihre Rollen, oft aber auch sich selbst, streckenweise ist das nicht auseinanderzuhalten. »Unsere Art zu denken und zu handeln ist von Ereignissen beeinflusst, die vor 60 Jahren stattfanden, sogar bevor unsere Eltern geboren wurden«, lautet die Grundthese dieses satirischen Theaterstücks, das die Regisseurin Yael Ronen aus Tel Aviv »work in progress«, ein Projekt im Wandel, nennt. Mit beißendem schwarzem Humor greift es die Tabus und Ressentiments im Spannungsdreieck Deutsche, Juden, Palästinenser auf, bricht sie, dass es nur so kracht, provoziert und legt die Wunden bloß. »Neben den gegenwärtigen Konflikten konzentriert sich die Auseinandersetzung auf die Jahre, in denen die Ursprünge für unser heutiges Selbstverständnis liegen. Begriffe wie Erinnerung, Schuld, Täter und Opfer und ihre Bedeutung für uns heute werden hinterfragt. Dabei geht es um keine Konkurrenz der Gründungsmythen der drei Nationen, sondern um eine Annäherung an die Grundlagen, auf denen unsere persönliche Identität im jeweiligen nationalen Kontext beruht«, heißt es in der Ankündigung. Um den Identitäten auf den Grund zu gehen, wählten Yael Ronen, die deutsche Dramaturgin Irina Szodruch und der in Berlin lebende israelische Dramaturg Amit Epstein Schauspieler um die 30 Jahre mit unterschiedlichem familiären Hintergrund aus: Deutsche aus Ost und West, muslimische und christliche Palästinenser mit israelischen Pässen sowie Juden mit unterschiedlichem kulturellen Hintergrund. Unter den Mitwirkenden befindet sich auch Rawda Sliman.

In der Vorbereitungsphase für die Proben waren die Schauspieler angehalten, sich mit der eigenen Familienvergangenheit sowie der ihrer Mitspielenden zu konfrontieren. Anfang 2008 recherchierte die Truppe zunächst in Israel und Palästina. Gemeinsam besuchten sie die Holocaust-Gedenkstätte Yad Vashem, die Klagemauer und die Mauer zwischen Israel und den palästinensischen Gebieten. Sie gingen an die Checkpoints und sprachen mit diversen Kennern der Lage. Dan Bar-On führte noch wenige Monate vor seinem Tod mit ihnen zwei Sitzungen von Storytelling durch – die Schauspieler erzählten sich ihre persönlichen Lebensgeschichten und bekamen ein Gespür für den positiven Einfluss, den dieser Ansatz haben kann, um ein Verständnis für die Perspektive der Anderen zu entwickeln. Das heißt jedoch nicht, dass sie keine Konflikte mit sich und den Kollegen hatten.

Ich traf die Schauspieler zum ersten Mal im Mai 2008 in Berlin, als sie ihre Recherchen für das Stück in Deutschland fortsetzten. Man hatte mich gebeten, ihnen über meine eigene Auseinandersetzung mit meiner Familiengeschichte zu berichten. Sie waren gerade aus der Gedenkstätte Sachsenhausen zurückgekehrt, die Stimmung entsprechend gedrückt. Als Enkelin eines als Kriegsverbrecher hingerichteten Nazis war mir beim Gedanken an die Begegnung mit dieser Gruppe zunächst mulmig zumute. Ich fühlte mich aber rasch am richtigen Ort, denn die Menschen in diesem Raum repräsentierten viele Anteile meiner eigenen Identität – als Deutsche, die sowohl in Palästina als auch in Israel gearbeitet und gelebt und sich mit denselben Themen beschäftigt hat.

Die Dynamik, die sich in der anschließenden Diskussion entwickelte, war aufwühlend. Das jüdisch-deutsche Verhältnis stand nach dem erschütternden KZ-Besuch erwartungsgemäß im Zentrum des Diskurses. Wut war spürbar über die scheinbar bequeme Normalität, in die die Deutschen nach dem Zweiten Weltkrieg zurückkehrt waren, nicht selten ohne für ihre Verbrechen bestraft worden zu sein oder sie gar eingestanden zu haben. Die Frage, warum die Opfer wegen der Vergangenheit heute noch leiden müssten, die Täter aber nicht, oder ob auch die Täter leidvolle Spuren in ihren Nachkommen hinterlassen haben, war Bestandteil der Auseinandersetzung. Wir diskutierten, wie die Enkel der Unterdrücker adäquat auf die Enkel der Unterdrückten reagieren könnten: »Was erwartest du von mir?, »Was kann ich tun, damit du nicht diesen Schmerz empfindest?« Es gab Tränen der Ohnmacht und der Trauer. Leid kann nicht aufgewogen oder gar verglichen werden, doch mitunter kann geteiltes Leid auch entlasten und trösten, und so fanden sich auch viele Gemeinsamkeiten.

Viele der Themen erinnerten mich an die von Dan Bar-On definierte »Skala des Leidens«, denn die unbewusst gestellte Frage danach, wer mehr gelitten habe, ist ein immer wiederkehrendes Thema zwischen Opfern und Tätern; Letztere neigen oft dazu, ihre Rolle in die des Opfers umzukehren. Die Rolle des Opfers ist insofern »leichter«, als man auf der »richtigen Seite« steht. Bar-On hat beobachtet, dass in einer Dreiecksbegegnung jüdische Israelis nicht nur aus kultureller Nähe dazu neigen, sich mehr auf die Deutschen zu beziehen, sondern auch, weil es für sie die einfachere Rolle ist. Vis-à-vis den Palästinensern müssten sie noch eine zweite Position einnehmen und sich mit ihrer Verantwortung für die Besatzung auseinandersetzen.

Ein Jahr später, Ende April 2009, war ich mit der Politikwissenschaftlerin Gesine Schwan verabredet, zu jenem Zeitpunkt noch Kandidatin für das Amt der Bundespräsidentin. Frau Schwan hat über die Thematik der nicht verarbeiteten Schuld geforscht und untersucht, wie sich diese auf die politische Kultur auswirkt. Dabei hat sie sich auch mit den Arbeiten von Dan Bar-On befasst und traf den Pionier des jüdisch-deutschen Dialogs mehrmals zu intensiven Gesprächen. Es hatte sie beeindruckt, was Dan über die Zerstörungskraft des Schweigens auf Seiten der Täternachkommen *und* der Opfernachkommen herausgefunden hatte und welche positiven und humanistischen Konsequenzen er aktuell daraus zog, um zum Beispiel den israelisch-palästinensischen Konflikt zu entschärfen. Als ich mit Frau Schwan, Jahrgang 1943, über das »Spannungsdreieck« spreche, erinnert sie sich an die Zeit der Studentenrevolte: »Es fällt auf, dass in den Jahren um 1968 viele Studenten plötzlich mit Al-Fatah-Tüchern herumliefen. Das war überraschend und befremdete mich, weil ich in meinem Elternhaus stark mit der Verantwortung für Israel aufgewachsen war – meine Eltern hatten dem Nazi-Regime passiv widerstanden. Viele, die da als Palästinenser verkleidet revoltierten, schienen sich nicht in der historischen Verantwortung für Israel oder für die Juden zu fühlen, jedenfalls war es offenbar keine Thematik, mit der sie sich befasst hatten. In die antiisraelischen Tendenzen mischten sich auch antiamerikanische Haltungen«, so die Sozialdemokratin. »Mir scheint, hier liegt eine komplexe psychologische Situation vor: Viele aus der 68er-Generation stammten von Eltern ab, die in der NS-Diktatur wichtige Positionen innehatten. Die Kinder rebellierten zwar gegen ihre Eltern und begründeten dies mit deren Verstrickungen in den Nationalsozialismus, aber sie setzten untergründig auch einige ihrer Vorurteile fort, insbesondere einen latenten Antisemitismus. In ihrer Attacke gegen die Täter hatten die Kinder dieser Eltern – die tatsächlich auch ein wenig ihre Opfer waren – damals wenig Platz in ihrem Herzen für die eigentlichen Opfer, die Juden.

Wer sich als Opfer deklariert, sagt damit auch mehr oder weniger, er habe keine Verantwortung. Das ist eine Korrelation, der wir häufig begegnen.« Erst wenn man die Schuldfrage ganz durchgegangen sei, sei man politisch nicht mehr manipulierbar, sagte Frau Schwan, die auf Polen und Osteuropa spezialisiert ist. Wir waren uns einig, dass es in der Beziehung zwischen Ost- und

Westdeutschland im Umgang mit der Vergangenheit auch noch eine Reihe komplexer psychologischer Hindernisse gebe. Auch in diesem Konflikt kommt der Opfer-Täter-Dynamik eine große Rolle zu, ebenso wie dem asymmetrischen Kräfteverhältnis zwischen den Menschen in West und Ost. Gesine Schwan konstatiert den »Wessis« ein mangelndes Einfühlungsvermögen für die »Ossis«: »Wer aus dem Osten nicht richtiggehend im Widerstand war, bewusst Alternativen für sich geschaffen hat und aus dieser Erfahrung schöpfen sowie sich positionieren kann, steht seitens der Westdeutschen sofort unter Verdacht. Die prinzipielle Unschuldsvermutung, die in einer Demokratie zu gelten hat, besteht im deutsch-deutschen Verhältnis leider nicht.« Ich frage mich, ob die Schuldgefühle der Westdeutschen sich hier auf die andere Hälfte der Bevölkerung übertragen und so immer wieder neue Konfliktfelder und neue Feindbilder schaffen? Wie viel wissen Ost- und Westdeutsche eigentlich voneinander?

»Ich habe eine unverzichtbare Verpflichtung der Empathie und Loyalität gegenüber den Juden, aber keinerlei Gewissensbisse oder Probleme damit, die israelische Politik zu kritisieren«, sagte Frau Schwan gegen Ende unserer Unterhaltung. Sie habe allerdings auch Verständnis, wenn die Palästinenser in die deutsch-jüdische Dynamik bei der Frage nach der Verantwortung für die Schuld nicht hineingezogen werden wollten. Das war bei meiner ersten Begegnung mit den Schauspielern von »Dritte Generation« eindeutig der Fall, demonstrierten das einige der jüngeren palästinensischen Schauspieler aus der damaligen Besetzung doch ostentativ: Sie beteiligten sich nicht an der Diskussion. Einzig Rawda versuchte, sich von der Dynamik, die sich zwischen Deutschen und Juden entwickelt hatte, nicht ausschließen zu lassen. Ihre jüdischen und deutschen Kollegen machten allerdings auch keine Anstrengungen, die Palästinenser in die Diskussion einzubeziehen. War die Ursache dieser Dynamik wieder die bekannte Asymmetrie? Dachten die palästinensischen Schauspieler, ihre Geschichten hätten im Angesicht des Holocaust keinen Platz? Ich mutmaßte, dass sie beim Thema dieses absoluten Grauens in der Nazi-Zeit keine Chance sahen, mit ihrer Geschichte und als Persönlichkeiten wahrgenommen zu werden. Sie zogen sich in eine passive Rolle zurück und entledigten sich damit zugleich ihrer Verantwortung, sich allen Aspekten des Konflikts und vor allem ihren jüdischen Kollegen zu öffnen. Unter Umständen reproduzierten sie unbewusst dieselbe Situation, die sie als Palästinenser in Israel und als Bürger auf der untersten Stufe der Hierarchie verinnerlicht haben. Die Angst, dass die eigene Geschichte nicht »gut genug« sein könnte, gehört zu den vielen Hindernissen eines Dialogs, die Bar-On ausgemacht hat. Er betonte stets den Unterschied zwischen den beiden Konfliktfeldern: Die NS-Zeit und der Holocaust liegen in der Vergangenheit, außerdem kann es hier keine Zweifel geben, wer Opfer und wer Täter gewesen ist. Über die Jahre hat sich zwischen Juden und Deutschen eine gemeinsame, geteilte Narrative entwickelt. Der palästinensisch-israelische Konflikt ist dagegen aktuell und von alltäglicher Brisanz, und wer Opfer oder Täter ist, ist nicht geklärt – jeder hält sich für das Opfer und den anderen für den Täter, eine geteilte Narrative gibt es nicht. »Wir sind hier (im Nahen Osten) mit existenziellen, alltäglichen Dingen beschäftigt«, sagte Dan kurz vor seinem Tod in einem Interview. »Wir kämpfen um Land, um Territorium, darum, was unseres war und ihres und wo die Grenzen liegen werden. Es gibt viele gegenwärtige Themen, die es zwischen Deutschen und Juden nicht mehr gibt. Wir (Deutsche und Juden) leben kaum noch zusammen – in Deutschland gibt es nur noch wenige Juden.«

Der israelische Soziologe, Politologe und Historiker Moshe Zuckermann verweist darauf, dass die Palästinenser sich oft als »Opfer der Opfer« verstehen oder so verstanden werden. Dahinter verberge sich durchaus ein historischer Wahrheitsgehalt, sagte er mir. Allerdings sei die Shoah aus dem palästinensischen Diskurs, von wenigen Ausnahmen abgesehen, ausgegrenzt, weshalb diese Opferdarstellung einen ideologischen Charakter annehme, der vom eigentlichen Kern der Kritik wegführe und wiederum zur Instrumentalisierung gedeihe: »Das Problem beginnt mit dem Vergleich: Es bedarf nicht der Heranziehung von Auschwitz, um sich über das, was Israelis in den besetzten Gebieten vollführen, über das Barbarische und zuweilen Schergenhafte ihres Tuns, zu entsetzen. Wird aber der Vergleich gezogen (wie zuweilen seitens der Palästinenser), verzerrt er die historischen Kontexte, welche die Opfer als solche gezeitigt haben. Diese Entstellung ist unangemessen. Nicht nur ist der Vergleich im Hinblick auf das historisch Geschehene unhaltbar – wie entsetzlich auch immer die Realität der israelischen Okkupation sein mag, praktizieren die Israelis keine industrielle, bürokratisch geplante und administrativ vollstreckte Vernichtung des palästinensischen Volkes –, er ist auch eindeutig kontraproduktiv: Jeder Vergleich dieser Art lenkt sofort die inhaltliche Debatte über Leid und Unrecht in den polemischen Bereich der Empörung über den schieren Vergleich; das palästinensische Leid wird nicht mehr thematisiert, und ›die israelische Seite‹ sieht sich (durch den Vergleich) als ›Opfer‹«, so Moshe. Aus meiner Erfahrung tragen allerdings auch wir Deutsche durch das fortwährende Verdrängen unserer Familiengeschichten im »Dritten Reich« zu dieser Dynamik bei, weil das Schweigen einen offenen Dialog behindert, zu Ersatzhandlungen und somit oft zu neuem Unrecht führt. Außerdem konfrontieren wir unsererseits die palästinensisch-arabische Seite damit nicht und fordern keinen Diskurs. Deutlich erinnere ich mich an die Reaktionen, als ich palästinensischen Intellektuellen, mit denen ich schon jahrelang befreundet bin, endlich von meinem Großvater erzählte. »So etwas hat mir noch keiner von den vielen Deutschen erzählt, denen ich begegnet bin«, war die verblüffte Antwort.

Am Ende meiner ersten Begegnung mit der Schauspielertruppe kam der jüdische Israeli Ishai Golan auf mich zu, um sich bei mir zu bedanken. »Das klingt jetzt zwar wahrscheinlich ein bisschen ›rassistisch‹«, sagte er, »aber während deiner Darstellung hatte ich immer den Eindruck, du seist Jüdin.« Leicht verlegen stammelte ich etwas über Ähnlichkeiten im Denken, über unbewusste Vertrautheiten und merkte zugleich, dass mir diese Bemerkung guttat. Erst später ging mir auf, dass ich darin Entlastung gesucht hatte – ich hätte auch lieber zur »guten Seite« gehört.

Ishai und seine Kollegin Ayelet Robinson traf ich einige Monate später in der Tel Aviver Shenkin-Straße wieder, einer Straße, die voller Leben, intellektueller und kultureller Anreize ist. Ishai ist einer der Hauptdarsteller in Maria Schraders Film »Liebesleben« und der Schwiegersohn von Roni Ben Efrat, die in Tel Aviv die linke Zeitschrift »Challenge« über den israelisch-palästinensischen Konflikt herausgibt. Seine Schwester Netta Golan hat die Identität gewechselt – die Friedensaktivistin ist mit einem Palästinenser verheiratet und lebt in den palästinensischen Gebieten, ihre Kinder sind Palästinenser. In der ersten Runde der Recherchen und Proben, sagte Ishai, hätten die jüdischen Israelis und die Deutschen sich sofort auf einer professionellen Ebene als auch sprachlich gefunden. Dadurch hätten die Palästinenser, die teilweise auch weniger gut ausgebildet gewesen seien, sich ausgeschlossen gefühlt. Ayelet, von der es in der Theaterankündigung satirisch überspitzt heißt, ihre beiden Großmütter hätten den Holocaust überlebt, »worüber die eine nie sprach, die andere hingegen zu sprechen nie aufhörte«, bestätigte die Distanz und Schwierigkeiten der ersten Wochen: Die palästinensischen Kollegen hätten sich für den Holocaust nicht richtig interessiert, und sie habe sich zwischen den Deutschen und den Palästinensern eingeklemmt gefühlt. »Natürlich waren einige emphatisch, es hat mich aber verletzt zu merken, dass die Palästinenser mehr mit ihren eigenen Problemen beschäftigt waren. Meine deutschen Kollegen haben mich anfangs enttäuscht, weil ich den Eindruck hatte, dass sie sich mit dem Holocaust nicht tiefer gehend auseinandersetzen wollten. Mir schien, dass wir Israelis uns am meisten dabei anstrengten, uns mit der Last des Opferseins und unserer Täterschaft zu konfrontieren«, so Ayelet. Außerdem habe sie nicht spüren können, dass die Palästinenser ihren Teil der Verantwortung für den heutigen Konflikt übernehmen. Wir sprachen dann eine Weile darüber, inwieweit man Empathie für die Gegenseite empfinden könne, wenn man die eigene Geschichte von Leid und die eigenen Traumata noch nicht bearbeitet und überwunden habe. Ich mutmaßte, dass es gewiss noch schwieriger sei, sich in die Situation eines Anderen hineinzuversetzen, wenn man sich mit der eigenen Lage weder kognitiv noch vor allem emotional auseinandergesetzt habe. Das sei fast vergleichbar mit einem Depressiven, der innerlich so mit seinem eigenen Kummer beschäftigt sei, dass er vor Düsternis die Welt um sich herum nicht wahrnehmen und keine alternativen Perspektiven entwickeln könne. Ayelet unterstrich meinen Gedanken mit dem Beispiel vom Opfer einer Vergewaltigung, dem man nicht erklären könne, welch schlimme Kindheit der Täter gehabt habe, weil das für das Opfer völlig irrelevant sei.

Die erste Recherchephase habe sie in ein tiefes Loch geführt, sagte mir die erfolgreiche junge Schauspielerin, sie sei aus

Deutschland sehr deprimiert nach Hause zurückgekehrt. Die Besuche an den Checkpoints und an der Mauer hätten ihr die Augen geöffnet. Es mache eben doch einen großen Unterschied, etwas mit eigenen Augen zu sehen, anstatt nur darüber zu hören. »Nach dem, was ich gelernt hatte, war es sehr schwer für mich, in den Alltag zurückzukehren. Mir war plötzlich bewusst, wie sehr die israelische Öffentlichkeit – und ich – einseitig beeinflusst sind, weil wir über den Konflikt wenig erfahren. Ich hatte niemanden, mit dem ich darüber reden konnte, weil die meisten Israelis von der Realität der Besatzung nichts wissen. Für sie ist die Besatzung nur ein Wort, sie sehen dahinter nicht das Leid der Familien.« Nach ihrer Rückkehr sei sie mit ihren Eltern in einen Konflikt über das Thema »Palästinenser« getreten. »Ich kann ihnen das aber nicht wirklich vorwerfen, weil sie mit den Vorurteilen, Lücken und Lügen leben, die ihnen die Regierung vermittelt. Mir ist es ja auch schwergefallen, über die ›andere Seite‹ Neues zu lernen und zu erkennen, dass unsere Realität manipuliert ist, dass die ›Guten‹ nicht alle gut sind und andersherum. Ich glaube, dass viele Israelis weiter nach rechts gerückt sind, weil sie Angst haben, eines Tages in einer Welt aufzuwachen, in der sie nicht mehr immer die guten, die besseren, die auserwählten Menschen sind«, so Ayelet.

Diese und andere Erfahrungen aus den verschiedenen Perspektiven flossen in das Theaterstück ein, woraus die folgende Szene entstand: Judith sagt, es sei sehr wichtig »vor allem für uns Deutsche, zu kapieren, wer die Opfer sind [die Schauspieler zeigen mit dem Zeigefinger auf sich selbst] und wer die Täter [sie zeigen auf die Anderen], damit wir wissen, auf welcher Seite wir stehen sollten. Deshalb ging ich nach Israel.« Der Palästinenser Yusef Sweid korrigiert sie: »Palästina!«, Ishai: »Israel!« In Israel hätten aber alle gleich ausgesehen, fährt Judith fort, und schaut ins Publikum:

»Gucken sie sich die hier auf der Bühne doch mal an! Wenn man nicht unterscheiden kann, wer arabisch und wer jüdisch aussieht, wie kann ich dann herausfinden, wer die Täter und wer die Opfer sind? Und ehrlich, wie wollen die sich denn untereinander erkennen, um zu entscheiden, wer ins Meer geworfen werden muss und wer am Strand bleiben darf? Da ist ja gar kein System drin. Das muss doch mal jemand organisieren.«

Mit diesem und anderen Seitenhieben bekommen auch die Deutschen in »Dritte Generation« ihr Fett ab – die verkappten Antisemiten, die Philosemiten oder die Pro-Palästina-Demonstranten, die eben noch auf der »Demo für veganes Essen in den Knästen« oder der Demo »gegen die Hühnerkonzentrationslager in den Kibbuzim« gewesen sind.

In der Eröffnungsszene hat Niels Bormann einen fulminanten Auftritt. Klischees aufeinandertürmend, entschuldigt er sich unablässig: bei den Juden, den Sinti und Roma, den Behinderten und Homosexuellen. Oder bei Ishai, weil dessen Großvater im Sachsenhausener Todeszaun zu Tode gekommen ist.

»Entschuldigung, das tut mir wirklich leid.«

Ishai: »Forget about it!«

Niels: »Ja, sometimes it's really easy … Oh, eine Sache noch, Rawda: Entschuldigung für die palästinensische Katastrophe, an der wir nicht ganz unschuldig sind, weil wir den Juden vertrieben haben, und der Jude hat dich vertrieben. 60 Jahre mangelhafte Bildung und schlechte Infrastruktur hinterlassen Spuren in einem Menschen.«

Rawda ist die Einzige, die in Berlin nicht parodiert: Sie stellt die Traumata der Palästinenser nach dem Gazakrieg dar. »In der momentanen Situation konnte ich nur etwas Ernstes auf die Bühne bringen«, erzählte sie mir nach der Premiere. »Die anderen Ereignisse liegen schon über 60 Jahre zurück, deshalb kann man darüber in dieser satirischen Form heute vielleicht schon ein wenig verzweifelt lachen, doch für uns begann damals die Naqba, und diese Katastrophe ist noch nicht beendet.« Aus Rawdas Sicht kam die palästinensische Narrative im Theaterstück bislang zu kurz, sie fühlte sich aber auch von ihren männlichen Kollegen im Stich gelassen. Liegt es daran, dass sie jünger und schon viel »israelischer« sind und sich mit »der palästinensischen Sache« nicht so wie sie identifizieren können? Oder daran, dass sie als Christen und Araber eine noch andere Perspektive auf den Konflikt haben als sie, die Muslimin?

Rawdas deutscher Kollege Niels Bormann, den ich am Tag nach der Premiere in einem Café treffe, unterstützt ihre Ansicht, dass die Asymmetrie zwischen jüdischen und palästinensischen Israelis im Stück thematisch bislang unterrepräsentiert sei. Er vermutet, dass das anders gewesen wäre, wenn es auch einen palästinensischen Regisseur oder Dramaturgen gegeben hätte. »Dieser Tanz auf dem Vulkan gibt vornehmlich eine jüdisch-israelische, säkulare und regierungskritische Perspektive wieder«, so der Schauspieler. Niels sagt, früher habe er sich für den israelisch-palästinensischen Konflikt nicht interessiert. Das habe sich durch das Stück radikal geändert, und tatsächlich wirkt er so, als fasziniere ihn die Region und das Thema. Zu seinen Schlüsselerlebnissen in der ersten Projektphase gehört, dass weder er noch irgendeiner seiner deutschen Kollegen auf die Frage: »Kannte deine Großmutter Juden?« antworten konnten. Die jüdischen Kollegen indes wussten viele Details über ihre Familiengeschichte, die von den Eltern oder Großeltern weitergegeben worden waren. »Ich stand unter dem Eindruck, dass wir Deutschen alles getan haben, um das Unrecht des Holocaust wiedergutzumachen: durch

Schulbildung, Mahnmale oder vor allem auch Entschädigungszahlungen. Ich war entsetzt, festzustellen, dass keineswegs alle Reparationen gezahlt worden sind, und mehr noch, dass politisch zwar einiges geschehen ist, aber bei Weitem nicht so viel und konsequent, wie ich geglaubt hatte – und biografisch schon fast gar nichts.« Während er mir von seinen Erfahrungen erzählt, spüre ich, dass er über diese Region und den komplexen Konflikt viel begriffen hat und sehr differenziert darüber nachdenkt. Gewiss scheint mir, dass Niels sich während dieses Projekts selbst verändert hat, ebenso wie das Stück sich weiterentwickelt und je nach Erfahrungen, Gegebenheiten und Aufführungsort angepasst und verändert wird: »work in progress«.

Auch Ayelet Robinson hat sich durch den Dialogprozess des vergangenen Jahres verändert. Sie ist politisch aktiv geworden und hat sich während des Gazakrieges mit ihrer offenen Kritik am Vorgehen der Armee auf heftige Diskussionen eingelassen. »Der Gazakrieg hat mir gezeigt, was es bedeutet, ein unbeteiligter Zuschauer zu sein. Ich bin aufgestanden und habe Dinge gesagt, die meine Freunde nicht hören wollten. Die Schlimmsten sind die, die danebenstehen und nichts tun. Die ›Bösen‹ sind ja von dem überzeugt, was sie machen, und die ›Guten‹ tun sowieso das Richtige. Aber nur zuzusehen, ohne einzugreifen, das empfinde ich mittlerweile als unerträglich.«

Ayelet ist vom biografischen Ansatz der Dialogarbeit, dem Storytelling, weiterhin zutiefst überzeugt. Hass, sagt sie, ist destruktiv, nicht zuletzt, weil die negativen Gefühle sich gegen einen selbst richten und die Wunden aus der Vergangenheit nie heilen können. Zugleich schilderte sie mir das »typisch israelische Dilemma«, jüdisch, zionistisch und propalästinensisch zu sein: für viele ein schier unauflöslicher innerer Konflikt. »Es ist wichtig zu begreifen, dass die Verbindung zwischen Deutschen, Juden und Arabern nicht daher rührt, dass die Juden wegen des Holocaust nach Israel kamen«, sagt sie. »Nach Israel zurückzukehren war schon vorher zentraler Bestandteil der jüdischen Identität. Aber das Trauma des Holocaust hat dazu geführt, dass Juden Angst haben, von den Arabern vernichtet zu werden. Für mich ist es schwer hinzunehmen, wenn der Zionismus per se schlechtgemacht wird. Er enthält in der Tat einige schlechte Elemente, aber ebenso, wie ich das Recht der Palästinenser auf einen Staat anerkenne, haben auch die Juden das Recht auf ihren Staat.«

Dieses Dilemma spiegelt Ayelet in der letzten Szene des Stücks, in der sie ihre Angst vor Instrumentalisierung artikuliert: »Ich kann das nicht mehr aushalten. Ich will bei diesem Projekt nicht mehr mitmachen. Dieses Thema ist für mich wirklich ungeheuer wichtig. Glaubt ihr wirklich, dass sich sonst noch jemand darum schert? Glaubt ihr, andere haben deswegen schlaflose Nächte, tief in ihren Seelen bohrend, während sie über diese Sache nachdenken? Die wissen einfach, dass dieses Thema ›heiß‹ ist: Nimm eine Handvoll Palästinenser, schütte ein paar Israelis hinein, vermische sie mit dem Konflikt und würze sie mit ein paar schuldigen Deutschen, und was kommt heraus? Ein riesiger europäischer Erfolg.«

Niels trocken: »Ja, unsere Vorstellung ist voll ausgebucht.«

Die Schauspieler lassen nicht unerwähnt, dass das israelische Außenministerium mit ihrem Theaterstück nichts zu tun haben wollte. Der Vorwurf lautete, sie verglichen den Holocaust mit der Naqba.

Orit: »Aber wir vergleichen nicht!«

Ayelet spricht gegen Ende noch einen wichtigen Punkt an: Ihre Szene, in der sie den Teenager spielt, der auf der Gitarre klampfend und süß singend die israelische Armee sarkastisch glorifiziert, diese Szene hätte sie vorhin nicht bringen sollen, ruft sie ins Publikum, mittlerweile sichtlich erregt: »All diese Antisemiten hier werden sie missverstehen und gegen uns benutzen.« Die Deutschen würden das Stück vermutlich missbrauchen, um ihr schlechtes Gewissen mit dem israelisch-palästinensischen Konflikt zu reinigen.

Nach und nach eskaliert die Situation auf der Bühne. Dann fallen die Schauspieler aggressiv übereinander her, jagen und schlagen sich, ziehen sich an den Haaren. Die Lichter gehen aus. Schließlich kommen alle auf die Bühne zurück – bandagiert, vergipst, verbunden. Ist dies das Fazit des Stücks: Dialog ist zwecklos, der Konflikt wird nie enden? Oder wollte Regisseurin Yael Ronen ihre Zuschauer nicht mit einem Happy End und dem Gefühl von Entlastung nach Hause schicken?

Auf der Premierenfeier erfahre ich, dass ein deutscher Holocaust-Überlebender sich schon vor der Premiere massiv beschwert hatte: In einem Offenen Brief an die Theaterleitung hatte der Gemeindeälteste der Jüdischen Gemeinde Berlin, Isaak Behar, gegen den angeblichen Vergleich der Shoah mit der Naqba protestiert. Er hatte das Stück allerdings noch gar nicht gesehen, sondern nur von Freunden darüber gehört. Yael Ronen antwortete ihm respektvoll, nichts liege ihr ferner, als das Gedächtnis der Opfer zu beleidigen. »Es geht mir darum, einen Dialog zwischen den Enkeln der Opfer und der Täter herzustellen, der sich satirisch damit auseinandersetzt, wie man mit Tabus umgeht.« Sie selbst sei die Nachfahrin von Holocaust-Überlebenden: »Diese Erinnerungen sind bis zum heutigen Tag in unserem Leben und in unseren Familien lebendig.«

Der Philosoph Brian Klug aus London war mit mir in der Vorstellung. Brian, ich und mein Freund Felix diskutierten noch Stunden hinterher über das Stück, das kurzweilig, provozierend und in seiner Herangehensweise originell – und sehr politisch – ist. Einige Tage später schrieb mir Brian, der an der Oxford University Philosophie lehrt, in einer langen E-Mail seine Nachgedanken, um die ich ihn gebeten hatte:

»Als Jude der zweiten Generation applaudiere ich der dritten für das, was sie in ›Dritte Generation‹ auf die Beine gestellt hat. Mag sein, dass die Schauspieler das für sich selbst tun, indem sie sich Probleme und Konflikte aneignen, die die erste Generation – ihre Großeltern – mitunter für sich gepachtet zu haben scheint. Aber das ist auch für *meine* Generation befreiend. Ich würde hier nur für mich allein sprechen, wüsste ich nicht, dass ich unter meinen Zeitgenossen nicht der Einzige bin, der so empfindet.

Ich wuchs in der Zeit nach dem Zweiten Weltkrieg mit einer Liste von Regeln auf, die ›vorschrieb‹, was man sagen darf und was nicht – oder gar denken: über Deutschland, den Holocaust, Palästina und den Staat Israel. Eigentlich hatte diese Regeln niemand aufgestellt. Es waren die ungeschriebenen Gesetze meiner Generation: der Generation von Juden und anderen, die die 1930er- und 1940er-Jahre durchlebt hatten. Man gehörte zu einer Gruppe; diese Gruppe hatte eine Agenda, und der einzige Grund für einen Dialog mit anderen Gruppen war, die eigene Agenda weiter auszubauen. Zu jener Zeit mögen all diese ungeschriebenen Regeln und ihre Begründungen sinnvoll gewesen sein. Wahrscheinlich waren sie sogar notwendig, um im Zuge von Chaos und Zerrissenheit eine neue Ordnung schaffen zu können. Vielleicht lösten sie damals ein Problem.

Die Lösung indes ist selbst zum Problem geworden oder Teil eines noch größeren Problems, das die Parteien in einem Dauerkonflikt gefangen hält – Konflikte zwischen Gruppen und innerhalb der eigenen Gruppe, erstarrt im Denken, verhaftet in Monologen.

Wir brauchen den Schock des Dialogs, um diese Blockaden zu lösen. Die Schockwellen, die ›Dritte Generation‹ an der ›Berliner Schaubühne‹ verursacht hat, waren fühlbar und mächtig. Ich war nicht der einzige Zuschauer, der diese Schockwellen spürte, als ein Tabu nach dem anderen gebrochen wurde. Es war tief beunruhigend: Ein Deutscher, der scherzhaft den Ausdruck ›Endlösung‹ benutzt; ein israelischer Soldat, der wie ein Nazi aus dem Textbuch klingt und sagt, in der Westbank ›befolge er nur Befehle‹; ein Palästinenser, der sich damit brüstet, auf Reisen allenthalben für einen Terroristen gehalten zu werden. Die Tabubrüche waren verunsichernd – und zugleich erleichternd. Deshalb auch die Lacher, die unter den Zuschauern gelegentlich ausbrachen. Die erste Generation stellte die Regeln auf, die die zweite Generation banden. Indem die dritte Generation diese Regeln für sich bricht, befreit sie auch *uns*.

Das Stück beschreibt sich selbst als ›work in progress‹. Das erscheint auf den ersten Blick ironisch, denn der dramaturgische Verlauf endet im totalen Zusammenbruch. In der Schlussszene gehen sich die Schauspieler regelrecht an die Gurgel. Man wusste nicht, ob man lachen oder weinen sollte, als sie, wie Patienten auf einer Unfallstation, auf Krücken auf die Bühne zurückhumpelten, um sich die letzten Schläge abzuholen. Doch in Wahrheit waren die Charaktere von Anfang an verletzt: Die dritte Generation, das sind die wandernden Verletzten. Dieses Theaterstück bringt die Wunden – und das Potenzial, sie auch anderen zuzufügen – ans Licht. Das schafft so etwas wie Verbindlichkeit. Hier ist eine Gruppe von Menschen, getrennt durch ihre Geschichten, verbunden durch ihr Alter. Das ist ein Anfang.

Ich betrachte das als Einladung an uns, in den Dialog einzutreten. Es ist sogar eine zwingende Notwendigkeit. Denn wenn diese Arbeit – langsam, hart, schmerzhaft, gefährlich, erhebend, entmutigend, belohnend und befreiend – keine Fortschritte macht, welche Hoffnung haben dann die kommenden Generationen? Es gibt noch viel zu tun.«

Brians E-Mail klang noch lange in mir nach. Er hat sehr genau zugehört und dabei seine eigenen Grenzen ausgelotet. Ich empfinde seine Worte als ermutigend, denn als Vertreter der zweiten Generation schlägt er eine Brücke zur dritten und stärkt ihr den Rücken, sich weiter auseinanderzusetzen und zum Dialog aufzufordern. Zu tun gibt es wahrhaftig mehr als genug.

Zuhören ist eine der größten Herausforderungen eines jeden Dialogs, aber auch das klare Bewusstsein der eigenen Identität, das uns erst die notwendige Abgrenzung ermöglicht, um uns der anderen Seite eines Konflikts wahrhaftig zu öffnen; Besserwisserei, Predigten und Schuldzuweisungen sind das Ende jeder Verständigung.

Die Menschen in diesem Buch haben in dieser Hinsicht weite und schwierige Wege zurückgelegt; sie alle haben erfahren, wie sehr die Vergangenheit auf die Gegenwart wirkt. Ihr Dialog geht weiter – im Wissen um die Komplexität des Nahostkonflikts (einfache Antworten gibt es nicht!), aber auch mit der Überzeugung, dass die Gegenwart die Zukunft bestimmt, persönlich und politisch.

Selbst wenn der Friede im Nahen Osten noch lange auf sich warten lassen sollte – meine Protagonistinnen und Protagonisten und all die vielen anderen differenzierten Menschen in Palästina und Israel, die hier nicht zu Wort kommen, sind für mich der Grund, mit dieser problembelasteten Region im positivsten Sinne eng verbunden zu bleiben und die Hoffnung nicht aufzugeben.

Danksagung

Ich danke allen voran meinen Protagonistinnen und Protagonisten Ziad Abu Zayyad, Jamal Alkirnawi, Khaled Abu Awwad, Yizhar Be'er, Uri Bloch, Rami Elhanan, Lily Feidy, Dalia Golomb, Amira Hass, Tony Klug, Rela Mazali, Sheila Melzak, Hanan Ohana, Judah Passow, Ron Pundak, Ari Rath, Or Sadan, Rawda Sliman, Hanna Ya'ari und Samir El-Youssef für ihr Vertrauen, ihre Unterstützung und ihre Mitarbeit an diesem Buch.

Auch Aisha Aktam, Niels Bormann, Lotty Camerman, Amit Epstein, Daniel Gavron, Ishai Golan, Etgar Keret, Brian Klug, Orit Nahmias, Sari Nusseibeh, Nurit Peled-Elhanan, Volker Perthes, Ayelet Robinson, Yael Ronen, Gesine Schwan, Shai Schwartz, Irina Szodruch, Tom Segev und Moshe Zuckermann gebührt mein Dank, ebenso wie den Mitgliedern der Dialoggruppe und den Sozialarbeitern in Beer Sheva und der jüdischen Siedlerin Yudit, deren Namen ich geändert habe, um ihre Anonymität zu wahren. Mahdi Abdul Hadi, Muriel Asseburg, Daniel Bar-Tal, Susanne Beischer, Roni Ben Efrat, Rolly Rosen, Christian Sterzing haben ebenfalls zur Entstehung dieses Buches beigetragen.

Besonders wichtige Beraterinnen waren für mich Lena Inowlocki, Tal Litvak-Hirsch und Rachel Freudenthal. Ari Rath hat weder Mühe noch Zeit gescheut, um mir bei einem Kapitel mit Informationen und Übersetzungen zu helfen. Mein Vater Heinrich Senfft war wie stets ein aufmerksamer und kritischer Leser meiner entstehenden Kapitel. Besonders verbunden bin ich Felix Büchner, der mich emotional und intellektuell beim Schreiben dieses Buches begleitet hat. Ulrike Fritzsching, meine Lektorin, hat mir über so manche Klippe geholfen und mich sanft immer wieder ermutigt.

Webadressen

Adva Center – Information on Equality and Social Justice in Israel
www.adva.org/default.asp?lang=en

Al-Tariq – Der Weg
www.altariq.wordpress.com

B'TSELEM – The Israeli Information Center for Human Rights in the Occupied Territories
www.btselem.org/English

Combatants for Peace
www.combatantsforpeace.org/default.asp?lng=eng

Genfer Initiative
www.genfer-initiative.de

Gush Shalom
www.gush-shalom.org

Ha'aretz
www.haaretz.com

Independent Jewish Voices
www.jewishvoices.squarespace.com

Judah Passow Photography
www.judahpassow.com

Keshev – The Center for the Protection of Democracy in Israel
www.keshev.org.il/siteEn/default.asp

Machsom Watch – Women against the Occupation and for Human Rights
www.machsomwatch.org/en

Miftah.org – The Palestinian Initiative for the Promotion of Global Dialogue & Democracy
www.miftah.org

New Profile – Movement for the Civilization of Israeli Society
www.newprofile.org/english

Palestine-Israel Journal of Politics, Economics and Culture
www.pij.org/index.php

Parents Circle – Families forum
www.theparentscircle.org/default.asp

The Peres Center for Peace
www.peres-center.org

Sari Nusseibeh
www.sari.alquds.edu

Stiftung Wissenschaft und Politik
www.swp-berlin.org

Wahat al-Salam – Neve shalom
www.nswas.org

Für Landkarten von den palästinensischen Gebieten und Israel:

Passia – Palestinian Academic Society for the Study of International Affairs
www.passia.org/index_jerusalem.htm

Peace Now
www.peacenow.org.il

B'TSELEM – The Israeli Information Center for Human Rights in the Occupied Territories
www.btselem.org/English/Maps/Index.asp

Literatur

Ashrawi, Hanan: If a Woman is to Succeed in Politics She Has to Bring her Gender with her. Interview, siehe: www.miftah.org, 13.10.2008

Avnery, Uri: Mein Freund, der Feind, Berlin 1988

Avnery, Uri: Zwölf konventionelle Lügen, siehe: www.uri-avnery.de

Azoulay, Yuval: Second Generation Fighter, in: Ha'aretz, 27.05.2009

Bar-On, Dan: Die Last des Schweigens, Hamburg 1996

Bar-On, Dan: Den Abgrund überbrücken, Hamburg 2000

Bar-On, Dan: Die »Anderen« in uns, Hamburg 2001

Bar-On, Dan: Erzähl dein Leben!, Hamburg 2004

Bar-On, Dan: Just Vision. Interview, siehe: www.justvision.org, 16.03.2008

Berg, Raffi: Israel's »Linchpin« Settlement, BBC News, 12.11.2005

Bernstein, Reiner: Von Gaza nach Genf. Die Genfer Friedensinitiative von Israelis und Palästinensern, Schwalbach/Ts. 2006

Böhme, Jörn (Hrsg.): Friedenschancen nach Camp David. Legenden – Realität – Zukunftsperspektiven für Israel und Palästina, Schwalbach/Ts. 2005

Böhme, Jörn/Kriener, Tobias/Sterzing, Christian: Kleine Geschichte des israelisch-palästinensischen Konflikts, Schwalbach/Ts. 2005

Bunzl, John/Senfft, Alexandra (Hrsg.): Zwischen Antisemitismus und Islamophobie. Vorurteile und Projektionen in Europa und Nahost, Hamburg 2008

Burg, Avraham: The Holocaust is over. We Must Rise from its Ashes, New York 2008

El-Youssef, Samir: Die Illusion der Rückkehr, München 2007

El-Youssef, Samir: A Treaty of Love, London 2008
El-Youssef, Samir: Umsicht rettet die angeschlagene Hoffnung auf Frieden, in: Süddeutsche Zeitung, 09.01.2009
Flores, Alexander: Der Palästinakonflikt. Wissen, was stimmt, Freiburg im Breisgau 2009
Gavron, Daniel: Holy Land Mosaic, Stories of Cooperation and Coexistence between Israelis and Palestinians, Maryland/USA 2008
Grant, Linda: The People on the Street. A Writer's View of Israel, London 2006
Guzelimian, Ara (Hrsg.): Daniel Barenboim, Edward Said: Parallelen und Paradoxien. Über Musik und Gesellschaft, Berlin 2004
Hass, Amira: Gaza. Tage und Nächte in einem besetzten Land, München 2003
Hass, Amira: Stadt der Blinden, in: Felken, Detlef (Hrsg.): Ein Buch, das mein Leben verändert hat, München 2007
Kanafani, Ghassan: Das Land der traurigen Orangen. Palästinensische Erzählungen, Basel 1983
Kirstein Keshet, Yehudit: Checkpoint Watch. Zeugnisse israelischer Frauen aus dem besetzten Palästina, Hamburg 2007
Karpf, Anne/Klug, Brian/Rose, Jacqueline/Rosenbaum, Barbara (Hrsg.): A Time to Speak Out: Independent Jewish Voices on Israel, Zionism and Jewish Identity, London 2008
Laudenbach, Peter: Entschuldigung, tut mir leid, in: Süddeutsche Zeitung, 25.03.2009
Learning each other's Historical Narrative. Palestinians and Israelis. A PRIME Publication, Beit Jallah 2002/2006
Levy, Gideon: Killing and Cruelty, but no Genocide, in: Ha'aretz, 23.04.2009
Levy, Gideon: Enough Talk, in: Ha'aretz, 29.09.2009
Lévy-Hass, Hanna. Vielleicht war das alles erst der Anfang. Tagebuch aus dem KZ Bergen-Belsen 1944–1945. Ein Gespräch mit Hanna Lévy-Hass 1978, Berlin 1982
Lévy-Hass, Hanna: Tagebuch aus Bergen-Belsen 1944–1945, hrsg. von Amira Hass, München 2009

Maoz, Ifat/Bar-On, Dan/Yihya, Siham: They Understand only Force. A Critical Examination of the Erruption of Verbal Violence in a Jewish-Palestinian Dialogue, in: Peace and Conflict Studies, 14 (2), 27ff., Fort Lauderdale 2007

Morris, Benny: 1948 and After. Israel and the Palestinians, Oxford 1994

Neugart, Felix Gregor: Die alte Herrlichkeit wiederherstellen. Der Aufstieg der Shas-Partei in Israel, Schwalbach/Ts., 2000

Nusseibeh, Sari: Es war einmal ein Land. München 2008

Passow, Judah: Shattered Dreams. Israel and the Palestinians, London 2008

Philips-Heck, Ulla: Daheim im Exil: »Orientalische Juden« in Israel, Schwalbach/Ts. 1998

Rath, Ari: Auf dem Weg zum Frieden. Artikel und Essays aus fünf Jahrzehnten, Potsdam 2005

Reisz, Matthew J.: At Home with the Heretic, in: The Independent, London 19.01.2009

Rotberg, Robert I. (Hrsg.): Israeli and Palestinian Narratives of Conflict, History's Double Helix, Bloomington/USA 2006

Schwan, Gesine: Politik und Schuld. Die zerstörerische Macht des Schweigens, Frankfurt/M. 1997

Segev, Tom: Die siebte Million. Der Holocaust und Israels Politik der Erinnerung, Hamburg 1995

Segev, Tom: Es war einmal ein Palästina, München 2005

Senfft, Alexandra: Schweigen tut weh, Berlin 2007

Sinai, Ruth: 66% of Negev Bedouin Live below Poverty Line, in: Ha'aretz, 15.01.2007

Swirski, Shlomo/Hasson, Yael: Invisible Citizens: Israeli Government Policy toward the Negev Bedouin, Tel Aviv 2006

Weigard, Frank: Verharmlost die Schaubühne den Holocaust?, siehe: Welt online, 19.03.2009

Zertal, Idith/Eldar, Akiva: Die Herren des Landes. Israel und die Siedlerbewegung seit 1967, München 2007

Zuckermann, Moshe: Sechzig Jahre Israel. Die Genesis einer politischen Krise des Zionismus, Bonn 2009

Register

Körber-STIFTUNG
Forum für Impulse

edition Körber-STIFTUNG

BegegnungsCentrum HAUS im Park

KörberForum Kehrwieder 12

Boy Gobert Preis

Bergedorfer Gesprächskreis

Körber-Netzwerk Außenpolitik

Internationale Politik, Bildung, Wissenschaft, Gesellschaft und Junge Kultur: In diesen Bereichen ist die Körber-Stiftung mit einer Vielzahl eigener Projekte aktiv. Bürgerinnen und Bürgern, die nicht alles so lassen wollen, wie es ist, bietet sie Chancen zur Mitwirkung und Anregungen für eigene Initiativen.
1959 vom Unternehmer und Anstifter Kurt A. Körber ins Leben gerufen, ist die Stiftung heute mit eigenen Projekten und Veranstaltungen von ihren Standorten Hamburg und Berlin aus national und international aktiv.

Junge Regie Körber Studio

USABLE® Transatlantischer Ideenwettbewerb

Körber Foto Award

Hamburger Tulpe für interkulturellen Gemeinsinn

Deutscher Studienpreis
Der Wettbewerb für junge Forschung

Eustory
History Network for Young Europeans

Körber-Preis für die Europäische Wissenschaft

Geschichtswettbewerb des Bundespräsidenten
Jugendliche forschen vor Ort

KiWiss
Wissenschaft für Kinder und Jugendliche

Schultheater der Länder

Westjordanland und Gaza 2009
Staatsgebiet von Israel
von Israel annektiertes Gebiet
Waffenstillstandslinie von 1949 („Grüne Linie")
Stadtgebiet von Jerusalem
Israelische Siedlungen in Gaza und Westjordanland:
von 1967-1980 errichtet
ab 1980 errichtet
2005 geräumt
Israelische Sperranlage ab 2002:
fertig
im Bau
in Vorbereitung
Mittelmeer
Nazareth
Afula
Umm al-Fahm
Pardes Hana-Karkur
Bet Shean
Jenin
Hadera
Netanya
Tulkarem
West-
jordan-
land
Jordan
Qalqilyah
Nablus
Herzliya
Kefar Sava
Bene Beraq
Ramat Gan
Petah Tiqwa
Tel Aviv-Jaffa
Bat Yam
Holon
Rishon le Zion
Lod
Rehovot
Ramla
Ramallah
Jericho
JORDANIEN
Ashdod
Gedera
Jerusalem
ISRAEL
Ashkelon
Bethlehem
Qiryat Gat
Totes Meer
Jabaliya
Gaza
Autonomiegebiet Gaza
Sederot
Hebron
En Gedi
Khan Yunus
Rafah
Ofaqim
Beersheba
ÄGYPTEN
0 10 20 30 40 50 km
Palästinensische Verwaltung, Verträge von Oslo 1993, Taba 1995:
Autonomer Palästinenser-Ort
A-Gebiet: Unter autonomer palästinensischer Verwaltung
B-Gebiet: Unter palästinensischer Zivilverwaltung, aber israelischer Sicherheitskontrolle
C-Gebiet: Unter israelischer Kontrolle
(c) www.kartographie-kaemmer.de